广东省博物馆藏品大系

古籍卷

广东省博物馆 编

文物出版社

图书在版编目（ＣＩＰ）数据

广东省博物馆藏品大系. 古籍卷 / 广东省博物馆编
. -- 北京 ： 文物出版社， 2023.8

　ISBN 978-7-5010-8133-2

　Ⅰ． ①广… Ⅱ． ①广… Ⅲ. ①博物馆－藏品－广东－
图集②古籍－收藏－广东－图录 Ⅳ.①G269.276.5-64
②G262.1-64

中国国家版本馆CIP数据核字(2023)第124932号

广东省博物馆藏品大系 古籍卷

编　　　者：广东省博物馆

责任编辑：谷　雨　李　飏
摄　　影：张　冰
责任印制：张　丽
责任校对：陈　婧
装帧设计：雅昌设计中心·北京

出版发行：文物出版社
地　　址：北京市东城区东直门内北小街2号楼
邮　　编：100007
网　　址：http://www.wenwu.com
印　　刷：北京雅昌艺术印刷有限公司
经　　销：新华书店
开　　本：965mm×1270mm　1/16
印　　张：23
版　　次：2023年8月第1版
印　　次：2023年8月第1次印刷
书　　号：ISBN 978-7-5010-8133-2
定　　价：498.00元

目
录

广东背依五岭，面临南海，地理位置优越，历史悠久。广东是岭南文化中心地，"海上丝绸之路"发祥地，中国近现代民主革命策源地，改革开放前沿地。郁南磨刀山遗址与南江旧石器地点群的发现表明，60万至80万年前，岭南先民便繁衍生息于这片土地。千百年来，海洋和大陆两种资源模式和文明基因的多元交流与互动，留给广东丰富的文化遗产和自然资源，为广东省博物馆事业的发展奠定了坚实的基础。

广东省博物馆是首批国家一级博物馆和区域文物保护中心，于1957年开始筹备，1959年10月1日正式对外开放。旧馆位于广州市文明路6号（今215号），曾是清代广东贡院，后为国民党"一大"旧址和红楼、中山大学天文台所在地。2010年，广东省博物馆新馆在广州珠江新城落成开放，建筑创意为"绿色飘带上盛满珍宝的容器"，宛如熠熠生辉的"月光宝盒"。广东省博物馆总建筑面积约7.7万平方米，每年接待观众超过200万人次，是世界各地观众品味岭南文化，领略中华文明的重要窗口。

2019年，是广东省博物馆建馆60周年。风雨一甲子，辉煌六十载，几代博物馆人扎实工作，广征博纳，通过调查发掘、有关部门调拨移交、上级拨款征购等多种渠道，提升博物馆藏品的数量和质量。此外，我馆还得到各界人士的慷慨捐赠，如国内外著名收藏家商承祚、蔡语邨、吴南生、简又文、梁奕嵩、艾地文等捐出大批品质极高的珍品，品类涵括书画、瓷器、丝织品、墨砚、钱币、珐琅等。截至2023年6月底，广东省博物馆藏品总数逾23.5万件/套。其中，端砚、潮州木雕、外销艺术品、出水文物、自然资源系列藏品是馆藏优势和特色。特别是馆藏古代陶瓷和古代字画两类传世文物的数量和质量在中国博物馆中名列前茅，陶瓷藏品几乎包括历代各名窑产品，书画中省内外著名书画家的代表作多有珍藏。

为了全面展现馆藏面貌，努力打造"学术粤博"，积极服务公众、回馈社会，我们对馆藏文物进行了全面梳理，从中撷取精华编撰《广东省博物馆藏品大系》。《藏品大系》具有以下三个特点：一、涵盖范围全面，品类齐全。二、如实反映了我馆藏品的面貌及实力，如书画、陶瓷等文物是我馆收藏的大类，各有两卷；杂项文物数量不均衡，故按照文物质地和数量分布，分为两卷。三、突显特色藏品，如出水文物是我馆近年来文物入藏的重点和亮点；广东本地窑口陶瓷器被专门收录；砚台、木雕等以广东产地为主，展现广东工艺，反映区域特色。

最后，向多年来关心和支持广东省博物馆事业发展的各级领导、兄弟单位，慷慨捐赠的社会各界人士，为广东省博物馆事业发展而努力耕耘的所有同事，以及为《藏品大系》编撰工作付出辛勤劳动的专家和同事们表示深深的谢忱！

广东省博物馆馆长　肖海明博士

古籍是中国古代图书的雅称，一般指 1911 年辛亥革命以前抄写或刊印的书籍文献。中国历史悠久，文化绵长，图书的形式经历了漫长的演变，从秦汉时期的简策、帛书，到唐代的卷子、经折，宋代开始流行将书页装订成册，直至明代中期才形成了我们今天所习见的线装书。此后，古籍便常以线装的形式延续至今。

在唐代以前，书籍都是抄写出来的，称为写本。书籍的刊刻印刷始于唐代印经。到了宋代，刻书开始繁荣起来，有官方机构刊刻，也有私家刊刻，且民间还有专事刻书印书的书坊，寺院、书院也有自行刊刻。从抄写到刊刻，是我国图书史上的一大里程碑。书籍的刊印使得图书可以快速大量复制，对文化的保存和传播起到了重要作用。今天保留下来的宋及宋之前书籍的最早刻本都是宋代刻版的。宋代刻书，内容校勘严谨，字体书法优美，雕版细致，纸墨精良，无论内容还是形式，都可谓达到了顶峰。宋版书既精美且少见，弥足珍贵，为藏家所珍视。到了明代，随着官方大力推行科举，往各地颁书，书籍的需求量激增，刻书字体逐渐演变为笔画平直的印刷体，大大降低了雕版刻字的难度。此外，在明代还发展出饾版、多色套印等新的印刷技术。自此以后，传统图书出版业进入发展的黄金期，书籍刊印量日益增多。今天所见到的古籍，以明清刻本居多。

清末至中华民国，正值思想文化巨变之时期，旧学与新学、中式学说与西方学说，各种社会思潮汇集、碰撞，形成了社会转型期的特殊文化景观。同时机械造纸和新的印刷技术也进入中国，书籍的内容、出版形式、装帧样式、封面设计等方方面面都发生了很大变化。这一时期，虽然仍有先前的古籍以新的技术被印刷出来，但更多的是新思想、新装帧的文献出现。因此，业界普遍将 1911 年（或为 1912 年）界定为古籍出版时间的下限。

国内的古籍公共收藏与保管主要由文化系统的公共图书馆、教育系统的高校图书馆、科研机构的专业图书馆和文物系统的博物馆等机构负责。其中，属公共图书馆收藏古籍数量最多，文物系统所藏古籍只是其中一部分。但一直以来，博物馆都十分重视藏品的历史价值和文物价值，在博物馆的古籍藏品中，往往有刊刻年代较早的孤本、未曾面世的稿抄本，以及一些特殊刊印形式的珍贵版本。

广东省博物馆收藏古籍 8000 余册，上起宋代，下迄清末，以雕版刻本为主，亦有抄本、活字本、套印本、铜印本、钤印本等，被《中国古籍善本书目》收录 26 种 280 册，入选《国家珍贵古籍名录》10 部、《广东省珍贵古籍名录》7 部。馆藏古籍的来源主要有以下几个途径：1957 年筹建广东省博物馆时，由广东省文物管理委员会划拨入藏了一批古籍藏品，总量在 7000 册左右，这部分是馆藏古籍的主体；在其后的数十年间，通过古籍书店购买、接受捐赠等方式少量增加了一些藏量；自 2016 年开始有计划地通过拍卖会、书商、私人藏家等多种渠道购藏古籍。至 2022 年底，古籍藏量达到 8000 余册，1100 余种。

作为博物馆的一大藏品类别，博物馆收藏的古籍具有自身特性。首先，表现在对古籍历史价值的关注上。博物馆的古籍收藏类似于文物收藏，对历史价值非常注重，因此在建馆之初，一些刊印年代较早的零书散页得以划拨入藏，并得到妥善保管。其次，表现在对地方文献的关注上。博物馆因陈列展示的需要，对能够反映出地方历史的文物进行购藏，古籍也包含在内。在本馆的古籍中，地方志占了近五分之一的比重，且以广东省内的地方志居多；此外还有各类关于粤中山川风物的游记、笔记，粤中文人的诗文集等；自唐代以来，广东名宦、乡贤的著述颇丰，至明代尤为鼎盛；明代广东的刻书也非常繁荣，这些都属于地方文献的范畴。因此，馆藏古籍中的岭南文献可谓一大特色。最后，表现在对特殊刊印形式的关注上。比如刻帖、画谱、原钤印谱、笺纸、多色套印本，另外还有手抄本的诗文集、歌册等。

总而言之，本馆古籍虽然总体藏量不大，但明代以及清早期刊本达到 130 余种，在岭南文献和特殊印本的收藏方面也形成了自身特色。2019 年以来，通过梳理本馆古籍的收藏特点，拟定了古籍征集工作的方向，以善本和岭南文献的征集为主，以期继续扩充善本藏量，同时也打造地方文献的收藏特色。

我们在馆藏古籍中选取出 130 部编为此图录，版本年代涵盖了宋、元、明、清各个历史时期，版本形式包括刻本、抄本、活字本、铜印本、钤印本、多色套印本等多种形式。按内容共分为七部分，分别是经部、史部、子部、集部、类丛部、新学、和刻本。"经、史、子、集"是我国传统的四部分类法，兹不赘述。类丛部是国家于 2007 年成立古籍保护中心后，开展古籍普查工作时，新增加的一个部类，分为类书和丛书。"新学"作为清末图书的一大门类，报章、期刊、算学等图书文献，均反映了当时的社会文化思潮。"和刻本"是日本刻书，虽非我国所刻，但处在古代汉文化圈影响下的和刻本，无论图书内容还是刊印装帧的方式，均受到中国传统古籍的深刻影响，反映出中国古代文明对周边地区的文化辐射，因此也略选若干种收入图录，以资参考。

第一部分，经部。

"经"字本义指纵的丝，与之相应的横丝则称为"纬"。以经称书，是取它贯穿始终，骨干总体的意义。章太炎先生指出："经者，编丝连缀之称。"古代竹简、木札编缀成册大都使用丝线或麻织物。后来，"经"又用来专指带有原理、根本理论性质的著作。先秦时代有些书已经有了经的称呼，如墨家有《墨经》。把儒家书籍说成"经"的，始见于《庄子·天运篇》："孔子谓老聃曰：

'丘治《诗》《书》《礼》《乐》《易》《春秋》六经，自以为久矣。'"后来，四部分类法中的经部书籍，则专指儒家经典著作。经书产生于先秦时期，对经书的解释和宣扬却贯穿了汉以后的整个中国古代社会，形成了规模巨大的经部文献体系，对古代社会的政治、经济和文化产生了重大影响。按照儒家经籍的种类，经部之下又分为丛编、易类、书类、诗类、周礼类、仪礼类、礼记类、大戴礼记类、三礼总义类、乐类、春秋左传类、春秋公羊传类、春秋穀梁传类、春秋总义类、孝经类、四书类、群经总义类、小学类、谶纬类。

馆藏古籍中的经部文献只占很小部分，但多为清早期及之前的刻本。图录中收录馆藏经部古籍八种，分属春秋左传类、春秋总义类、小学类三个部类，全部是刊刻时间不晚于清乾隆年间的善本。其中清乾隆刻本《春秋左传补注》六卷，是清乾隆三十九年（1774年）山东人李文藻在广东潮阳所刻。李文藻于乾隆三十四年（1769年）谒选恩平县令，乾隆三十七年至四十年任潮阳知县，在粤期间刻书达13种，多为当时学人对儒家经典的考据著作，反映了清代经学研究的新成果。元至正刻本《春秋胡氏传附录纂疏》三十卷，是清末著名学者、藏书家莫友芝的旧藏，扉页有莫友芝亲笔题记。

第二部分，史部。

我国有文字记载的历史近四千年，历史文献极其丰富。按照编撰体例，史部文献分为丛编、纪传类、编年类、纪事本末类、杂史类、载记类、史表类、史抄类、史评类、传记类、政书类、职官类、诏令奏议类、时令类、地理类、金石类、目录类。

图录收录馆藏史部古籍38种，分属纪传类、杂史类、载记类、传记类、政书类、地理类、金石类七个部类。其中地理类收录23种古籍，包括地方志、山川志、游记等。"地方志"是我国所独有的一种文献体裁，由各地官方纂修，记载当地的历史风物。明清时期的地方志是本馆古籍收藏的一大特色，主要集中于广东地区的方志。这部分古籍保存了大量珍贵的广东地方文献资料，是研究广东历史的重要素材。如清末手抄本《开平乡土志稿》，是清代末年广东开平县纂修的《开平乡土志》的未刊稿。由于《开平乡土志》没有刊刻行世，这部手抄本便成了孤本。此外，纪传类收录的明嘉靖刻本《汉书》一百卷，以及政书类收录的明嘉靖刻本《杜氏通典》二百卷，都是广东崇正书院刻本，代表着明代广东刻书的水平，也反映了明代广东教育的繁荣发展。明代广东书院大量兴建，以嘉靖朝为最，书院刻书也非常繁荣。明正统二年（1437年），广东提学副使林廷玉将位于药洲（位于今广州市越秀区教育路）的濂溪祠改建为崇正书院，以刻书闻名全国。其后，崇正书院所在地成为广东文教重地，明代提学道署、清代学政署均设立于此，直至中华民国时期，原提学司先后改为教育部、教育司。后来，广州人民为了纪念药洲在文教上的历史意义，故将此路命名为"教育路"。

第三部分，子部。

"子"在古代有很多含义，一般为古代男子有德者之称、尊称或师称。子部文献中的"子"最初指思想家的著作。先秦时期的著作大多以"子"命名，如《墨子》《庄子》等。先秦时期，思想家不亲自著作，大都由其门人后学将其言行记录下来，汇集编排而成书。为了尊重老师，因此常常以某"子"作为书名。后来，子书一般用于指各个学派的著述。分为丛编、儒家类、道家类、墨家类、名家类、纵横家类、兵家类、法家类、农家农学类、医家类、杂家类、杂著类、小说家类、天文历算类、术数类、艺术类、工艺类、宗教类。

图录中收录馆藏子部古籍 30 种，分属丛编、儒家类、农家农学类、医家类、小说家类、艺术类、工艺类、宗教类八个部类。其中儒家类收录的清光绪刻本《长兴学记》一卷，是康有为在长兴里讲学时所立的学规。书中提出重视德育、智育、体育的教育思想，以及引进自然科学和社会科学的内容，与中国传统经义、诗赋共同教授的教育策略，体现了兼容并蓄的新式教育理念，在当时颇具影响。农家农学类收录的明崇祯刻本《农政全书》六十卷，为明末文人名士陈子龙所刻。另外，艺术类收录的《海山仙馆藏真帖》，是十三行行商潘仕成将其家藏的历代名家法帖镌刻上石，再拓印下来汇编成书。

第四部分，集部。

集部文献主要指古代文学方面的书籍，包括历代诗文词曲的结集以及文学评论方面的著作。集部中又细分为楚辞类、别集类、总集类、诗文评类、词类、曲类、戏剧类、小说类。馆藏古籍中，集部最为丰富，主要是明清时期刊刻的诗文别集。

图录中收录馆藏集部文献 44 种，分属别集类、总集类、戏剧类、小说类四个部类。其中别集类收录多种珍贵善本，包括宋刻本《重校添注音辨唐柳先生文集》四十五卷，是南宋时期校勘刻印的柳宗元文集注本。宋刻已属难得，该书存世更是稀少，仅中国国家图书馆、南京博物院等公藏单位有收藏，也都是残本，弥足珍贵。别集类中还收录有明代广东文人刻书数种，如明嘉靖刻本《唐丞相曲江张先生文集》二十卷，该书是唐代名相张九龄的文集，但宋代已经失传。明代初年，岭南大儒者，时任翰林学士的丘濬在内阁发现此书，将之抄录整理，由韶州知府苏桦刊行，该书才得以重新流传。馆藏本是嘉靖年间广东的大思想家湛若水据苏桦刻本翻刻的。除刻书之外，集部中还收录了不少明代广东文人学者的诗文集，如明嘉靖刻本《白沙子》八卷，该书是明代广东大儒陈献章的诗文集，是现今可见较早、较完备的版本，中华民国时期《四部丛刊三编》据此本影印。明万历刻本《西庵集》九卷，是明末广东"南园五先生"之一孙蕡的诗文集，《四库全书》即据此本收录。还有被誉为"粤中之秘藏"

的清乾隆刻本《莲香集》五卷，以及清光绪年间刊刻的朱启连（朱执信之父）诗文集《棣垞集》四卷。

第五部分，类丛部。

分为类书和丛书。类书是分类编排各种资料以供检索的工具书，类似于后来的"百科全书"。魏文帝曹丕使诸儒撰集的《皇览》被认作类书之祖。唐代开始，官方组织编写类书成为一种惯例，如唐代《艺文类聚》《初学记》，宋代《太平御览》《太平广记》《册府元龟》，明代《永乐大典》，清代《古今图书集成》。丛书是各种书籍的汇集和丛编。编刻丛书始于南宋后期，至明代"丛书"的名称开始正式出现，清代是编刻丛书的高峰，乾隆年间官修的《四库全书》就是一部规模庞大的丛书，同一时期私家汇刻的丛书也非常多。丛书的编刻使得许多古籍得以保存和流传而不至佚失。

图录中收录馆藏类书、丛书各一种，均为明代刻本。

第六部分，新学。

随着西风东渐，清末中国的经济、政治、社会、学术上都发生了巨大变化。洋务运动催生的富国强兵思想，以及经济、数学、物理、化学、医学、机械制造等科学的涌入，使这一时期的书籍在主题上与传统书籍截然不同。这些反映晚清社会变化的书籍，很难以《四库全书》的四部法进行归类，因此全国古籍普查时便提出以"新学"一类概括，下分三十小类，更好地解决了清乾隆以来至中华民国之前未纳入四部分类范围的古籍分类问题。

馆藏古籍中，以报章类最能反映新学之特色。报刊的出现，使信息传播迅速加快，传播范围上至统治阶层，下至学士精英、普通民众。中西方文化和新旧思想的激烈碰撞下，各路人物在这里评时论政，倡文导学。毋庸置疑的是，报刊也成为反映晚清社会巨变、民意觉醒的重要物证，如引入西方知见的《万国公报》、提倡爱国反帝的《广州旬报》、重在发扬国学的《国粹学报》、抨击旧制的《京报》，以及以"劝导实业，开通民智"为旨的《广东劝业报》等。

第七部分，和刻本。

作为中文古籍在外影响和传播最为丰富的一个体系，和刻本不仅包括在装帧、版式、内容上与原本高度相似的汉文典籍，还包括用日本语书写的和书、准汉籍等。时至今日，一些在我国本土已佚失的珍贵书籍却能在和刻本中找到踪影，或与国内版本互为补充。随着书籍的回流，和刻本所保存的信息也使国内学术研究更为丰满。

图录中收录了3部和刻本。日本出云寺刻本《诗集传》二十卷，是朱子理学在日本发展的反映；宋代粤籍名人白玉蟾的著作东传后被翻刻成《新刻琼琯白先生集》十四卷，书中增加的返点、送假名皆是和刻本的典型特征；第三部为日本画家渡边省亭主持刊印的《省亭花鸟画谱》三卷，颇具我国明清画谱之风格。

有典有册，守正出新。古籍记录了中华民族的历史、文化和智慧，凝聚着中国传统文化的精髓。广东地处天南，气候炎热潮湿，纸张易霉变虫蚀，古籍保藏实属不易。馆藏古籍由图书馆部门保管，2010年新馆建成以来，配备有樟木书柜、24小时恒温恒湿库房，以及自动化的温湿度监控设备。自2014年起，广东省博物馆文物保护科技中心开始对馆藏古籍进行有计划的保护修复，并逐批定制书函、夹板等保护工具，结合传统与科技双重技术，使古籍的保存状况日益精善。近年来，我馆致力于古籍善本和岭南地方文献的征集工作，先后征集了《初潭集》《涌幢小品》等明刻本，以及清抄本《北朝造像目录》等。在整理利用方面，馆藏古籍也越来越多被引入展览中展示，同时古籍数字化和整理出版工作也正在有序开展。

　　未来，我们将继续投入到古籍的整理利用、保护修复和征集工作中，利用更多的渠道，创造更多的方式，增加古籍藏品与公众见面的机会，让这些中华大地上的古老文字、凝聚先贤智慧的声音、承载中华文脉的重要典籍，在新时代留下新的印记，焕发出新的风采。

图版

经部

春秋左传补注六卷

清·乾隆（1736—1795 年）
高 26.6、宽 16.8 厘米
2 册全

　　[清]惠栋撰，[清]戴震校，清乾隆三十九年（1774年）潮阳县衙刻本。半页十一行二十一字，上下黑口，左右双边，单黑鱼尾。框高17.8、宽14.3厘米。每卷末均有覆校者姓名。扉页题："左传补注。惠定宇先生著。潮阳县衙镂版。"

　　惠栋（1697—1758年），清代经学家，字定宇，号松崖，人称"小红豆先生"。吴县（今属江苏苏州）人，惠士奇次子。钱大昕评，惠氏世守古学，而栋所得尤精。惠栋认为杜预对《春秋左传》的注解"颇多违误"，遂据四代之家学，征前修之确解，并参以己意，撰成是书，用以博异说，祛俗议，规杜解。注中所引，一一列姓氏书名，以与杜注相区别。

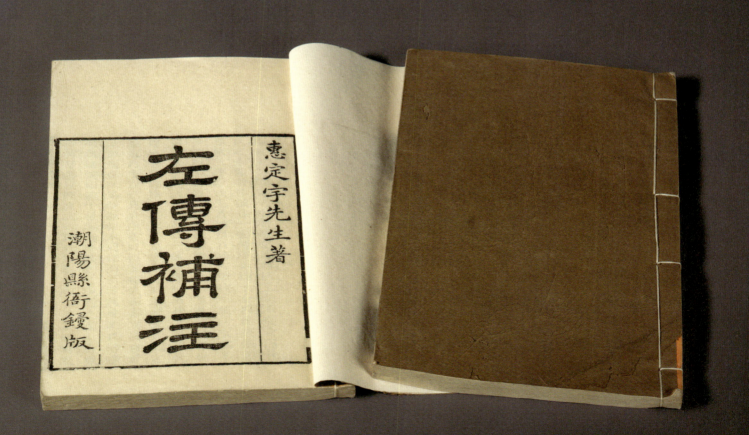

春秋左傳補註卷第一

棟曾王父樸菴先生幼通左氏春秋至耄不衰常因杜
氏之未備者作補註一卷傳序相校于今四世矣竊謂
春秋三傳左氏先著竹帛名為古學故所載古文為多
晉宋以來鄭賈之學漸微而服杜盛行及孔穎達奉勅
為春秋正義又專為杜氏一家之學值五代之亂服氏
遂亡嘗見鄭康成之周禮韋昭之國語純采先儒之
說末乃下以己意今讀者可以考得失而審異同自杜
元凱為春秋集解難根本前修而不著其說又其持論
間與諸儒相違于是樂遜序義劉炫規過之書出焉棟
少智是書長閒庭訓每謂杜氏解經頗多違誤因刺取

左補註一　　一

左傳補註卷第一

廿一年經盟于鹿上注宋地　案司馬彪郡國志曰濟
陰乘氏縣有鹿城鄉鄭元曰春秋之鹿上也

　　　　　　益都李文藻覆校

諸大夫也
十八年傳無以鑄兵棟案楚金利鄭刀良故云無以
鑄兵再貢荊揚二州貢金三品鄭康成曰銅三色考
工記云鄭之刀遷乎其地弗能為良是也高誘云鑄
讀作祝鑄屬法　辨見詩古義史記秦本紀云始皇
二十六年收天下兵聚之咸陽銷以為鍾鐻金人十
二重各千石應劭曰古者以銅為兵杜氏之注本此
十九年傳次雎有邪　張華博物志曰琅邪臨沂縣東
界次雎有大叢社民謂之食人社即次雎之社
退脩教而復伐之陸氏以伐往攻為衍字
復伐之陸氏以伐往攻為衍字

左補註一　　二

春秋胡氏传附录纂疏三十卷

元·至正（1341—1368 年）

高 27.5、宽 16.5 厘米

2 册（存卷一）

[元]汪克宽撰，元至正八年（1348年）建安刘叔简日新堂刻本。半页十一行二十一字，上下细黑口，四周双边，双顺黑鱼尾。框高19.7、宽12.4厘米。卷端署"新安汪克宽学"。书前有至正四年（1344年）汪泽民序，至正六年（1346年）汪克宽《春秋胡氏传附录纂疏凡例》，至正八年吴国英后跋，至正元年（1341年）虞集《春秋胡氏传附录纂疏序》，汪克宽《春秋胡氏传序》，胡氏春秋总论，引用诸儒姓氏书目，先儒格言。凡例后牌记："建安刘叔简刊于日新堂。"扉页有清末大儒莫友芝题跋："元至正刻春秋胡传附录纂疏。此书仅第一册序例与纲领与第一卷之隐公上耳。为存元式，故草装藏之。同治乙丑五月沪上所收也。邵亭。"钤有"莫友芝"白文方印、"莫氏子偲"朱文印、"独山莫绳孙字仲武号省教影山草堂收藏金石图书印"白文长方印、"莫经农印"白文方印、"中山杨氏珍藏"朱文长方印、"盍斋秘笈"朱文方印、"谭观成印"白文方印等。可知此本曾为莫友芝收藏，后传至其次子莫绳孙，复经近代广东收藏家杨庆簪、谭观成收藏。《中国古籍善本书目》经部著录，入选第二批《国家珍贵古籍名录》、第一批《广东省珍贵古籍名录》。

著者汪克宽，为元末理学家，与倪士毅、赵汝三人并称为"新安三有道"，著作皆交刘氏日新堂刊行。《春秋胡氏传附录纂疏》对胡安国《春秋传》之说，一一考证其出处，汇以众说而成。

此本为元末日新堂刊本。在《中国古籍善本书目》《台北故宫博物院善本旧籍总目》《藏园群书经眼录》《邵亭知见传本书目》等多种书目中著录。日新堂是元末建阳刘锦文书坊名，该书坊自元末至明初刻书甚多，质量较高。

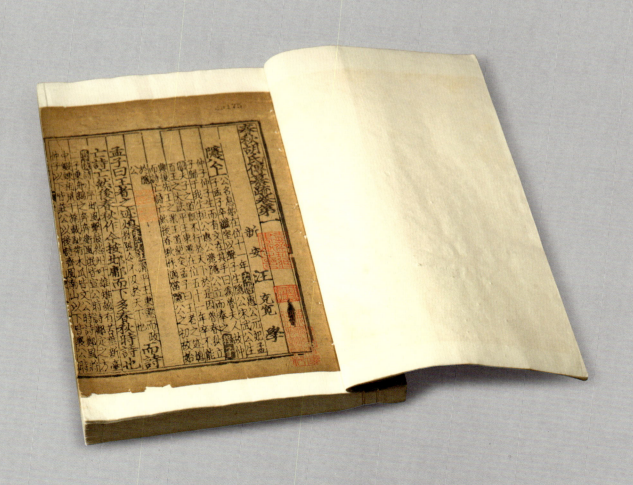

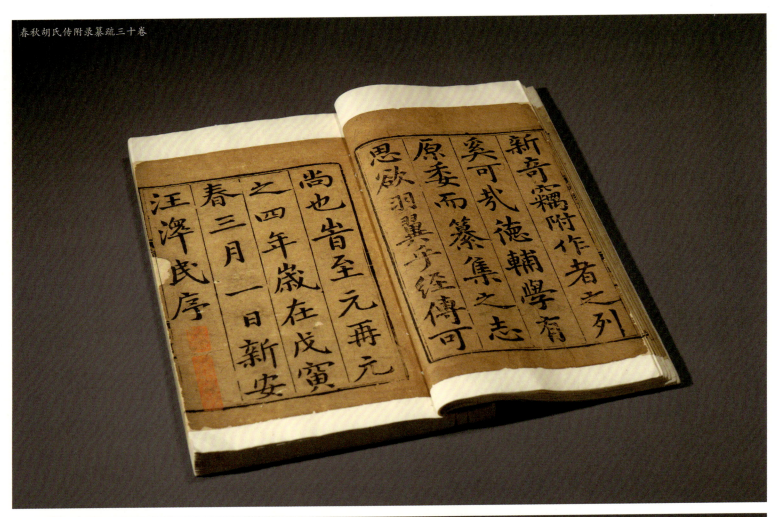

新奇竊附作者之列
奚可哉德輔學有
原委而纂集之志
思欲羽翼乎經傳可
尚也肯至元再元
之四年歲在戊寅
春三月一日新安
汪澤民序

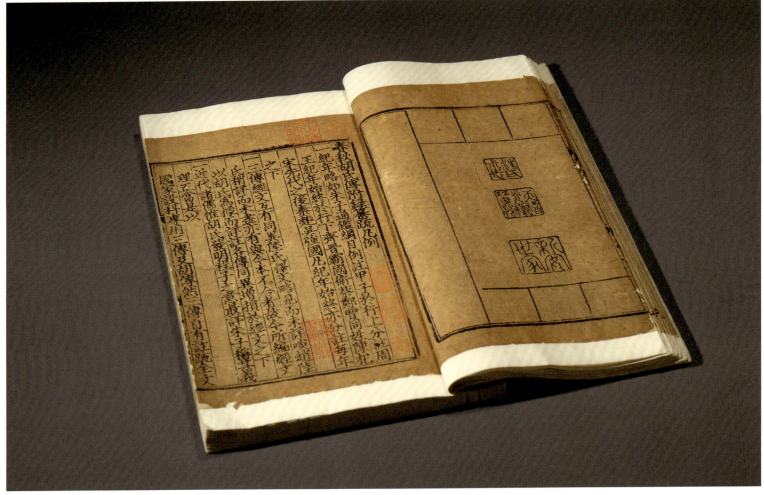

后世影响深远。

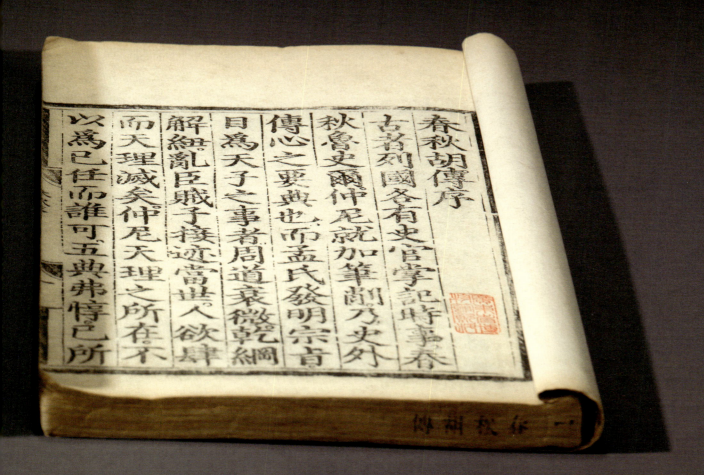

春秋胡傳序

古者列國各有史官掌記時事春

秋魯史爾仲尼就加筆削乃史外

傳心之要典也而孟氏發明宗旨

曰為天子之事者周道衰微綱

解絕亂臣賊子接迹當世人欲肆

而天理滅矣仲尼天理之所在不

以為己任而誰可五典弗惇已所

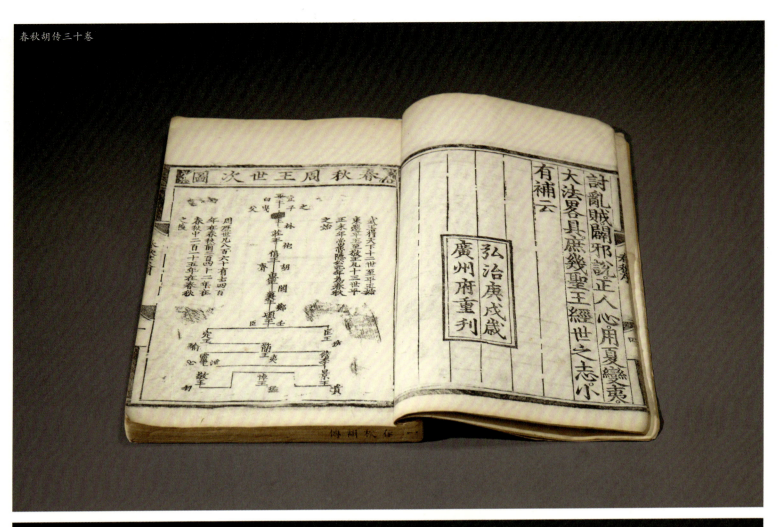

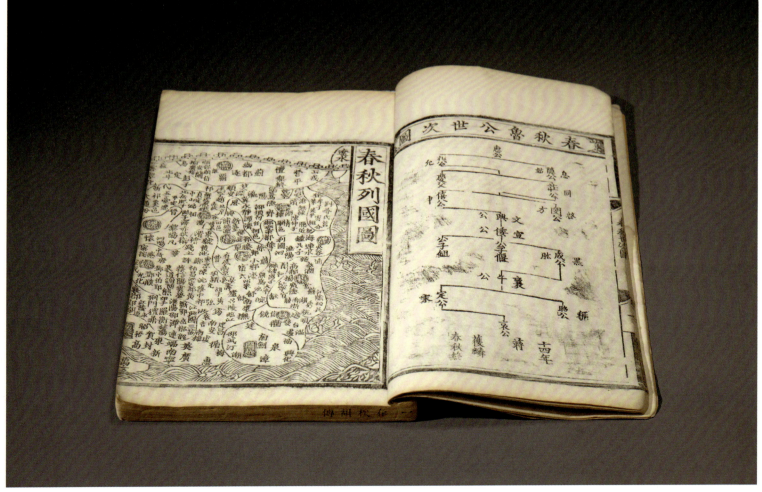

胡安國傳

隱公上

公名息姑。姬姓。侯爵。自周公子伯禽主國事。始
受封傳世二十三而至隱公攝主國事。

在位十一年曰隱。謚也。

不尸其位曰隱。

孟子曰。王者之迹熄而詩亡。詩亡然
後春秋作。按邶鄘而下。多春秋時
詩亡而詩亡。然後有雅。而雅而下。王自
詩亡而謂詩。亡雅。何也。王
黍離降為國風。天下無復有雅。適當雅
詩之詩亡矣。春秋作於隱公。王詩
亡者也。按又小雅正月剌幽王詩
之後。

春秋比事目录四卷

清·乾隆（1736—1795 年）
高 24.6、宽 15.2 厘米
1 册全

　　[清]方苞撰，[清]王兆符、程崟编录，清乾隆九年（1744
年）抗希堂刻本。半页九行十九字，白口，四周双边，单黑鱼
尾。框高21.2、宽13.9厘米。书前有乾隆九年顾琮序，总目。扉
页题："春秋比事目录。顾用方、朱可亭、魏慎齐同订。抗希堂
藏板。"

　　清代大儒、文学家方苞曾作《春秋通论》，为更便于学者研
习春秋三传，故又取三传中"事同而书法互异者"分类汇录，整
理编撰《春秋比事目录》，共分八十五类，是后世春秋治学难得
的工具书。

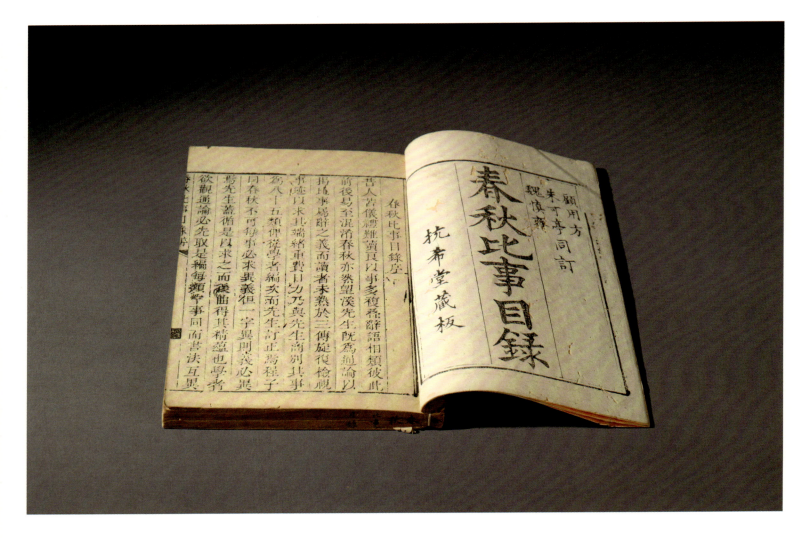

春秋比事目录四卷

清·乾隆（1736—1795 年）
高 24.6、宽 15.2 厘米

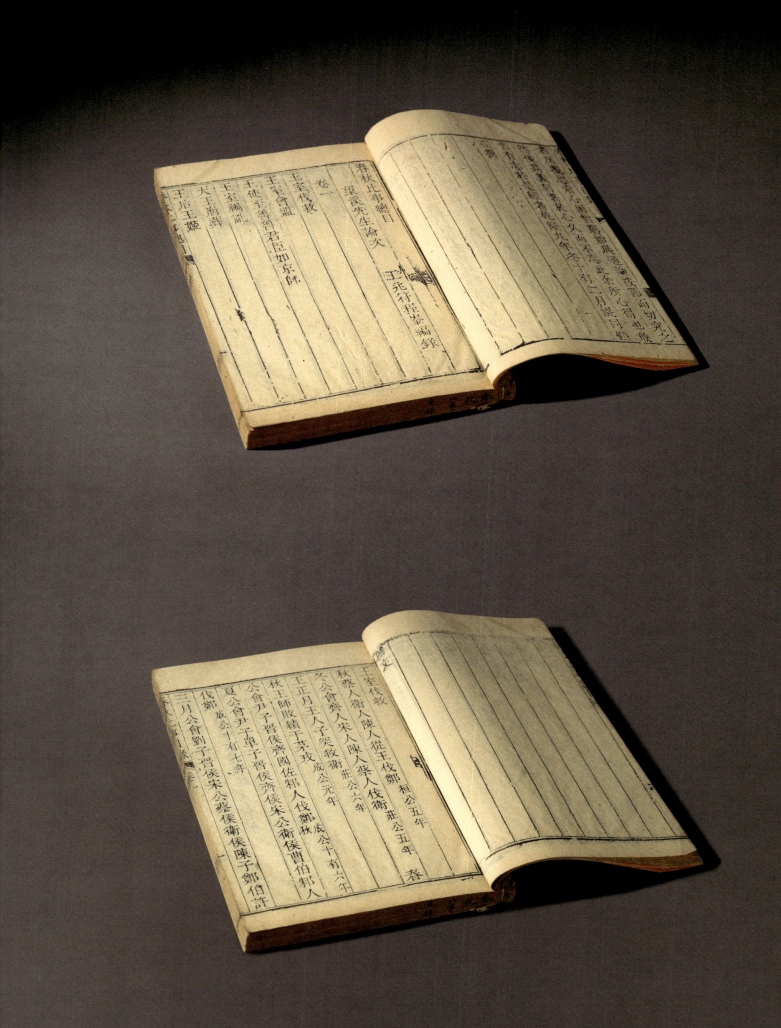

（上册・右页）
貪月飛品蔡公囬國裂其
修其行事而繼春秋除此外冬十有二月嫌同
嚴懲而切究之
既
……方當而切究也賤

（上册・左页）
春秋比事總目
望溪先生論次
　　　　王兆符拜手編錄

卷一
王室伐救
王室會盟
王使至告問君臣如京師
王室補卹
天王崩葬
王后王姬

（下册・左页）
王室伐救
秋蔡人衛人陳人從王伐鄭　桓公五年
冬公會齊人宋人陳人蔡人伐衛　莊公五年
上正月王人子突救衛　莊公六年
秋王師敗績于茅戎　成公元年
公會尹子晉侯齊國佐邾人伐齊　成公二年
公會尹子單子晉侯齊國佐邾人
夏公會王晉侯宋公衛侯曹伯邾人
伐鄭　成公十有七年
三月公會劉子晉侯宋公蔡侯衛侯陳子鄭伯許

六书总要五卷附正小篆之讹一卷

明·万历（1573—1620 年）

高 27.8、宽 17.1 厘米

5 册全

　　[明]吴元满编集，明万历十二年（1584年）刻本。半页十四行二十五字，白口，四周单边，单白鱼尾。框高20.7、宽14.2厘米。卷端署"新安吴元满编集"。书前有万历十二年吴元满自序，六书总论，六书相生图，文字相生目录，纲领，凡例。书末有《附正小篆之讹》。钤有"仓弥"白文长方印、"吴兴姚荣"白文方印、"谭观成印"朱文方印、"巢园旧主"朱文方印、"召憩"朱文方印、"金思棠印"白文方印等。《中国古籍善本书目》经部著录。

　　运用"六书"分析研究汉字的六书学自汉代许慎后走向衰微，研究"六书"理论的学者及著作稀少。经宋代郑樵提倡，明代六书学再次兴起。《六书总要》是明代六书学著作，全书编排体例略仿戴侗《六书故》，分数位、天文、地理、人伦、身体、饮食、衣服、宫室、器用、鸟兽、虫鱼、草木十二部。所分部首与《说文》有别，分析字形时着眼于字的象形性和孳生性，分为正生、变生、兼生等名目。所收字体用柳叶篆书写，以示鸟迹遗意。

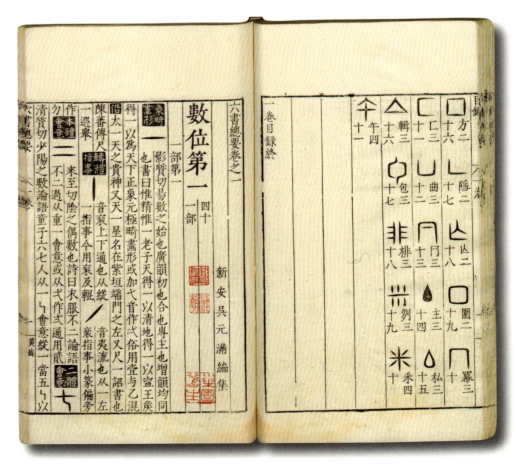

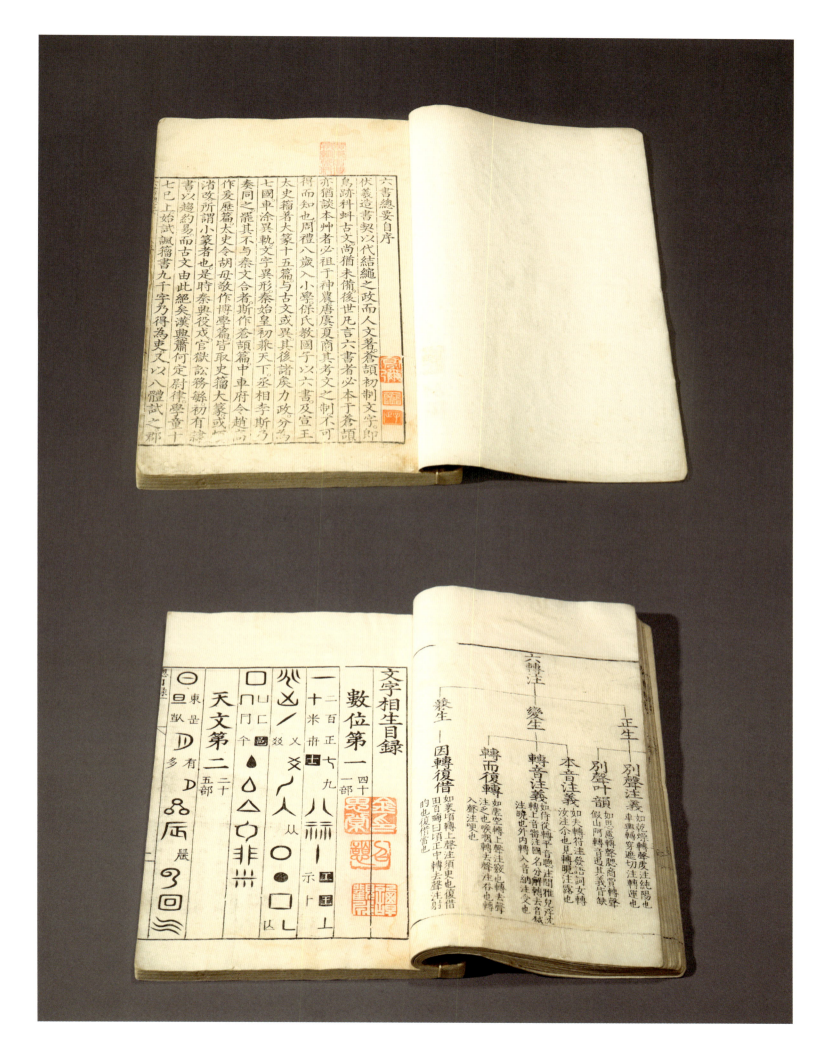

六書總要自序

數位第一　文字相生目錄

天文第二

六轉注

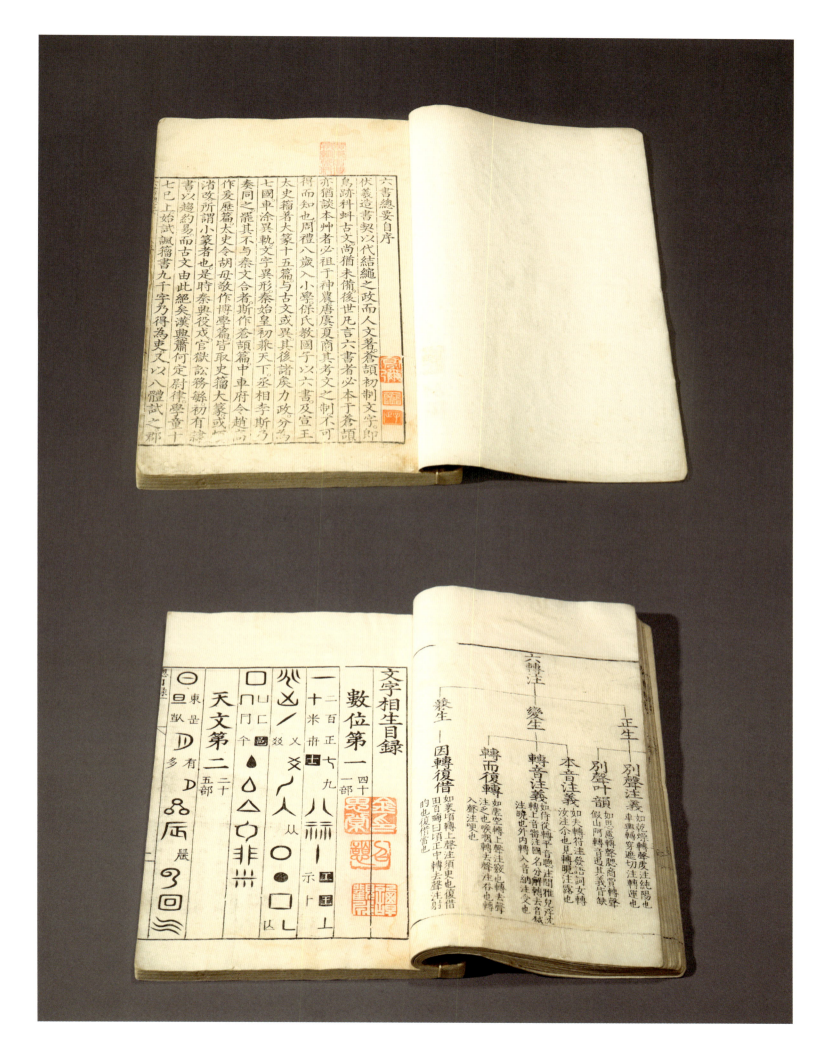

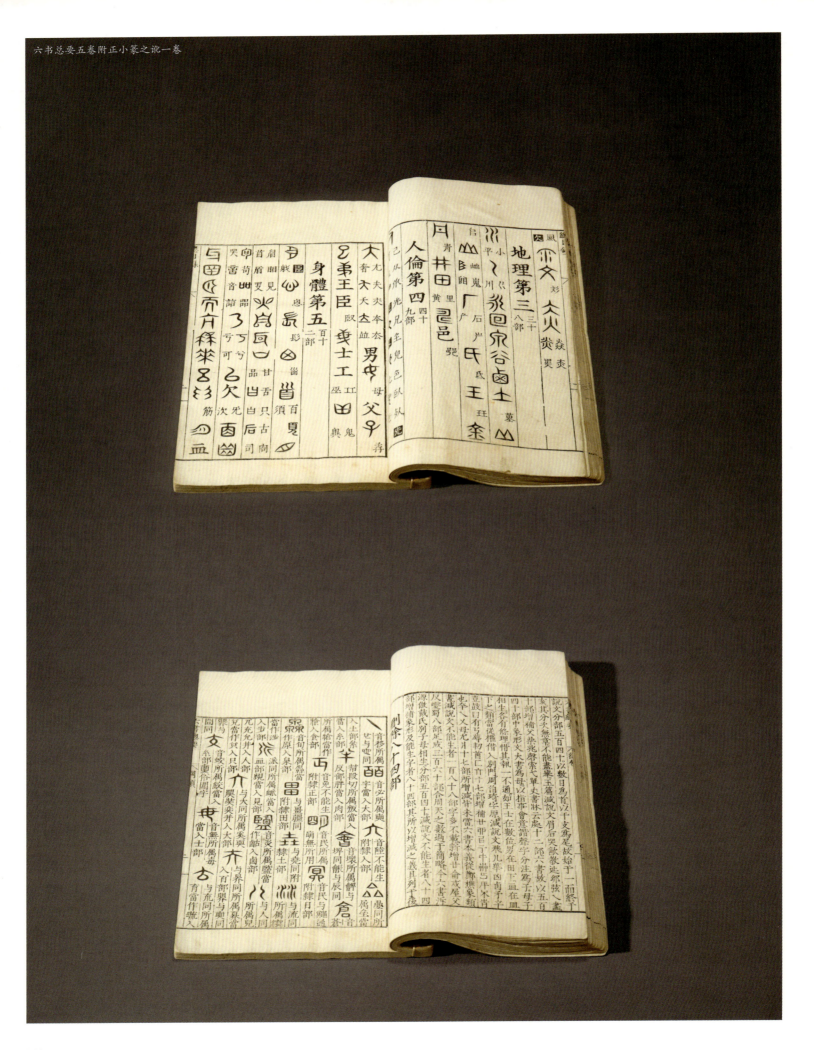

经史正音切韵指南一卷

明（1368—1644 年）

高 29.5、宽 18 厘米

2 册全

　　[元]刘鉴撰，明刻本。行款不等，上下黑口，四周双边，双对黑鱼尾。框高21.6、宽14.7厘米。书前有元至正二年（1342年）刘鉴自序。钤有"敬腾阁购藏元板元印"朱文方印、"谭观成印"白文方印、"放慵楼"朱文长方印、"疑舫"朱文长方印等。《中国古籍善本书目》经部著录。

　　《经史正音切韵指南》简称《切韵指南》，成书于元至元二年（1336年）。刘鉴，字士明，关中（今属陕西中部）人，元音韵学家。据自序，该书"与韩氏《五音集韵》互为体用"。它根据《五音集韵》列字，而不采用《广韵》。全书分十六摄，二十四图。韵图采用《四声等子》和《切韵指掌图》，依照《五音集韵》编排字音，但总体上仍是反映《广韵》音系。

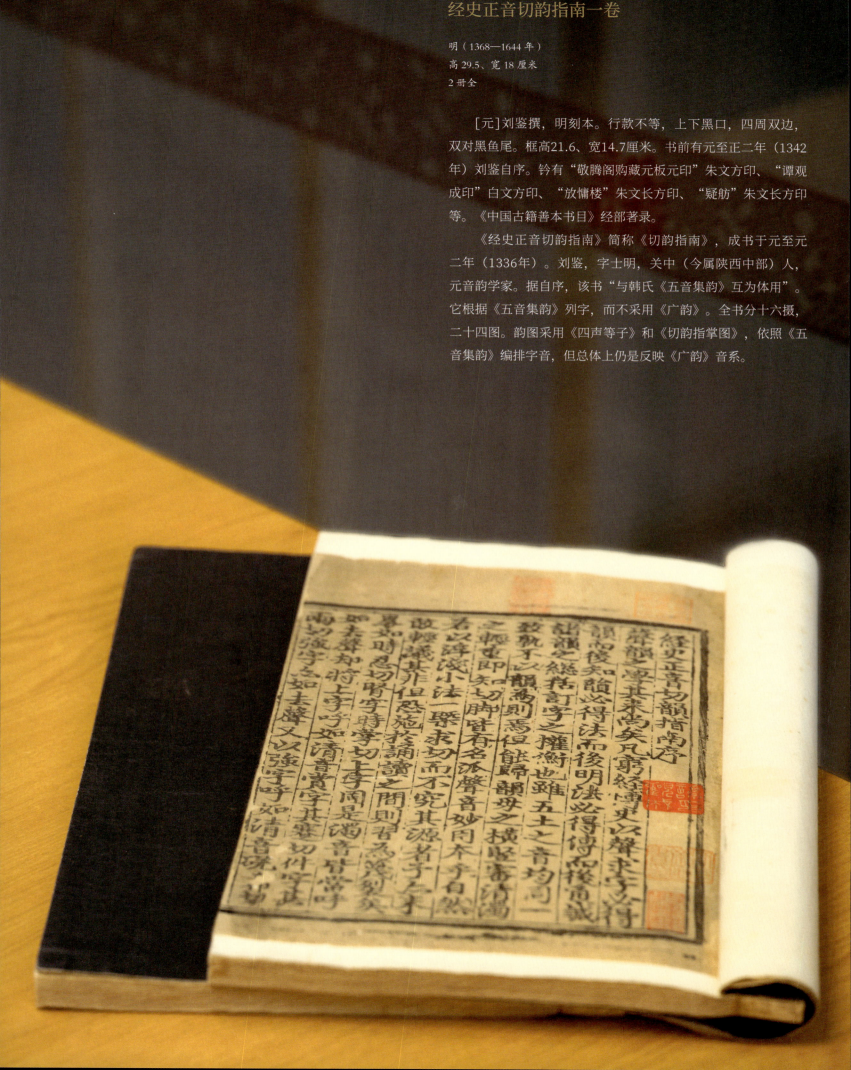

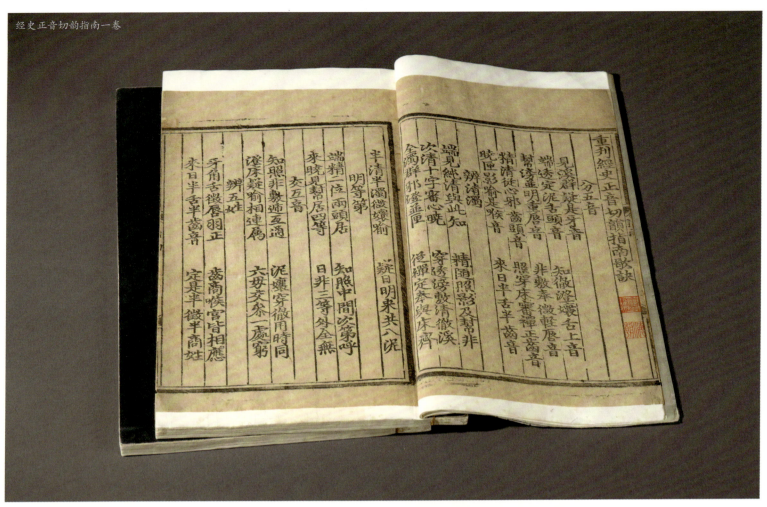

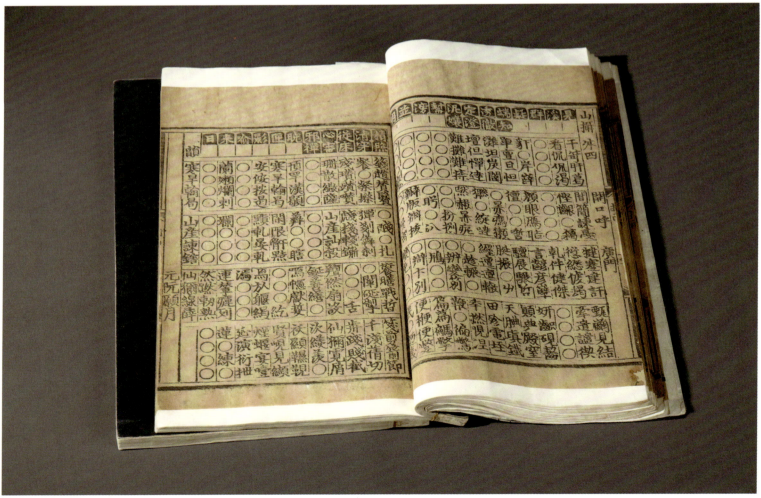

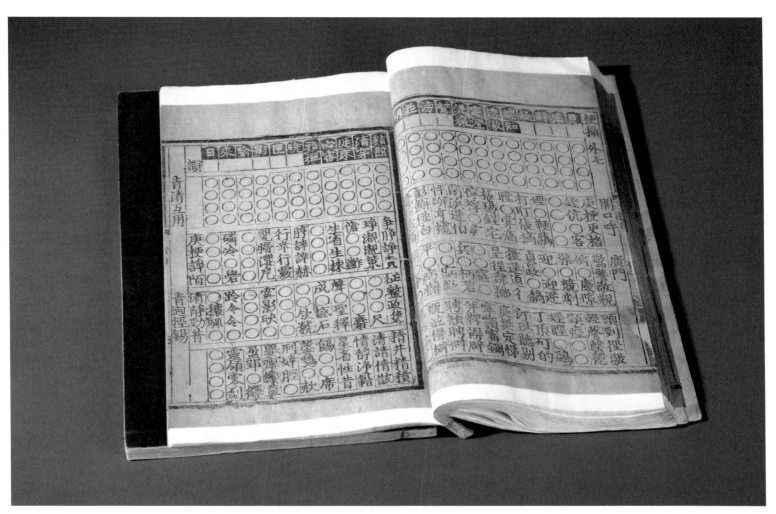

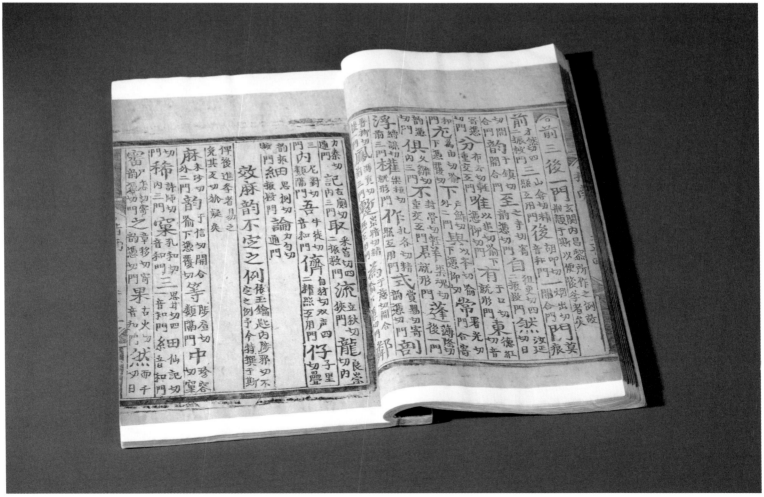

声韵会通一卷

明（1368—1644年）
高 30.9、宽 18.4 厘米
2 册全

　　[明]王应电撰，明刻本。行款不等，白口，四周单边。框高
24.9、宽15.5厘米。书前有明嘉靖十九年（1540年）周士淹序，
嘉靖十九年王应电述义。钤有"谭观成印"白文方印、"海朝"
朱文方印、"仓弥"白文长方印等。

　　王应电，字昭明，江苏昆山人，精研文字、音韵之学。《明
史·儒林传》载其著有《同文备考》《书法指要》《六义音切贯
珠图》。《四库全书提要》云："《同文备考》八卷，附《声韵
会通》《韵会粗释》二卷，明王应电撰。"《同文备考》是明代
吴语字书，《声韵会通》为其所附韵书，以四十五韵为经，以
二十八声为纬，保留了明代南方官话的音韵。

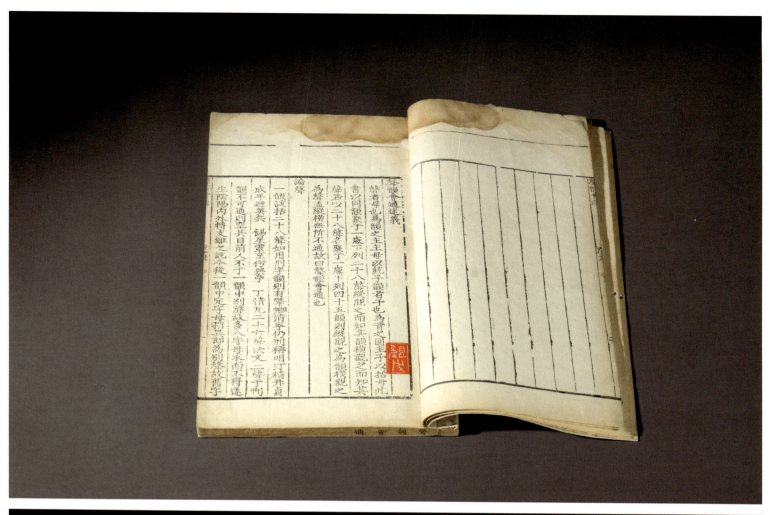

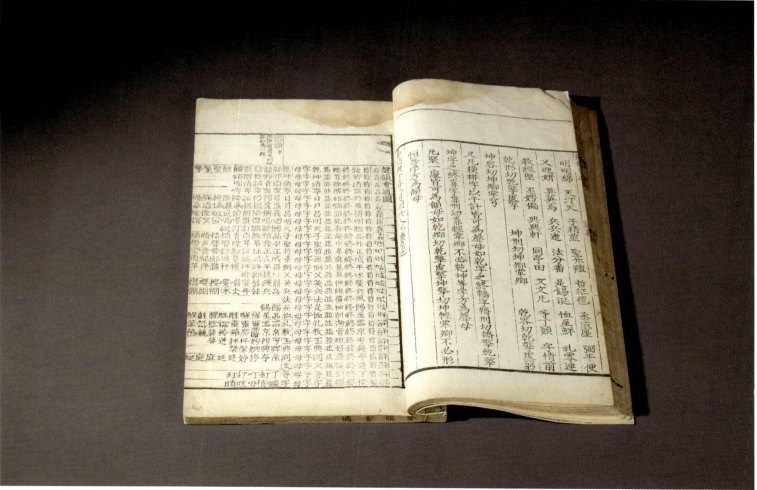

声韵考四卷

清·乾隆（1736—1795 年）
高 26.6、宽 16.7 厘米
1 册全

　　[清]戴震撰，清乾隆三十四年（1769年）潮阳县署刻本。半页十一行二十二字，上下黑口，左右双边，双对黑鱼尾。框高17.7、宽14.6厘米。卷端署"休宁戴震撰"。书前有目录。书末有乾隆三十四年钱大昕跋。扉页题："声韵考。戴东原先生著。潮阳县署锓版。"

　　《声韵考》是清代音韵学著作。戴震，字东原，号杲溪，安徽休宁人。曾任《四库全书》纂修官，为著名的思想家、音韵学家。《清史稿》有传。《声韵考》收集了多篇研究《广韵》及其相关各韵书的文章，考历代韵书源流及得失。书后附有宋代曾宏父纂述的《石刻铺叙》二卷，收集了编者曾过目的石刻、法帖、前人墨迹等。

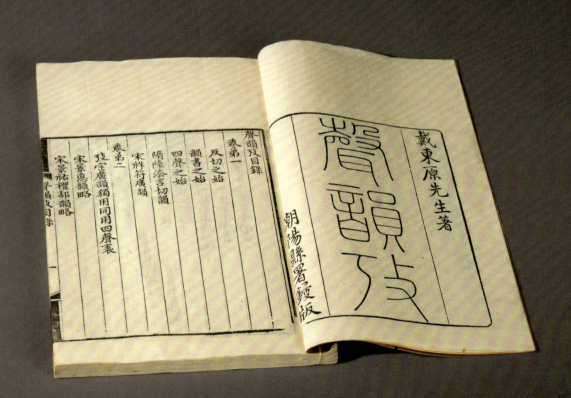

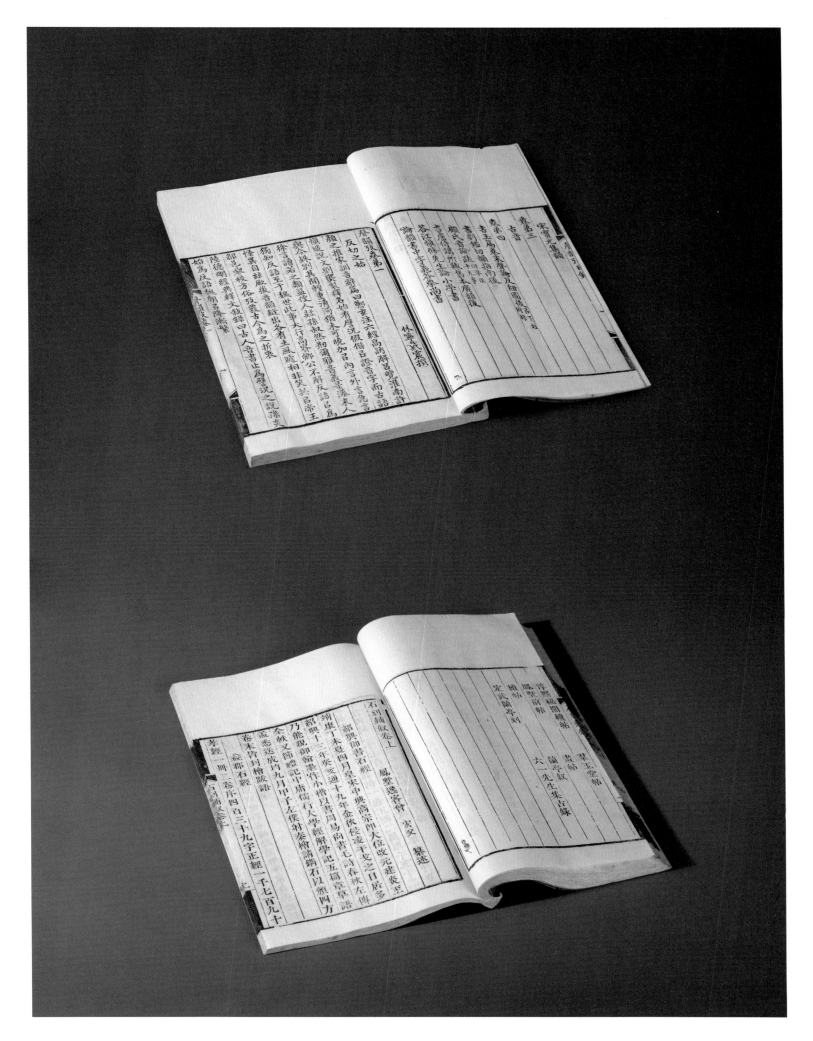

史部

汉书一百卷

明·嘉靖（1522—1566 年）

高 27.4、宽 16.7 厘米

48 册全

[汉]班固撰，[唐]颜师古注，明嘉靖十六年（1537年）广东崇正书院重修本。半页十行二十二字，白口，四周单边。框高19.5、宽14.1厘米。卷端署"正议大夫行秘书少监琅邪县开国子颜师古注"。书前有叙例，目录。书前书末均有牌记："嘉靖丁酉冬月广东崇正书院重修。"书末有批注："万历癸卯，铩羽东归，凡两月而卒业。长至前一日，西河卜万祺记。"钤有"吴兴徐熊飞印"白文方印、"当湖邵寿珍藏"白文方印、"玄宴斋"白文方印等。《中国古籍善本书目》史部著录。

此本为广东崇正书院刻本。书院刻书称为书院本，版本价值极高，历来为学者所重。书院刻书起自宋代，迄于明清，以明嘉靖时最盛，所刻书范围遍及经史子集各类，刻印私人文集也颇多。

高帝紀第一上〔前古曰紀理也統理衆事而繫之於年月者也〕　漢書一

正議大夫行祕書少監琅邪縣開國子顏師古注

高祖〔荀悅曰諱邦字季邦之字曰國張晏曰禮諡法無高以為功最高而為漢帝之太祖故特起名焉師古曰〕

沛豐邑中陽里人也〔應劭曰沛縣也豐其鄉也孟康曰沛縣也豐其鄉也此說之屬也范氏沛者縣也豐者縣之鄉邑耳方言高祖所生故舉其縣以說之也〕

姓劉氏〔師古曰在秦時本又出劉累之屬而為劉母媼不詳者別名高祖母也孟康曰孟音是妄引諡號而言也好奇其下彊王本〕

母媼〔文穎曰烏老反幽州及漢中皆謂老嫗為媼女老稱也故皇甫謐等妄引諡記而言如其他皆有類此媼之屬氏姓實存史遷肯名字不詳載皆非正史即理而言斷蓋無取焉寧有劉媼本〕

嘗息大澤之陂〔師古曰之上古曰休息而寢寐也蓋炎澤彼陂隄及塘〕夢與神

〔左欄〕前漢紀一上〔高帝紀一上〕

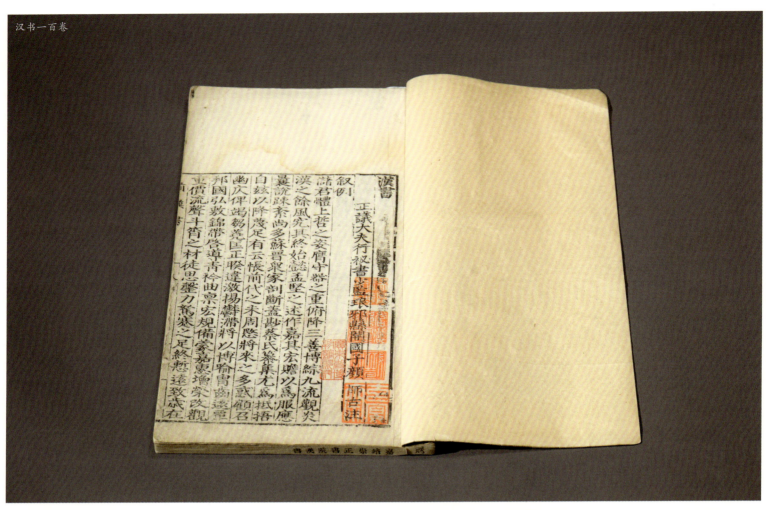

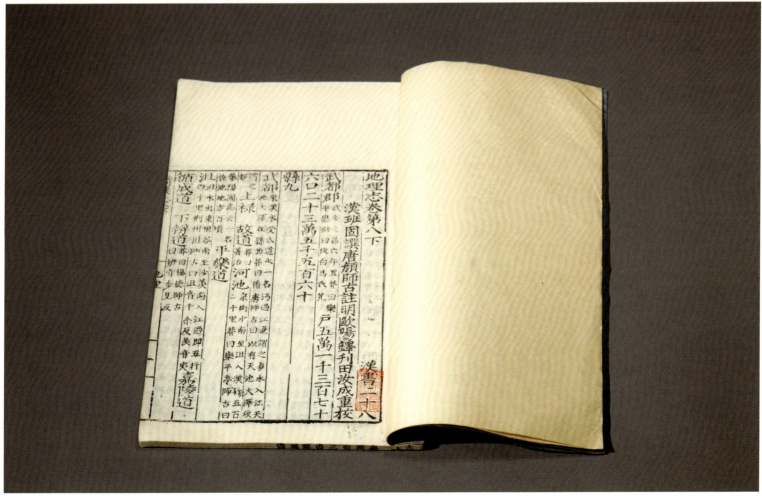

高祖

正義大夫行祕書少監琅邪郡縣開國子顏

萬帝紀第一上

沛豐邑中陽里人也

姓劉氏

高祖，沛豐邑中陽里人也，姓劉氏。

嘗息大澤之陂

南史八十卷

明·万历（1573—1620 年）

高 30.8、宽 17.7 厘米

1 册（存卷六十七至卷七十一）

　　[唐]李延寿撰，明万历三十一年（1603年）刻本。半页十行二十一字，白口，左右双边，单黑鱼尾。框高22.9、宽15.1厘米。卷端署"李延寿撰"。鱼尾上方镌"万历三十一年刊"。

　　《南史》记南朝宋、齐、梁、陈四代历史，纪传体，无表志。馆藏本存五卷，为卷六十七至卷七十一（列传第五十七至六十一）。

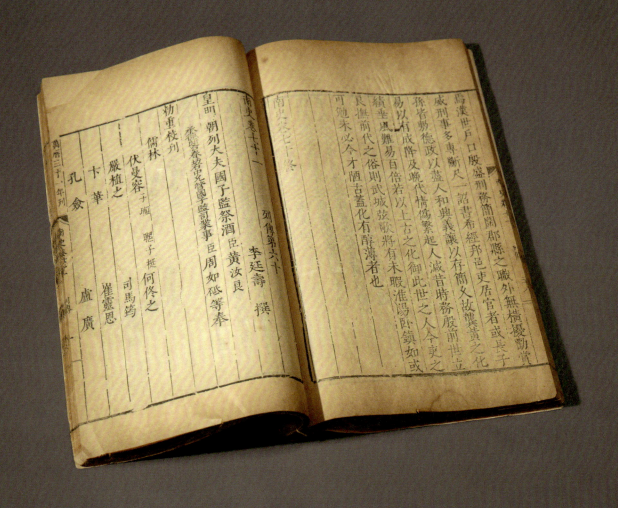

列傳第五十七

李延壽　撰

皇明朝列大夫國子監祭酒臣黃汝良

承德郎春坊右中允管國子監司業事臣周如砥等奉

敕重校刊

杜稜

胡穎

程靈洗　子文季

陸子隆

駱文牙

周鐵虎

沈恪

徐度　子敬成

錢道戢

孫瑒

萬曆三十一年刊

宋史四百九十六卷

明·万历（1573—1620年）

高30.8、宽17.8厘米

15册（存卷四百二十至卷四百九十六）

[元]脱脱等修，明万历二十七年（1599年）北京国子监刻本。半页十行二十一字，白口，左右双边，单黑鱼尾。框高23.5、宽15.2厘米。卷端署"开府仪同三司上柱国录军国重事前中书右丞相监修国史领经筵事都总裁脱脱等修"。

《宋史》是二十四史中卷帙最为浩繁的一部官修史书，记载宋建隆元年（960年）至祥兴二年（1279年）共三百多年的历史，包括《本纪》四十七卷、《志》一百六十二卷、《表》三十二卷、《列传》二百五十五卷。馆藏本存七十七卷，为卷四百二十至卷四百九十六（列传第一百七十九至二百五十五）。

宋史卷四百二十　列傳第一百七十九

開府儀同三司上柱國錄軍國重事前中書右丞相監修國史領經筵事都總裁脫脫等修

皇明朝列大夫國子監祭酒臣方從哲

承德郎右春坊右中允管國子監司業事臣黃汝良等奉
勅重校刊

王伯大　鄭
王埜

蔡抗　　宋應𤲞　徐清叟　李曾伯

饒虎臣　張磻　　馬天驥　朱熠

戴慶炣　皮龍榮　沈炎

王伯大字幼學福州人嘉定七年進士歷官主管戶部
架閣遷國子正知臨江軍歲饑振荒有法遷國子監丞

萬曆二十七年刊

[清]万斯同编撰，[清]王鸿绪删改，清雍正元年（1723年）敬慎堂刻本。半页十一行二十三字，白口，左右双边，单黑鱼尾。版心下方镌"敬慎堂"，慎字避讳。框高19.8、宽14.4厘米。卷端署"光禄大夫经筵讲官明史总裁户部尚书加七级臣王鸿绪奉敕编撰"。书前有清康熙三十六年（1697年）勒谕，奏疏两篇，目录。

《明史稿》三百一十卷，成书于康熙三十八年（1699年），有雍正元年敬慎堂刻本，即此本。中国国家图书馆另藏有三百一十三卷本和四百六十卷本，撰人不详。万斯同（1638—1702年），字季野，号石园，鄞县（今属浙江宁波）人。南明鲁王监国时授户部主事，康熙十七年（1678年）拒应博学鸿儒科，次年以布衣参与撰修《明史》，不受俸，不署衔，后客死京邸。著作尚有《历代史表》《儒林宗派》《石园文集》等。《清史稿》卷四百八十九有传。王鸿绪（1645—1723年），字季友，号俨斋、横云山人，江南华亭（今属上海）人，官至户部尚书。敬慎堂为其室名。

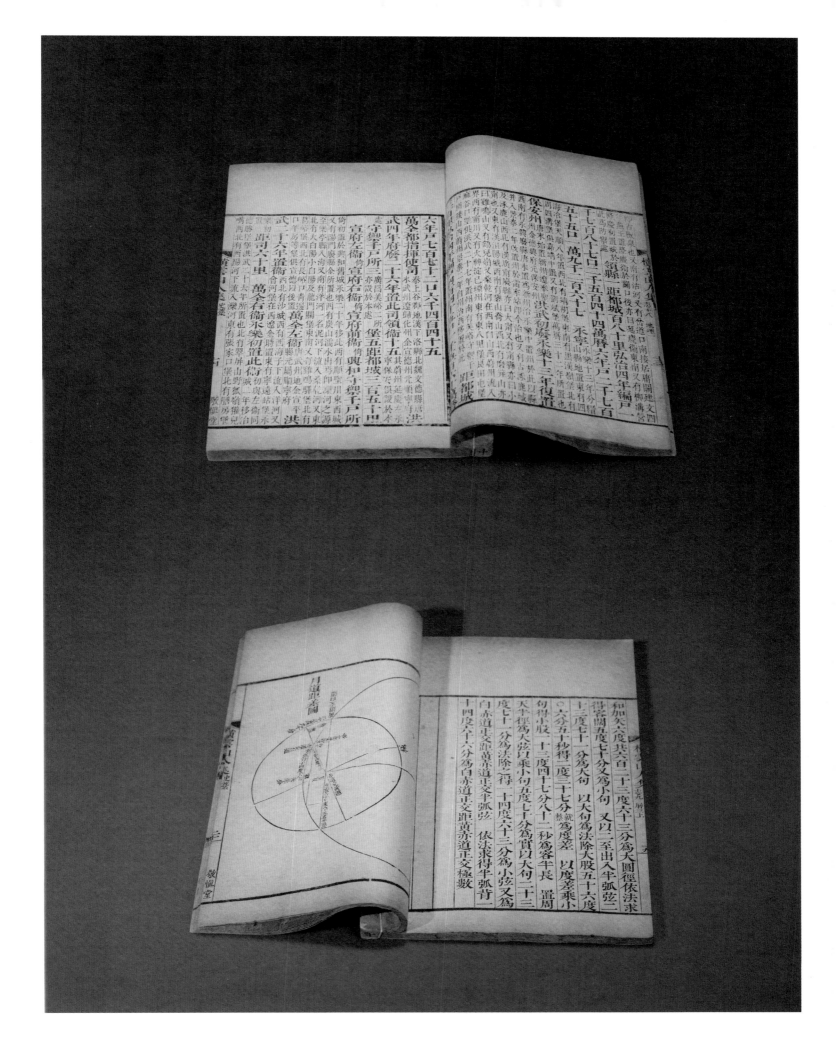

明史藁　　　　　　　　　　　　本紀第一

光祿大夫　經筵講官明史總裁戶部尚書加七級臣王鴻緒奉

敕編摅

太祖一

太祖開天行道肇紀立極大聖至神仁文義武俊德成功高
皇帝諱元璋字國瑞姓朱氏濠州鍾離人先世家沛後徙句
容里名朱巷高祖伯六是爲德祖會祖四九是爲懿祖祖初
一是爲熙祖父世珍是爲仁祖宋季熙祖始徙居泗州元時
仁祖再徙鍾離之東鄉母淳皇后陳氏生四子太祖其季也
前一夕后夢神饋白藥一丸置掌中有光吞之寤猶間香氣
及產紅光滿室自是夜數有光鄰里望見驚以爲火輒奔救

敬慎堂

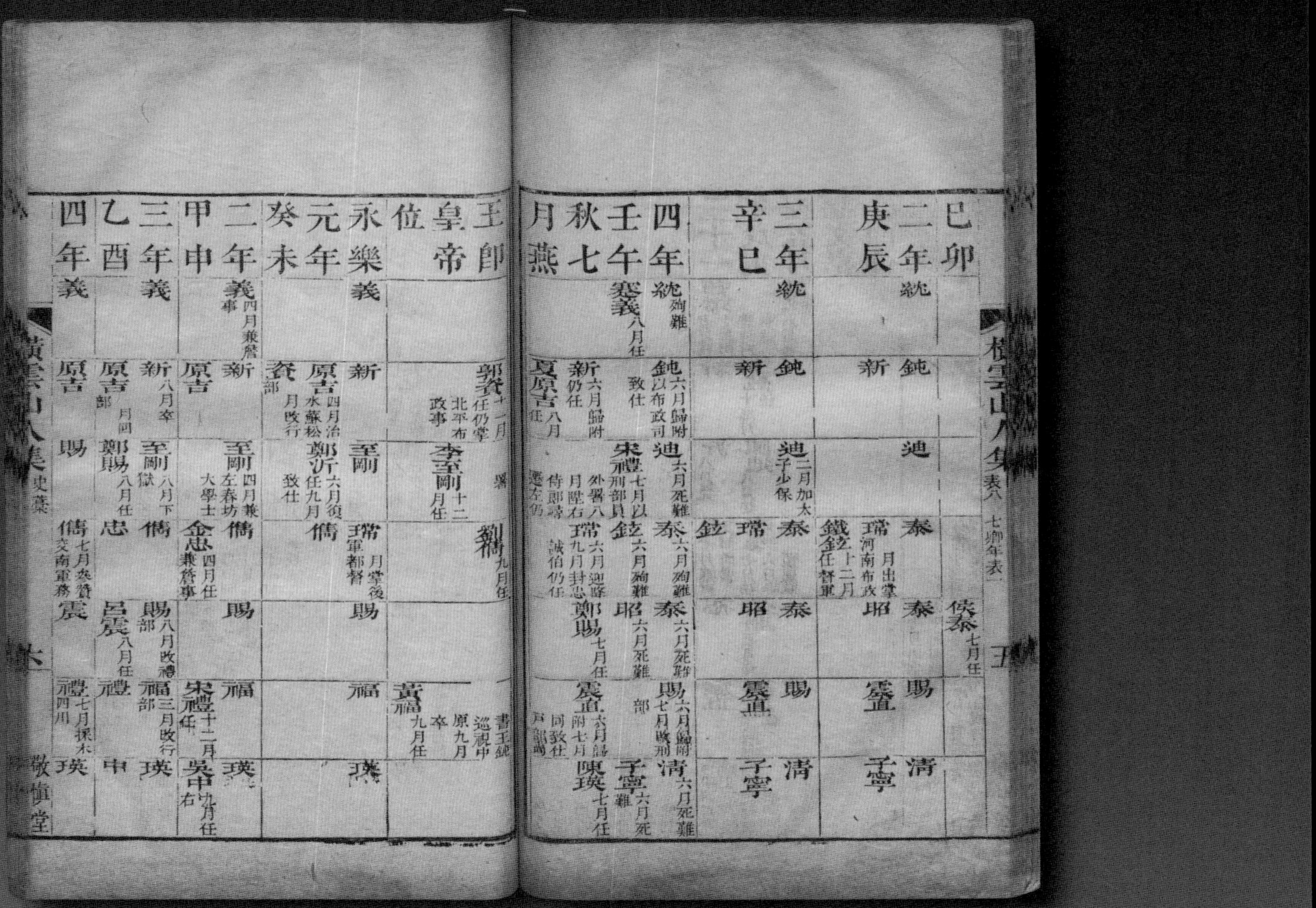

已卯
二年庚辰
三年辛巳
四年壬午
秋七月燕王即皇帝位
永樂元年癸未
二年甲申
三年乙酉
四年
橫雲山人集 表八 七卿年表一
橫雲山人集 史稾
敬慎堂

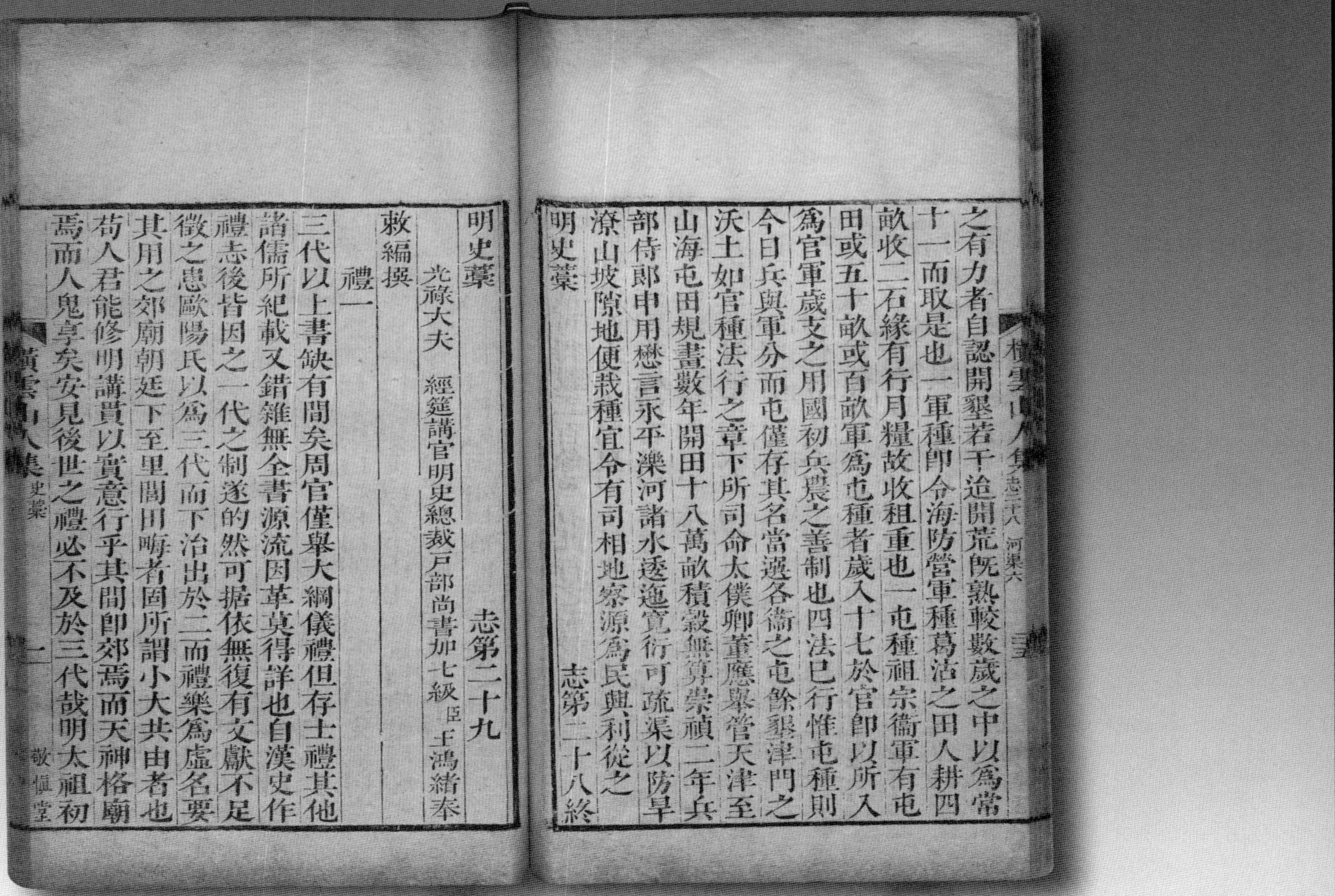

橫雲山人集 志二十八 河渠六
之有力者自認開墾若干迨開荒既熟較數歲之中以爲常
十一而取是也一軍種即令海防營軍種葛沽之田人耕四
畝收二石緣有行月糧故收租重也一屯種祖宗衛軍有屯
田或五十畝或百畝軍爲屯種者歲入十七於官即以所入
爲官軍歲支之用國初兵農之善制也四法已行惟屯種則
今日兵與軍分而屯僅存其名當遴各衛之屯餘墾津門之
沃土如官種法行之章下所司命太僕卿董應舉管天津至
山海屯田規畫數年開田十八萬畝積穀無算崇禎二年兵
部侍郎申用懋言永平灤河諸水逶迤寬衍可疏渠以防旱
潦山坡隙地便栽種宜令有司相地察源爲民興利從之
明史稾 志第二十八終
明史稾 志第二十九
光祿大夫 經筵講官明史總裁戶部尚書加七級臣王鴻緒奉
敕編撰
禮一
三代以上書缺有間矣周官僅舉大綱儀禮但存士禮其他
諸儒所紀載又錯雜無全書源流因革莫得詳也自漢史作
禮志後皆因之一代之制遂的然可據依無復有文獻不足
徵之患歐陽氏以爲三代而下治出於二而禮樂爲虛名要
其用之郊廟朝廷下至里閭田晦者固所謂小大共由者也
苟人君能修明講貫以實意行乎其間即郊焉而天神格廟
焉而人鬼享矣安見後世之禮必不及於三代哉明太祖初
橫雲山人集 史稾 一
敬慎堂

摩盾余谭四卷

清·同治（1862—1874年）
高 27.3、宽 17.3 厘米
1 册（存卷一）

　　[清]朱用孚撰，清同治十年（1871年）知白草堂刻本。半页九行二十二字，上下黑口，左右双边，单黑鱼尾。框高19.1、宽14.1厘米。书前有同治十一年（1872年）朱用孚自叙，同治十一年汪琭序，目录。扉页题："磨（摩）盾余谭。知白草堂藏板。"扉页后有牌记："同治癸酉十年刊于潮州寓斋。"书前有佚名墨笔题识："颖叔著述，此尚存耳。二卷以下昔见刊本，旋失版，非未梓也。芙师序专叙潮嘉防剿纪略，实撰于同治十年辛未。"

　　此书是太平天国重要史料，但流传甚罕，各种太平天国史料书目中均未曾著录。全书共四卷，此本存一册一卷，为卷一。作者朱用孚，字颖白，当时身参粤军营幕，所记皆其亲历，内容颇足与其他太平天国史籍互相参证。

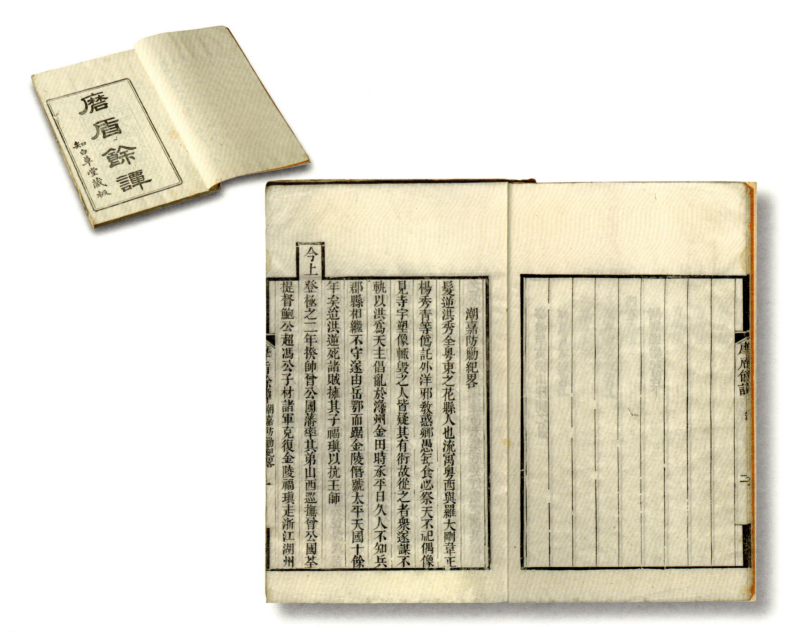

自敍

余嘗覽古來載籍諸書每因畧而不詳矜而失實至考覈
家聚訟盈庭莫能一其旨歸遂因訛永謬而事實轉虛未
嘗不爲之廢書而歎蓋當時無秉筆記載之人後人乃於
文牘敎叅中揣摩成編而傳聞異詞已非廬山面目矣嗚
乎後之人烏從而薰信史耶余弱冠即厠身營幄叅畫兵
事與之人自軍興以來無役不從身親戰陣之事每以鞍馬
馳驅未能一筆之於書民深追恨迫同治乙丑秋江甯
報克復餘賊僞侍王康王由浙竄粵總督毛公檄鼎使李

穎妹著此四書石可二卷以下皆見刊
奉旄失版非未祥此芙師序壽敕湘
泰阿剣　纪畧實撼於月廿十年辛未

吴越春秋十卷附徐氏补注一卷

明·弘治（1488—1505 年）
高 30.2、宽 18.3 厘米
4 册全

　　[汉]赵晔撰，[元]徐天祐音注，明弘治十四年（1501年）邝廷瑞、冯弋刻本。半页九行十八字，白口，左右双边，单黑鱼尾。框高20、宽12.8厘米。卷端署"后汉赵晔撰"。补注一卷，为徐天祐撰。书前有徐天祐旧序，目录。旧序前有后人手抄皕宋楼藏书志、仪顾堂题跋、仪顾堂续跋，后有手书题记："此本校刻精审，为元椠最善者，与陆氏皕宋楼藏本正同，近日殊为罕觏。晓霞先生其典宝之。乙丑夏五，褚德彝。"书末镌有题记："大德十年，岁在丙午，三月音注，越六月书成刊板，十二月毕工。"钤有"爱日馆收藏印"朱文长方印、"徐安"朱文方印、"谭观成"白文方印、"海朝"朱文方印、"藏晖书屋"朱文方印等。《中国古籍善本书目》史部著录，入选第六批《国家珍贵古籍名录》、第二批《广东省珍贵古籍名录》。

　　赵晔，字君长，东汉会稽山阴（今属浙江绍兴）人。曾远到四川从当时经师杜抚学韩诗。著有《韩诗谱》《诗道微》《吴越春秋》等书，今只存《吴越春秋》一种。《吴越春秋》主要记述春秋末期吴越二国（包括一部分楚国）之事，所记之大事许多已见于《左传》《国语》《史记》等书中，部分内容比《史记》所载略为详细，具有一定的史料价值。然而所记传闻异说颇多，曾被列为杂史，性质介于历史与小说之间。有元代徐天祐作注，考辨了原书中一些记事错误之处，可作参考。《四部丛刊》《四部备要》《汉魏丛书》均收有此书。

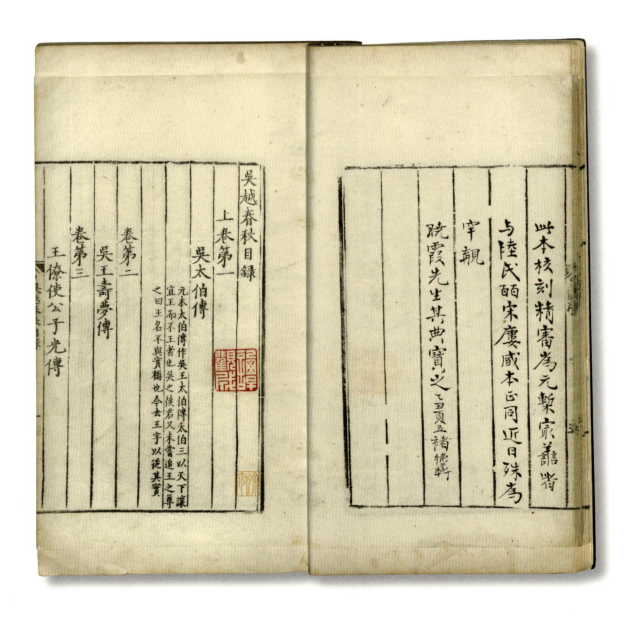

皕宋樓藏書志　元刊本吳越春秋十卷後漢

趙曄撰元徐天祜音注前有徐天祜序卷十

末有大德十年歲在丙午三月音註越六月

書成刊板十二月畢工兩行前文林郎國子

監書庫官徐天祜音註紹興路儒學學錄留

堅學正陳昻伯教授梁相正議大夫紹興路

總管提調學校官劉克昌等銜名四行周氏

手跋曰丁酉歲民間謠傳選良家女子以寔

後宮一時婚嫁殆盡予亦有覆額之要父執

朱彥兼先生以檀孟合刻及此本相贈閱一

年而朱先生物故又五六年而先室亦天丁

卯夏秋天作淫雨此書為漏所濕重為裝飾

吳越春秋吳太伯傳第一

後漢趙曄撰

吳之前君太伯者論語作泰伯后稷之苗裔也后稷其

母台氏之女姜嫄姓封邰國晉語曰黃帝以姬水成故黃帝為姬炎帝為姜是姜者炎帝之姓史記嫄作原台作邰邰國在京兆武功縣所治鳌城漢地理志作斄興邰同韓詩章句姜姓嫄字說文邰炎帝之後姜姓封邰國姜水成炎帝以為

帝嚳元妃年少未孕出游於野見大人跡而觀之中心歡然喜其形像因履而踐之身動意若為人所感後姓娠恐被淫泆之禍遂祭祀以求謂無子履上帝之跡詩生民篇所謂履帝武是也天猶令有之姜

东林列传二十四卷卷末二卷

清·康熙（1662—1722 年）

高 25.6、宽 15.9 厘米

4 册全

　　[清]陈鼎辑，[清]沈霁、蔡世英校，清康熙五十年（1711 年）铁肩书屋刻本。半页九行二十字，白口，左右双边，单黑鱼尾。框高 17.2、宽 13.5 厘米。卷端署"江阴陈鼎定九辑，门人沈霁载阳、蔡世英伟人全校"。书前有凡例，目录，明天启五年（1625 年）《逆珰魏忠贤东林党人榜》。扉页题："东林列传。康熙辛卯新镌。江阴陈定九辑。铁肩书屋藏板。"钤有"粹芬阁"白文方印、"秀水王相"朱文方印、"惜庵"白文方印。

　　陈鼎，江苏江阴人。是书收录顾宪成等与东林党事相关一百八十余人传记，仿《元祐党籍传》之例，于诸人姓氏、履历、籍贯均予以记录，叙事颇为详尽。作者长期留心于乡邦文献，保存了当时见闻资料，可补《明史》遗缺。

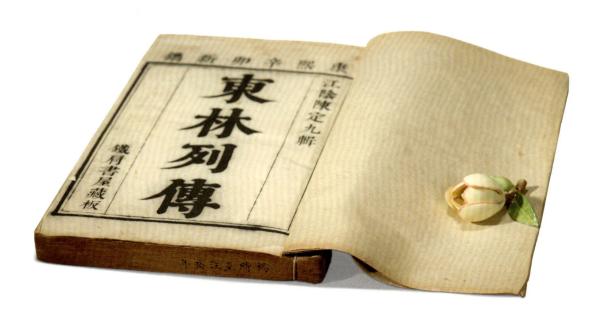

東林列傳卷一

江陰陳　鼎定九輯　門人　沈　霨載陽
　　　　　　　　　　　　蔡世英偕八　仝玄

宋

楊時傳　本宋史

楊時字中立南劍將樂人幼穎異能屬文稍長潛心
經史熙寧九年中進士第時河南程顥與弟顧講孔

使粵日記自序

僕年將三十猶未出里門巳卯計偕杜上遂留京師

職守羈縻睱時瀏覽輿圖每思古人萬里壯遊輒為

神往乙酉夏五月

上命典試粵西則大喜過望粵西去京師七千餘里

地僻處西南裏計偕時歷吳越山左而至京師今則

經燕趙魏宋鄭衛荊楚諸邦涉淮踰江過衡山入零

陵度嶺而南皆昔時所未遊歷者柳往雪來追念舊

遊而僕足跡於天下幾什之七矣乘傳就道凡耳目

使粤日记二卷

清·乾隆（1736—1795 年）
高 23.9、宽 14.7 厘米
1 册全

　　[清]孟超然撰，[清]陈寿祺、冯缙校刊，清乾隆刻本。半页九行二十字，白口，左右双边，单黑鱼尾。框高17.5、宽12.7厘米。卷端署"福州孟超然撰，受业陈寿祺、冯缙校刊"。书前有乾隆三十年（1765年）孟超然自序。

　　孟超然，字朝举，号瓶庵，闽县（今属福建福州）人。乾隆二十五年（1760年）进士，典试广西，视四川学政，《清史稿·儒林传》有传。是书是其于乾隆三十年典试广西时，从北京到桂林沿途所见风土人情行事之详细记录。

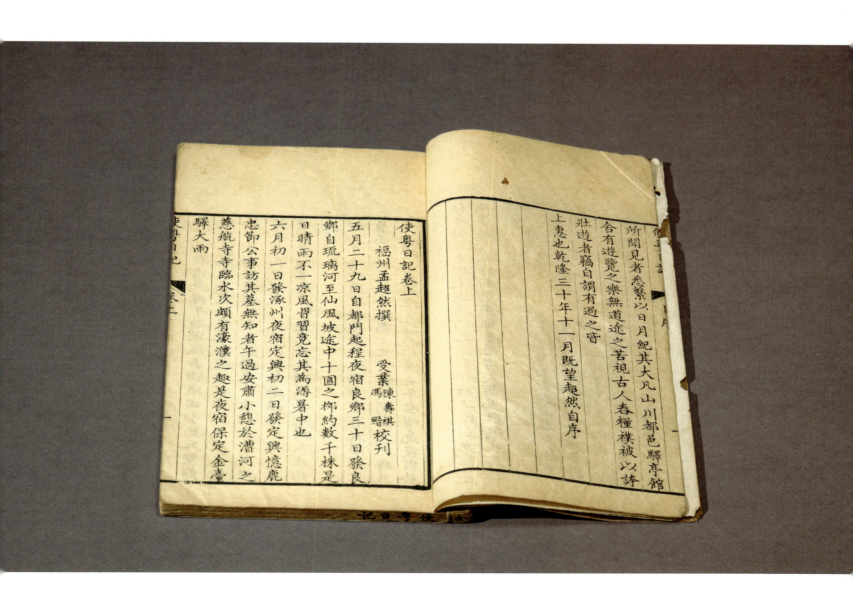

桂岭八简

清（1644—1911 年）
高 23.5、宽 12.2 厘米
原存 1 册

　　[清]温顺撰，清抄本。卷端署"德庆温顺山撰"。书末钤
"平山张氏藏书之印"朱文方印。

　　温顺，字顺山，德庆（今属广东肇庆）人，由廪贡生转州
吏目，其兄温颐为清乾隆年间进士。温顺作《桂岭八简》，此一
卷为《人简》，列举了西汉至清代广西、粤西地区的名人事迹。
温飓《宜善堂文钞》跋顺山公诗后曰："（温顺）好蓄书，工骈
俪之作，著《桂岭八简》，载粤东事迹，稿藏于家。乾隆五十九
年（1720年）江涨，坏所居室，家藏典籍皆没于水。今存《八
简》，仅残缺二十余页。有《霏筠学圃》二卷，亦早失。"

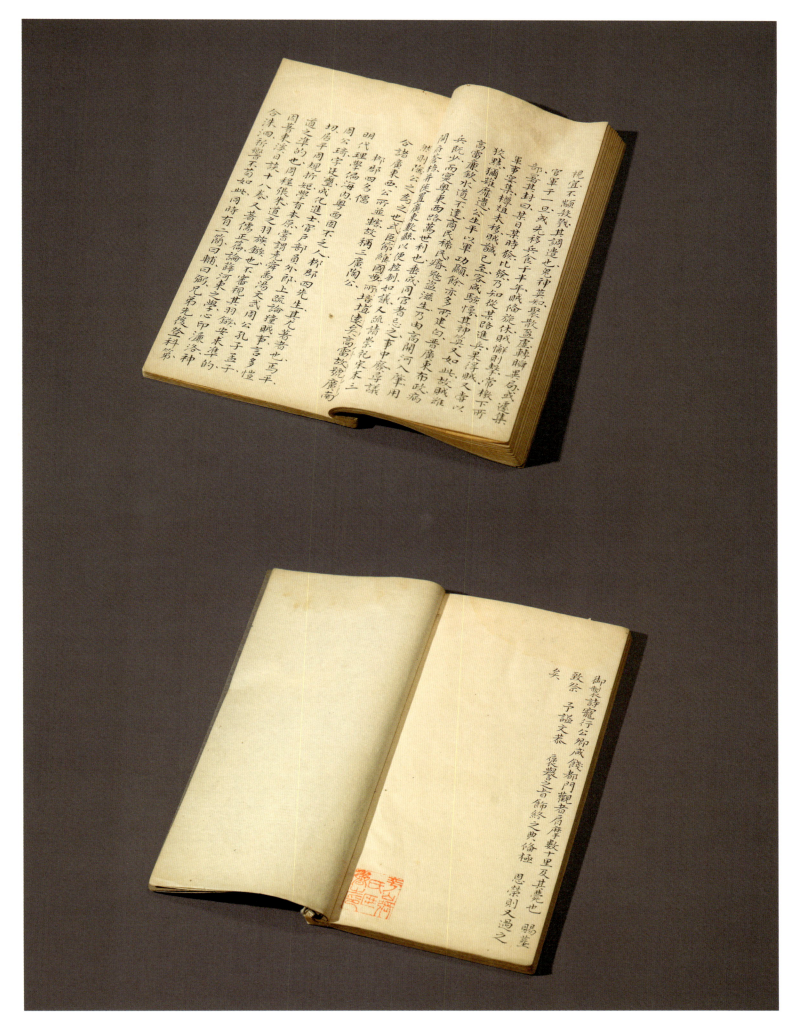

清代广东抚院、学院、会元、进士题名录

清·光绪（1875—1908 年）

高 25.8、宽 14 厘米

1 册全

　　清光绪抄本。钤有"南海黄氏秩南任恒"朱文长方印、"信古阁藏"朱文长方印、"潮生"朱文方印等。

　　此本以楷书抄录了从清顺治至光绪年间《历任广东抚院题名录》《历任广东学院题名录》《大清历科乡试解元题名录》《大清历科会元题名录》《大清历科文榜眼探花题名录》《大清历科文状元题名录》《大清历科广东进士名录》，每个人名下以小字标注籍贯、题名时间或地点，间以朱砂于叶边标注提要。

歴任廣東撫院題名錄

任全儁 順治五年
李棲鳳 奉天
趙之麟 遼東
盧興祖 康熙 奉天
馮埏 甲午任
高承爵 奉天
范時崇 奉天
楊宗仁 奉天

董應魁 奉天
張問政 遼東
張純熙 北直
王來任 滿洲
李士正 奉天
蕭承藻 奉天
滿丕 奉天

楊句瑛 福建
張注慶 陝西
劉秉權 奉天
朱宏祚 山東
彭鵬 古田
楊琳 奉天
楊文乾 奉天

佟養鉅 滿洲
江有良 奉天
石文晟 滿洲
法海 滿洲
鄂彌達 滿洲

撫院
年希堯 雍正 遼東

杜氏通典二百卷

明·嘉靖（1522—1566 年）

高 31.2、宽 18.9 厘米

40 册全

　　[唐]杜佑撰，明嘉靖十八年（1539年）王德溢、吴鹏刻本。半页十一行二十字，白口，四周单边。框高18.9、宽15.4厘米。卷端署"唐岐国公尚书右丞前岭南节度使京兆杜佑君卿纂，明文林郎巡按广东监察御史连江王德溢懋中校，奉议大夫广东提督学校金事秀水吴鹏万里同校"。书前有嘉靖十八年方献夫序，云："嘉靖戊戌，侍御连江王君十竹来按吾广，首谋于提学秀水吴君默泉，访求善本，爰加精校，乃请于提督都宪侯官蔡公半洲，嘉乐赞成，遂付之梓。"又有李翰序，杜佑序，杜氏本传。书末有《分理官员师生姓氏》和牌记："右书计镂板凡一千七百九十二，卷凡二百，帙凡四十，梓匠凡七十，始于嘉靖戊戌仲冬，迄于己亥孟冬，阅月凡一十有三，贮于羊城之崇正书院。"钤有"韶州府印"朱文方印、"吴氏筠清馆所藏书画"朱文方印、"粤人吴荣光印"白文方印、"延州来季子退"朱文长方印。《中国古籍善本书目》史部著录，入选第三批《国家珍贵古籍名录》、第一批《广东省珍贵古籍名录》。

　　《杜氏通典》记述了远古黄帝时期至唐朝天宝末年的制度沿革，以说、议、评、论的方式，提出自己的见解和主张，以示劝诫。该书是中国历史上第一部典志体史书，开创了中国史书编纂的新体裁。

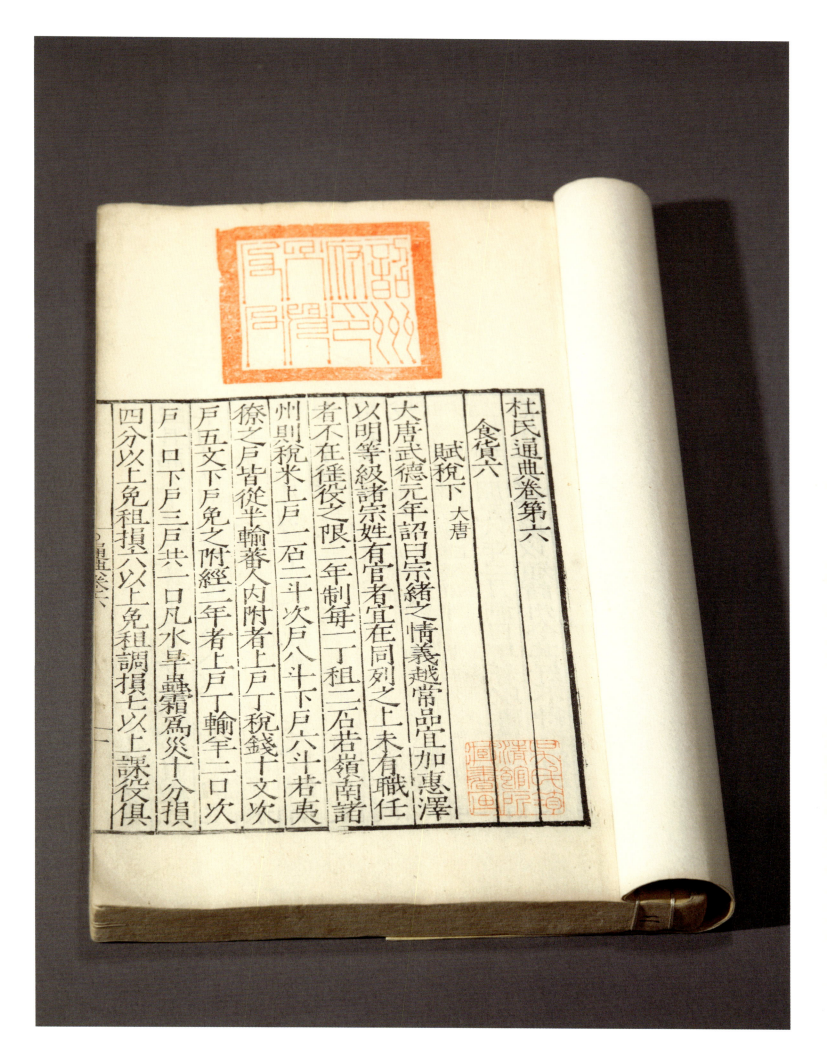

杜氏通典卷第六

食貨六

賦稅下 大唐

大唐武德元年詔曰宗緒之情義越常品宜加惠澤
以明等級諸宗姓有官者宜在同列之上未有職任
者不在徵役之限二年制每丁租二石若嶺南諸
州則稅米上戶一石二斗次戶八斗下戶六斗若夷
獠之戶皆從半輸蕃人內附者上戶丁稅錢十文次
戶五文下戶免之附經二年者上戶丁輸羊二口次
戶一口下戶三戶共一口凡水旱蟲霜為災十分損
四分以上免租損六以上免租調損七以上課役俱

見卷二六

一一

杜氏通典卷第一

唐岐國公尚書右丞前鎮南節度使京兆杜佑君卿纂
明文林郎巡按廣東監察御史連江王德溫慈中校
奉議大夫廣東按置署校僉事秀水吳鵬萬里同校

田制下　水利田　三　賦稅　鄉籍並附　土斷

食貨一

一　田制

四　上　賦稅

七　丁中

十　漕運　鹽鐵

二　屯田

五　中　錢幣

八

十一　雜稅

三　賦稅

六　下　錢幣

九　下　錢幣

十二　輕重

歷代盛衰戶口

賞爵催酷其給

平準均輸

食貨一
田制上　後漢、晉、宋、秦、後漢

休宁县万历九年丈量弓步清册

明·万历（1573—1620年）
高33.6、宽29.5厘米
1册全

　　明万历九年（1581年）木刻填写本。框高26.6、宽27.4厘米。

　　明代休宁县隶属徽州府，即今安徽省休宁县。明中期，各地豪强大吏侵吞土地、逃避赋税的现象十分普遍，对明政府财政收入造成了不小的影响。明万历九年，张居正主持在全国范围内开展"丈地亩，清浮粮"运动，通过清丈来整理全国的田地和税粮。清丈工作持续了四五年之久，在历史上产生了重要影响，史称"万历清丈"。这本《休宁县万历九年丈量弓步清册》即是对休宁县土地进行重新丈量后编制的鱼鳞图册。

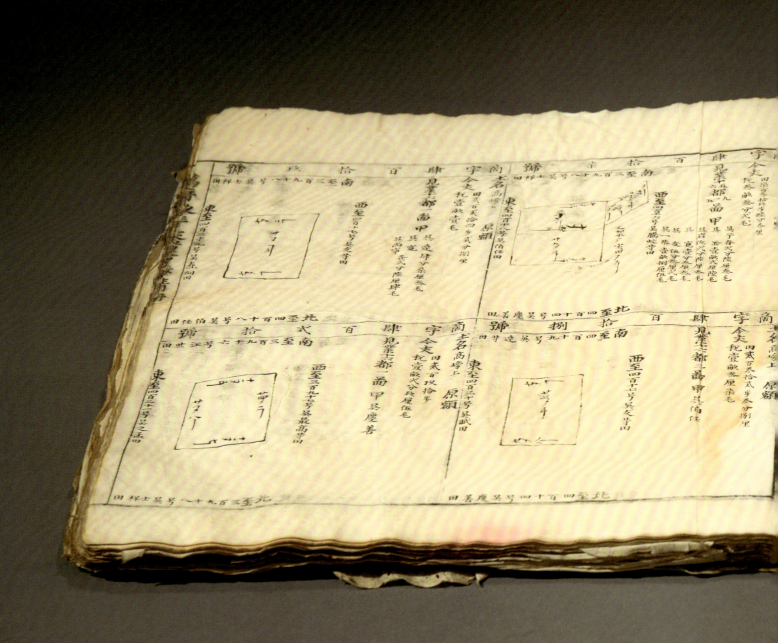

古者諸侯之國各自有
史書域而敦於王一命
內史掌之大之天地日
月星辰人倫政治和了
宮室吳都岢木禽魚麻
不紀載所以類萬物之

星野

周禮保章氏以星土辨九州之地所封之域皆有

分星以觀妖祥二十八宿分應九州而百粵之地

其次星紀其星牽牛又司馬遷云凡瀕海澤國當

繫南斗則粵地為牛女分野其彰彰矣然以度數

考之得牛女為多以災祥考之則獨繫於南斗故

日觀南越之星者觀南戍觀南戍者觀南斗枉矢

見而豫章之帝業以立五星聚而江門之道學以

與人事成於下天象應於上有明驗也志星野

[乾隆] 佛山忠义乡志十一卷

清·乾隆（1736—1795年）
高 26.1、宽 15.6 厘米
4 册全

　　[清]毛维锜、赵廷宾监修，[清]陈炎宗总辑，[清]李绍祖、梁调元等纂，清乾隆十九年（1754年）刻本。半页九行二十二字，白口，左右双边，单黑鱼尾。框高20.7、宽13.8厘米。书前有李侍问旧志小引，清康熙五年（1666年）霍得之旧志原序，乾隆十七年（1752年）陈炎宗忠义乡志序，乾隆十八年（1753年）赵廷宾忠义乡志序，乾隆十八年李绍祖佛山志序，乾隆十九年（1754年）毛维锜序，编撰者，凡例，目录。钤有"南海陈端卿珍藏书画印"朱文长方印。

　　佛山修志始于康熙五年，由李侍问主编，已散佚，仅存《序》和《小引》。后于乾隆十七年重修，即此本，分乡域志、官典志、乡事志、选举志、乡俗志、乡学志、乡防志、名宦志、人物志、艺文志等。此后于清光绪十年（1884年）、中华民国十二年（1923年）两度重修。明朝年间，佛山因乡民英勇抗敌，被赐名"忠义乡"，地方志因此命名。

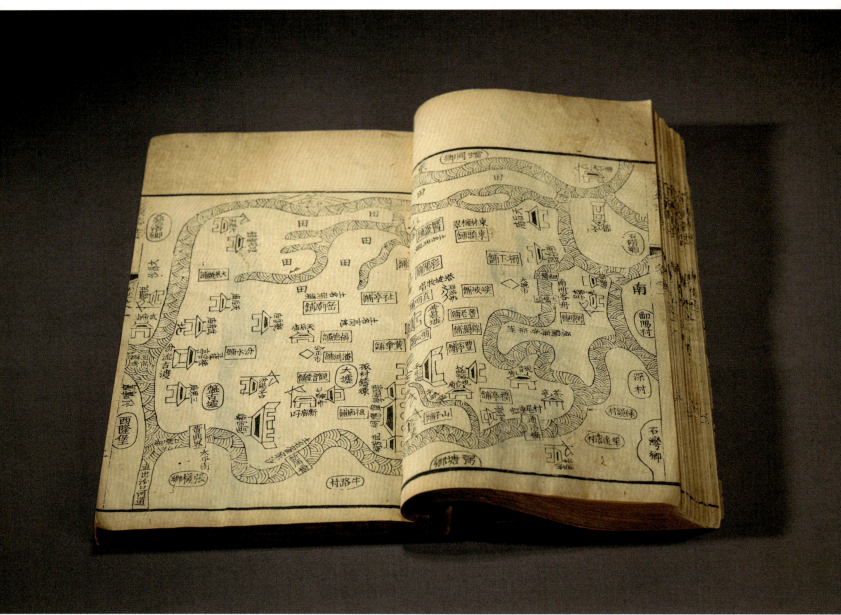

佛山堡名耳鄉則曰忠義顧天下艷稱佛山幾忘其

鄉之為忠義毋乃愛其地而逸其美乎夫曩者之錫

此鄉以嘉名也地以人榮至傳之今日則人又以地

榮矣鄉人士不以之自耀而但稱佛山故天下亦遂

循而忘之也雖然有美弗彰君子懼焉謂無以厲世

而翼敎也惟揭忠義之名昭表里之意俾天下咸知

是鄉之美不在烟火之稠文物之盛貨財之富而在

二十二人之赤忠與其子弟之從義照當時風後世

［乾隆］南海县志二十卷

清·乾隆（1736—1795 年）

高 24.1、宽 16 厘米

11 册（存卷一至卷十四、卷十六至卷二十）

　　[清]魏绾主修，[清]陈张翼纂，清乾隆六年（1741年）刻本。半页十行二十二字，白口，左右双边，单黑鱼尾。框高19.8、宽14.9厘米。书前有乾隆六年程仁圻序、冯曦序、陈张翼序、魏绾序，旧序，旧志凡例，目录，凡例，纂修者姓氏。

　　宋代修《南海志》十二卷，元代修《南海县志》二十卷，皆不传。明万历年间和崇祯年间一再修之。入清后，为修《大清一统志》而"告天下各修志书"。清康熙二十六年（1687年），知县郭尔阨辑成《南海县志》，至康熙三十年（1691年）知县胡云客代为刊行。魏绾任知县后，于乾隆六年春开始修志，"视郭令旧志十增三四，阅八月而书成"。全书内容在康熙二十六年"郭志"基础上订正补缺，分为舆地、建置、编年、典谟、官师、食货、学校、选举、礼乐、兵防、水利、风俗、古迹、宦志、人物、艺文共十六门。

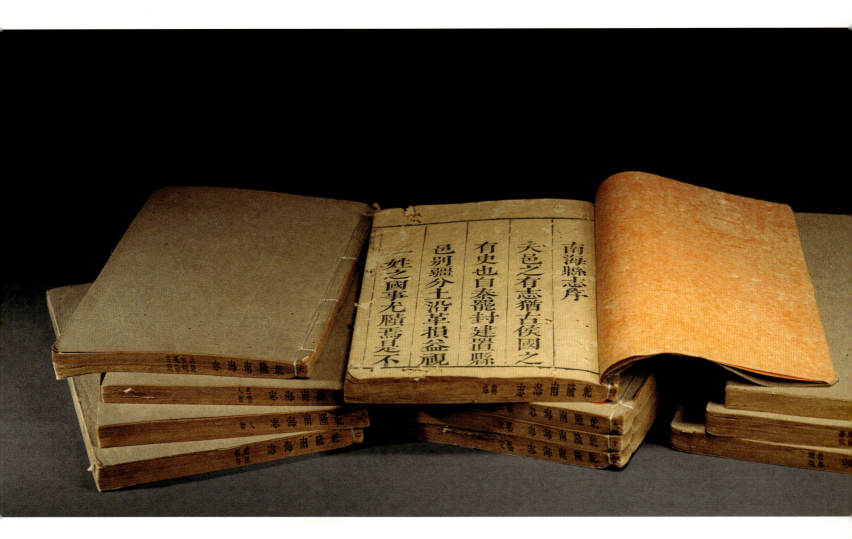

［雍正］海阳县志十二卷图一卷

清·雍正（1723—1735 年）
高 26.5、宽 16.7 厘米
10 册全

　　［清］张士琏编纂，清雍正十二年（1734年）刻本。半页九行二十字，白口，四周双边，单黑鱼尾。框高20.7、宽14.4厘米。书前有海阳县疆域城郭各都图。扉页后有牌记："雍正岁次甲寅陬月之吉。"

　　海阳县修志始于清代。清康熙年间，金一凤修、陈衍虞纂《海阳县志》五卷首一卷。至雍正年间，张士琏纂修县志，以康熙《海阳县志》为底本，增补加详。内文分星野、山川、地集、神庙、学校、祀考、学田、祭器、政集、兵防、人防、特典、天集、风俗、事集、制诰等。

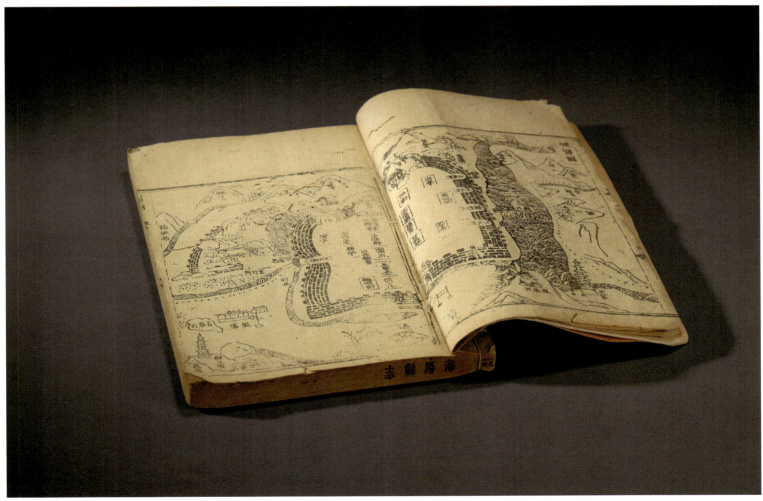

［康熙］饶平县志二十四卷

清·康熙（1662—1722 年）

高 23.6、宽 15.6 厘米

6 册全

　　[清]刘抃修，[清]侯世禄纂，清康熙二十六年（1687年）刻本。半页九行二十字，白口，四周双边，单黑鱼尾。框高21.5、宽14厘米。书前有饶平县疆域城郭图，陈衍虞序，佘艳雪序，康熙二十五年（1686年）侯世禄跋，杨钟岳序，康熙二十六年刘抃序，旧序，凡例，总目。卷端署"颍川刘抃纂修"。

　　饶平自明嘉靖四年（1525年）、嘉靖二十年（1541年）、明崇祯十三年（1640年）三次修志，两次成书，均散佚无存。清康熙年间，刘抃任知县后，搜旧志，"葺残订讹，删浮征实……阅期月乃告成"。全书共二十四卷，内容涵盖星野、疆域、山川、水利、建置沿革、城池、公署、学校、职制、祀典、田赋、户口、盐课、屯田、积贮、兵防、铺递、职官、名宦、选举、封赠、行伍、人物、孝义、耆寿、隐逸、流寓、列女、潮汐、海飓、海汛、气候、风俗、物产、古迹、寺院、陵墓、寇道、灾祥、艺文。除艺文志外，有目无纲。其艺文志文部收罗鸿富，保存了不少文献资料。

星野

潁川劉抃纂修 ·

粵省分野於黃文裕公過志闕如無亦以天道遠

而難言故畧之與潮於粵屬郡什之　末矣饒於

潮兩邑什一之二　柳又末炎分野雖同似可無志

然吾觀歷徵一嚬所言時恒之應事與行分配甚

晰一身且爾朔一邑之分野顧可槩以省若郡之

志遠謳勿論與累於言天其知天人相與之可畏

星野　一

［乾隆］陆丰县志十二卷

清·乾隆（1736—1795 年）
高 26.9、宽 16.8 厘米
4 册全

　　[清]王之正修，[清]沈展才等纂，清乾隆十年（1745年）刻本。半页九行二十二字，白口，四周双边，单黑鱼尾。框高21.9、宽15.2厘米。书前有乾隆十年谢王生序，县治全图，县城图，县署图，学宫图，碣石卫城图，甲子所城图，八景，凡例，目录，姓氏。

　　该书是陆丰县第一部县志。全书分星野、疆域、建置、秩官、学校、祀典、选举、人物、赋役、水利、兵防、艺文，共十二门。纂辑者王之正在《陆丰县志后序》中说明了其修志的宗旨并非"第备掌故"，而在于存史和资治。

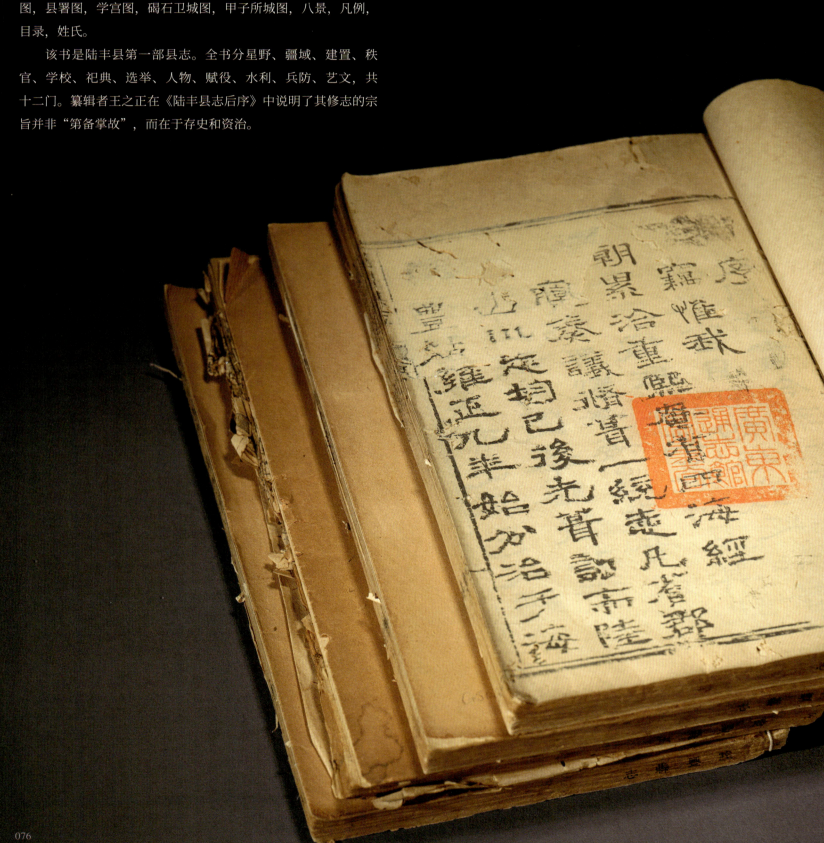

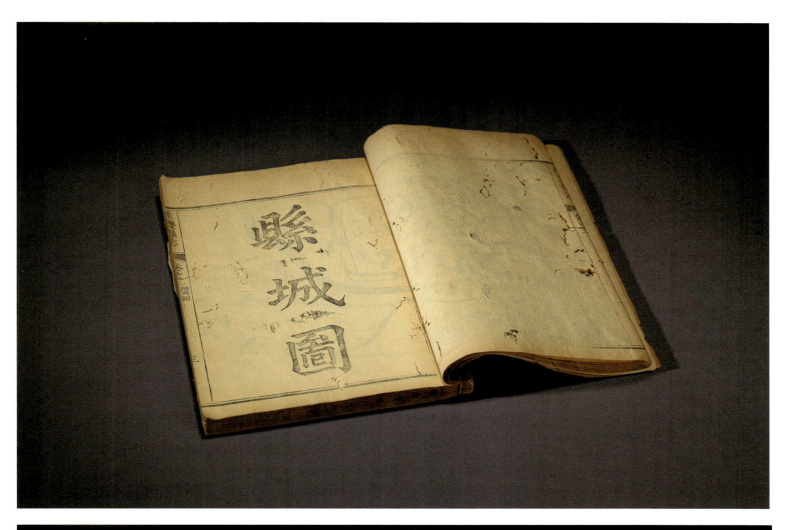

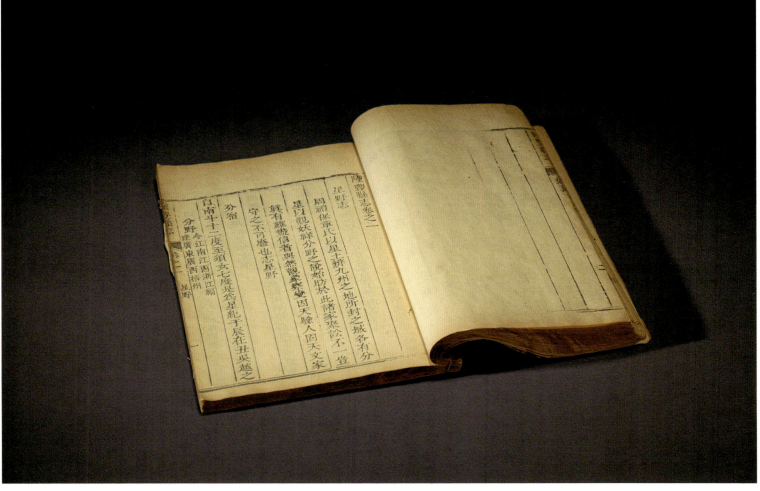

［乾隆］ 普宁县志十卷首一卷

清·乾隆（1736—1795年）

高 23.7、宽 15.7 厘米

7 册全

　　[清]萧麟趾修，[清]陈元德纂，清乾隆十年（1745年）刻本。半页九行二十字，白口，四周双边，单黑鱼尾。框高19、宽13.7厘米。卷端署"发干萧麟趾子振甫纂"。书前有旧序，萧麟趾自叙，姓氏，凡例，目录，地图。

　　普宁位于粤东，明嘉靖四十二年（1563年）置县。明万历、清康熙年间曾两度修志。乾隆《普宁县志》共十卷八十四目，记述详备。中华民国二十三年（1934年）曾重行铅印，为海内外一些图书馆所收藏。

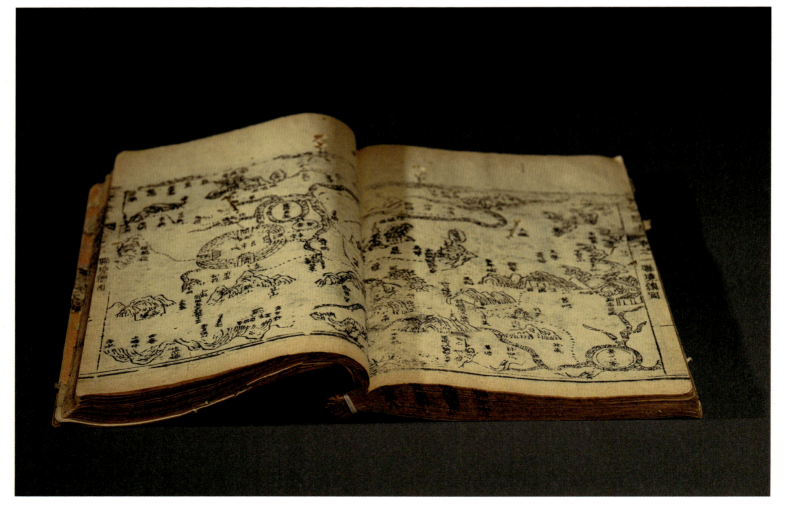

星野　　　　　發干蕭韓孫此子振甫纂

南越屬牛女本於前漢班固此里志因天官

女為揚之分緊以南越屬焉世儒以牛女為北

方宿疑斑氏不可信且以潮處天永保章特未

大職方之版星土辨九州之說幾欲存而不論

今按通典及文獻通考俱稱禹貢揚州之域至

於閩越其分註郡屬已奄有潮陽則潮之郡邑

［乾隆］揭阳县志八卷首一卷

清·乾隆（1736—1795 年）

高 26、宽 16.8 厘米

8 册全

　　[清]刘业勤修，[清]凌鱼纂，清乾隆四十四年（1779年）刻本。半页十行二十一字，白口，四周双边，单黑鱼尾。框高19.7、宽14.7厘米。卷端署"揭阳知县刘业勤重纂"。书前有乾隆四十四年刘业勤序，旧序，凡例，通县疆域图，县镇图，县署图，学宫图，书院图，县八景图，书院八景图，八都地舆图。

　　揭阳自秦时置县，历史上曾多次修志。现存最早的有明崇祯《揭阳县志》，清抄本，藏于中国国家图书馆。清康熙至乾隆年间数度修志，多散佚。此本共八卷，内文分为方舆志、建置志、赋役志、职官志、选举志、人物志、风俗志、艺文志等。被收入《广东历代方志集成》。

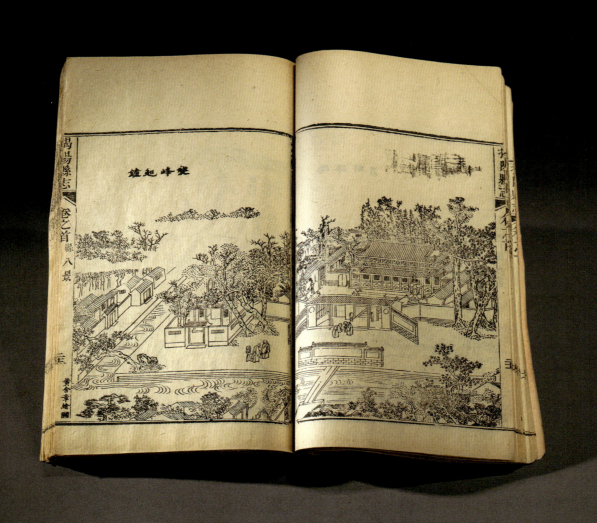

揭陽知縣劉業勲重纂

方輿志

宋鄭雄云州縣之設有時而更山川之形千古不
易故禹貢分州必以山川定疆界而唐杜佑通典
則以歷代郡國析於禹貢九州之中條理明備後
世因之揭雖南服一隅然觀星野以知荄祥晦潮
汝以知消長考沿革以知古今之異制覽山川以
知關隘之當防與夫橋梁道路之脩廢郵墟盧井
之衰旺皆司牧者所有事也物土之宜而布其利

开平乡土志稿三卷

清末期
高 24、宽 13.5 厘米
3 册全

[清]张启琛纂修，清末抄本。书前绘有开平县全图。

开平县始设于清顺治六年（1649年）。据《广东方志要录》记载，清康熙十一年（1672年）始修县志，书成未刻，将抄本上送朝廷而县无存。至康熙五十六年（1717年）重修县志，无旧志可资参考，内容残缺不全。清道光三年（1823年），知县王文骧聘请举人张绶琮、岁贡张潮和县训导李科修志，为道光《开平县志》，是开平县旧志中首部内容较丰富的志书。至清宣统元年（1909年），县欲修乡土志，又要为小学提供乡土史教材，于是合二为一编修《开平乡土志》，聘请县人张启琛执笔。张启琛是道光《开平县志》编纂者之一张潮的玄孙。

《开平乡土志》无刻本传世，此本《开平乡土志稿》是该书的未刊稿，仅存此抄本。该书分为历史、政绩、地理三篇，每篇一册，记事至清光绪十二年（1886年）。书中在记述史事后多有"琛谨案""琛又案"等文字评述。

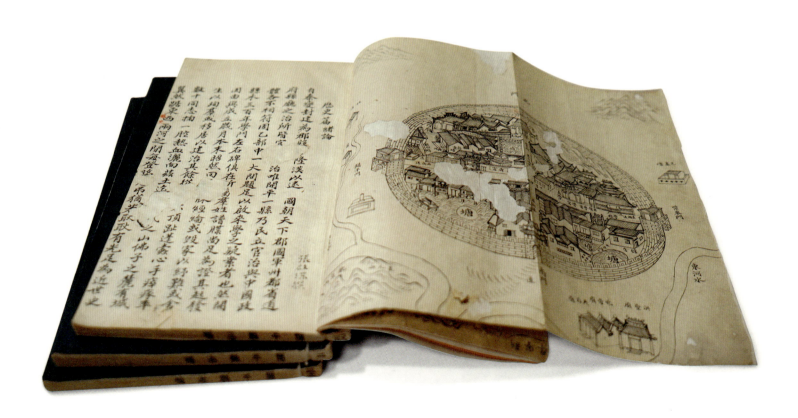

有以致之也雖然地球大勢前數十年之交通在輪船近數十年
之交通在鐵路若能築一軌道橫貫縣城上至尖石下繞赤坎長
沙達水口以接寧陽江佛兩支線則我邑之繁庶當不讓廣州五
大縣也因勢而利導之合力而整頓之不能責之官府也地方前
遂之希望是在我邑開平人之急謀自治耳輯地理篇

地理

本境在肇府東南壹百六十里在廣東省西南二百九十里在京
師南八千四百二十里

本境東西相距七十五里南北相距七十三里（據光緒朝會典館新纂圖說）
面積約三千二百方里東界廣州府之新會南界廣州府之新寧
西南界陽江州之恩平東北界鶴山西北界新興

本境氣候在北緯二十三度三十四分至四十五分間地屬熱
理應酷熱但因南面海洋氣之調劑力故得溫和歲中夏秋皆熱

人類

開邑在廣東雖古為蠻夷邊地而今日之人類純然漢種而無粵
種自秦徙民雜處百粵為漢人入廣東之始唐末中國大亂中朝
人士多避居焉其轉徙而至本境者多在宋元以後放各族初祖
多從新會來益南宋時為金人所逼中原士族避亂者多遷居南
雄後循北江南下至新會又由新會至開平以故皆漢種而所謂
猺黎猺種者皆絕迹焉意者舊族之性質為新民所同化優勝劣
敗始亦天演之公理歟咸同以前有所謂客家者按前明永樂間
安置降胡於河間榮昌二府英宗北狩勢將牽動于忠肅奏遣其

未及反琚富彦之酷也海寇紅匪騷擾極矣然達不逾數月近不
淹兩日地方浩刼未盡沈淪二百年前最慘痛之紀念二百年後
最緊要之問題惟社客兩家消釋之術社易客難蓋主僕情通但
能仰承政府諮世奴之禁令得改良還依宗祐若其犬馬戀主皆
實界以本位有由社禍也可再發也客家慰饒頗大對於漢族殊
無通好感情近時報章私運軍火入內地之案聞有所開與端呈
請檄回原籍追給產業頻遭駁斥不厭唐漬司馬之心路人知之
矣而漢族之對於此種問題和平歟激烈歟皆未有完全辦法也
豈物競天擇適者生存優勝劣敗之理尤堪取信於近世歟

［康熙］昌化县志书五卷

清·康熙（1662—1722 年）

高 26.2、宽 17.7 厘米

3 册全

　　[清]方岱纂修，清康熙刻本。半页九行二十字，白口，四周双边，单黑鱼尾。框高23、宽15厘米。卷端署"河阳举人知昌化县事璩之璨较正重刊"。书前有康熙二十六年（1687年）方岱序和康熙三十年（1691年）璩之璨序，目录。书内有藏晖书屋题签一张。

　　是志创修于康熙二十六年县尹方岱，告成于康熙三十年县尹璩之璨。共分五卷，卷一为舆图、沿革、星野、地理、疆域、山川、海港、潮汐、风土、城池、公署、祀典，卷二为都图、赋役（户口附），卷三为物产、古迹、桥渡、圩市、亭坊、兵防、原黎、平乱，卷四为秩官（附武职、游宦、乡绅），卷五为艺文。

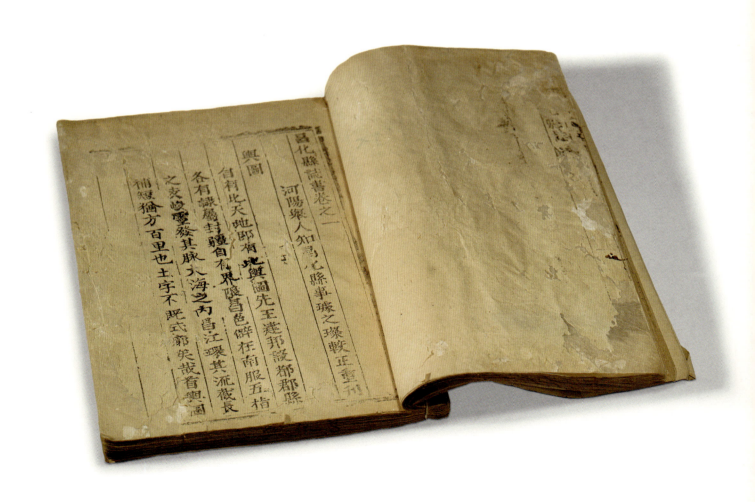

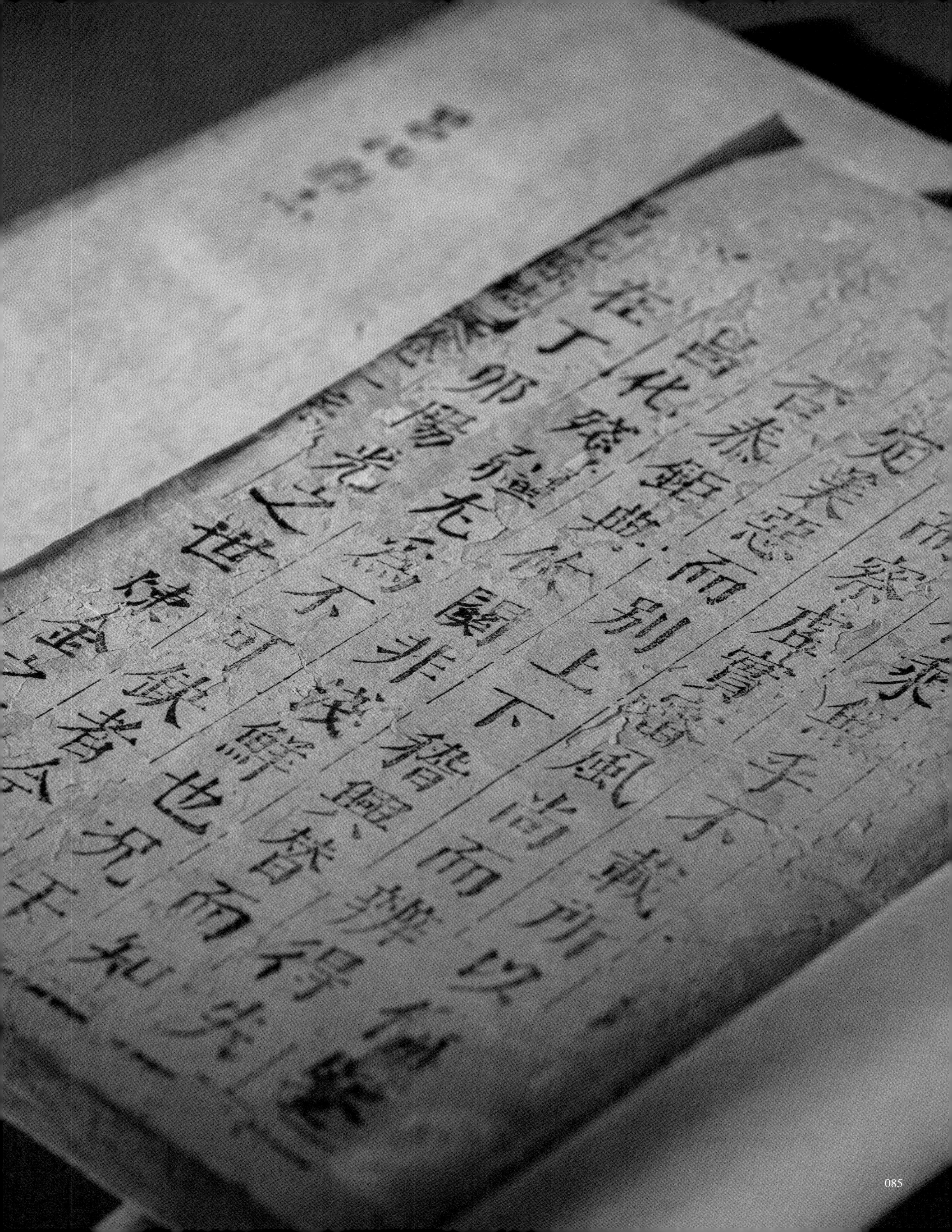

［雍正］罗定直隶州志六卷首一卷

清·雍正（1723—1735 年）
高 24.9、宽 15.5 厘米
5 册（存卷二至卷六）

　　[清]王植修纂，清雍正九年（1731年）刻，清嘉庆十五年（1810年）补刻本。半页九行二十字，白口，左右双边，单黑鱼尾。框高20.9、宽14厘米。钤有"张琦"朱文方印、"杏坊"朱文方印。

　　王植，字槐三，深泽（今属河北石家庄）人。清康熙六十年（1721年）进士。历任罗定知州、新会知县、邳城知县等。于方志贡献甚大。自雍正九年起，先后主持修成《罗定直隶州志》《深泽县志》《新会县志》《郯城县志》等。是志六卷，馆藏本缺卷一舆地、物产；存卷二至卷六，为建置志、礼仪志、职官志、宦绩志、选举志、人物志、兵防志、赋役志、敷教志、艺文志等。

建置志

王植襄修

古者命司險設險則有城池蒞政則有衙宇
學宮庠序之規輔進橋道為因民之利當其
始也周宻詳盡吁允戒期於永久而歷年既遠或
存或圮其事不一然皆宜紀焉用見前人經畫
之詳防慮之周後賢所當審時度勢變而通之
修而復之也者籍曰重卹民力而百務不舉是
僝合其官者之宜為不足卹矣志建置

廣東新語卷一

　　　　　番禺　屈大均　翁山　譔

天語

日

羅浮稱朱明之天日之初出山上輒先見之有見
日臺焉俯臨三千餘仞所處高故所見早人見之
於旦於晝子則嘗見之於中夜求之於水出之前
得之於將出之際爲之恭敬導引寤寐不遑而取
火氣之精光明盛實以麗其德焉蓋夜中見日自
昔皆言羅浮之異嘗有客宿于山巓夜分見第三
重峰有塊火大如車輪光怪廻翔與他火異怪之

广东新语二十八卷

清·乾隆（1736—1795年）
高25.8、宽15.8厘米
10册全

　　[清]屈大均撰，清乾隆年间翻刻本。半页十一行十九字，白口，四周单边，单白鱼尾。框高17.5、宽13.5厘米。卷端署"番禺屈大均翁山撰"。书前有清康熙三十九年（1700年）吴江潘耒序，屈大均自序，总目。扉页题："广东新语。番禺屈翁山先生撰。水天阁绣版。"

　　屈大均（1630—1696年），初名绍隆，字翁山，又字介子。与陈恭尹、梁佩兰并称"岭南三大家"。番禺（今属广东广州）人，明诸生。清军入关后，以遗民自居，参与反清活动，后隐居著述。乾隆三十九年（1774年）清廷再兴文字狱，以屈大均诗文中有悖逆语，下令销毁其书。嘉道以后复有翻刻。著作有《道援堂集》《翁山诗外》《翁山文外》《广东新语》等。

　　该书是一部系统论述广东各地天文地理、经济物产、风俗人情等社会状况的清代笔记。初刻于康熙三十九年，牌记镌"木天阁绣版"。乾隆年间有翻刻本，牌记或镌为"水天阁绣版"。清嘉庆、道光年间亦有翻刻，此本为乾隆年间翻刻本。

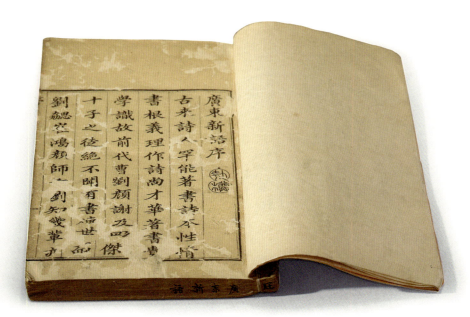

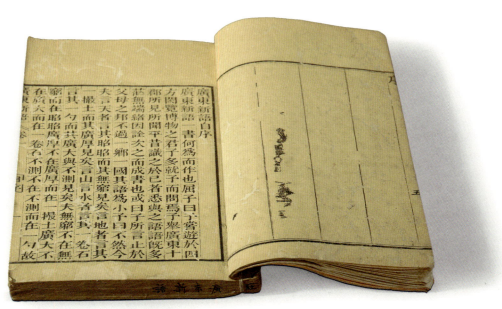

嶺南雜記

石門吳震方青壇著

由南安二十五里至庾嶺路甚平可容雙車有雁回
人遠碑爲南雄府界從此入粵碑爲山東八歲兒
宋世勳行書廣東藩司宋某之子山路爲大宗伯
楊譚正中使粵時重修
庾嶺又名梅嶺以漢庾勝梅鋗得名然庾嶺多梅古
首已然自有折梅逢驛使淚盡北枝花之句而好
事者往往增植之自宋迄明徃來宦游者多有補

岭南杂记一卷

清·乾隆（1736—1795 年）
高 17.5、宽 10.7 厘米
1 册全

　　[清]吴震方撰，[清]马俊良编纂，清乾隆五十九年（1794年）刻龙威秘书本。半页九行二十字，上下黑口，四周双边。框高12.4、宽9.5厘米。卷端署"石门吴震方青坛著"。钤有"冯稼"朱文方印。

　　吴震方，字右弼，号青坛，石门（今属浙江常德）人。清康熙进士，曾任陕西道监察御史。此本《岭南杂记》出自丛书《龙威秘书》，记录吴氏客游广东所见，上卷记山川风土，兼及时事，下卷专记物产。

羊城古钞八卷首一卷

清·嘉庆（1796—1820 年）

高 25.9、宽 15.6 厘米

5 册全

　　[清]仇巨川辑，清嘉庆十一年（1806年）文畬堂刻本。半页十行十九字，白口，四周双边，单黑鱼尾。框高17.7、宽13.5厘米。卷端署"顺德仇池石秦山氏辑"。书前有仇巨川自序，嘉庆十一年温汝能序，纂辑书目，凡例，目录，舆图。扉页题："羊城古钞。嘉庆十一年镌。顺德仇池石辑。文畬堂藏板。翻刻必究。"钤有"谭观成印"白文方印、"盦斋珍藏"朱文方印、"巢园旧主"朱文方印、"许蕙"朱文方印。

　　是书以羊城为对象，搜罗广博，按地方志体例，分舆图、星野、城池、山川、祠坛、学校、坊表、寺观、恤政、茔墓、沿革、事纪、名宦、人物、仙释、古迹、灵异、杂事、杂物等门，征引《广东通志》《南海县志》《番禺县志》等书中内容，参以仇巨川本人所见编辑而成。

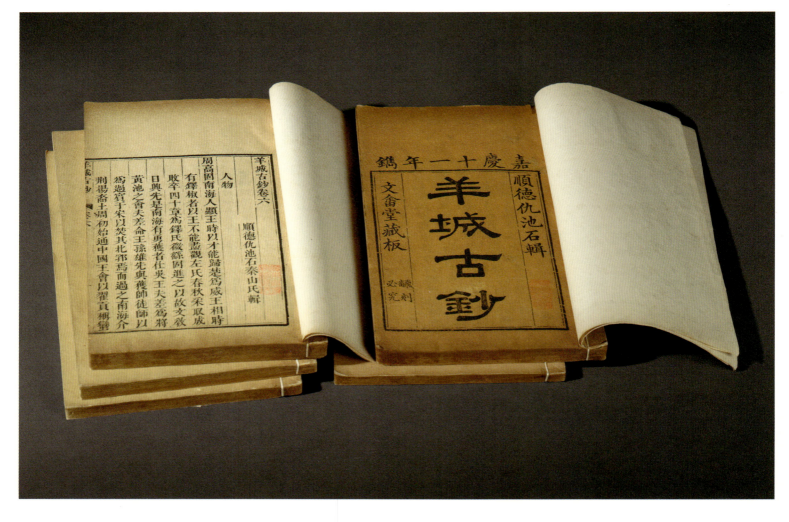

清·康熙（1662—1722 年）
高 29.1、宽 17.5 厘米
4 册全

　　[清]丁易总修，[清]释成鹫纂述，清康熙四十九年（1710年）刻本。半页九行十九字，白口，左右双边，单白鱼尾。框高19.2、宽13.7厘米。卷端署"肇高廉罗道加三级天中丁易学田甫总修，鼎湖庆云寺住持释成鹫迹删甫纂述"。书前有赵弘灿等撰序凡十一篇，鼎湖庆云寺名胜图总图，凡例，目录。书末有释成鹫跋和志后绪言。

　　该书又名《鼎湖山志》。内文共分八卷十四门，分别为总论、星野疆域、山川形胜、殿阁堂寮、创造缘起、新旧沿革、开山主法、继席宏化、清规轨范、耆硕人物、檀信外护、登临题咏、艺文碑碣、山事杂志。

罗浮山志会编二十二卷首一卷

清·康熙（1662—1722年）

高 26.8、宽 15.7 厘米

8 册全

　　[清]宋广业撰，清康熙五十六年（1717年）刻本。半页九行二十字，白口，左右双边，单黑鱼尾。框高18.6、宽13.3厘米。卷端署"长洲宋广业澄溪纂辑"。书前有康熙五十五年（1716年）郑际泰序、武廷适序、郑晃序、杨琳序、赵宏灿序、王朝恩序、宋广业序，康熙五十六年陈元龙序，书目，凡例，目录，《罗浮山总图》。书末有康熙五十五年屠孝义后序、谢有辉跋，康熙五十六年吴中和跋、宋志益跋。扉页题："罗浮山志会编。"

　　宋广业，字澄溪，长洲（今属江苏苏州）人。官至山东济东道，晚年随子宋志益（时任肇庆府知府）就养粤东。罗浮山是道教名山，素有"岭南第一山"之称。南宋宝庆年间（1225—1227年），王胄汇郭之美《罗浮山记》、谭粹《罗浮集》编成《罗浮图志》，后人据此编纂《罗浮山志》。宋广业在自序中言"取山志按图据说，以想象为卧游"之意，并搜集《罗浮山志》得三四本，其子又多方访求，得有涉罗浮之书数十本，于是"纂取其说"，增删条例，成《罗浮山志会编》。全书共二十二卷，卷首为总图与分图，卷一天文志，卷二至卷三地理志，卷四至卷六人物志，卷七品物志，卷八至卷九述考志，卷十至卷二十二艺文志，是罗浮山文献集大成者。

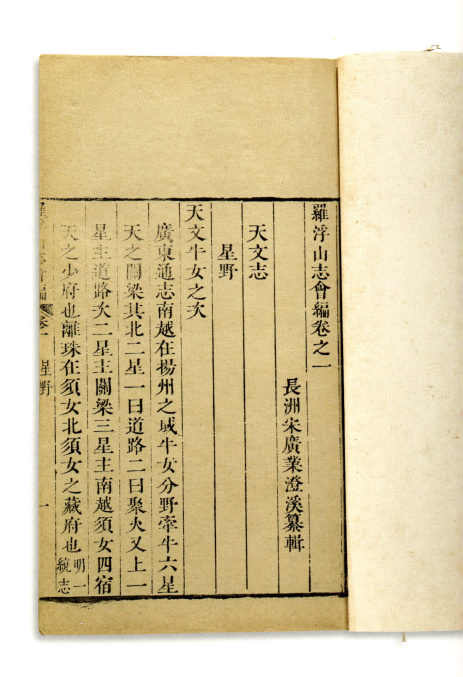

羅浮游草

遊羅浮瑣記　　　　　南海顏薰紫虛

道光丁未秋八月十八日海幢詩僧涉公邀余作羅浮
之遊踐舊約也余卽同廖子吉羽李子介持渡河南暮
宿萬松山之松雪堂雞鳴放櫂晚抵增江口艤舟距羊
城百十餘里越日晨興三十里到石灣登羡江巷與接
舟上人茶話晚過石龍呂若屏茂才招飲兼訂同遊達
曙登籃輿三十里過鐵場至明月寺此爲羅浮初地又
二十里過古花手寺此則羅浮山麓到時二十一日未

浮山小志三卷首一卷

清·嘉庆（1796—1820 年）

高 25.8、宽 15.6 厘米

1 册全

　　[清]黄培芳撰，清嘉庆十八年（1813年）羊城黄氏刻本。半页九行十八字，白口，四周单边。框高18.2、宽13.9厘米。卷端署"香山黄培芳原本，番禺黄乔松重刊"。书前有嘉庆十八年黄乔松《重刻浮山小志引》，吴锡麒原序，嘉庆十四年（1809年）黄培芳自序，伊秉绶题词。扉页题："重订浮山小志三卷。吴谷人先生、曾宾谷先生鉴定。嘉庆癸酉开雕，羊城黄氏藏板。"钤"惭愧人前百不能"白文长方印、"申鉴"白文方印。

　　黄培芳与罗浮山渊源颇深，以"粤岳（罗浮山）山人"为号，曾六游罗浮，留下诗章多篇，编成《浮山小志》，内文分纪胜、题志文、题志诗三门三卷。

广东海图说一卷

清·光绪（1875—1908 年）
高 20.5、宽 15.3 厘米
1 册全

　　[清]张之洞撰，清光绪十五年（1889年）广雅书局刻本。半页十一行二十四字，白口，四周单边，单黑鱼尾。框高20.9、宽15.3厘米。书前有广东海图说总叙，目录，凡例。扉页题："广东海图说。光绪十五年十月。两广总督调任湖广总督兼署广东巡抚臣张之洞奉敕撰进。"扉页后有牌记："广雅书局刊。"钤有"濠堂藏本"朱文长方印。

　　张之洞于光绪十年（1884年）任两广总督。是书分中、东、西、南路记述广东沿海地理、船只和军事部署等情况；按极冲、次冲、又次冲划分海港和海岛的重要地位和防守难度，分析广东海防的地理位置、特点和自然条件等，再结合当时的军事条件和军队部署情况，提出海防设想。

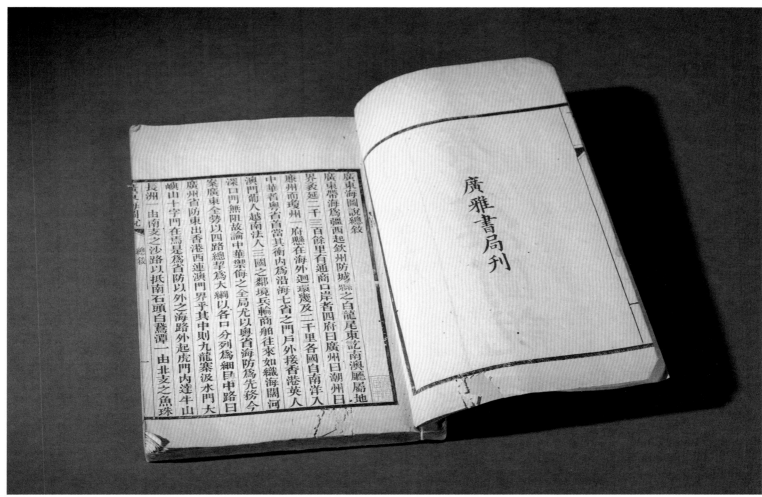

筹海图编十三卷

明·天启（1621—1627 年）

高 25.8、宽 16.7 厘米

16 册全

　　[明] 胡宗宪撰，明天启四年（1624年）胡维极刻本。半页十二行二十二字，白口，四周单边，单白鱼尾。框高20.2、宽14.8厘米。卷端署"明少保新安胡宗宪辑议，曾孙庠生胡维极重校，孙举人胡灯、举人胡鸣冈、举人胡阶庆全删"。书前有嘉靖四十一年（1562年）茅坤《刻筹海图编序》，目录，凡例。钤有"蓼园"印。《中国古籍善本书目》史部著录。

　　《筹海图编》是明嘉靖三十五年（1556年）胡宗宪总督浙江军务时，为防御倭寇，聘请郑若曾、邵芳等人收集海防有关资料编辑而成的一部沿海军事图籍。该书共十三卷，旨在抵御倭寇侵略，筹划沿海防务。书中记载明代海防建置，总结当时的海防建设经验，论述海防方略，对后世的沿海防务有重大影响。

方書是也神農氏之嘗百草與方外之牛溲馬浡吾
並蓄之以待越人倉公者之出而自擇焉而又何
暇平其他哉君少多節嗇氣欲以功名自喜及不遇
遯國家多外難卒吐胸中所奇掘如是然其體裁
多出自邵君芳邵人冊陽人深沉恫儻有大畧君能
下之遂相與討畫而成其嗟乎若君者其史遷
所謂廣卿非窮愁不能以著書自見於世者乎
嘉靖壬戌春三月既望
賜進士中憲大夫河南按察司副使歸安茅坤撰

廣東三　卷

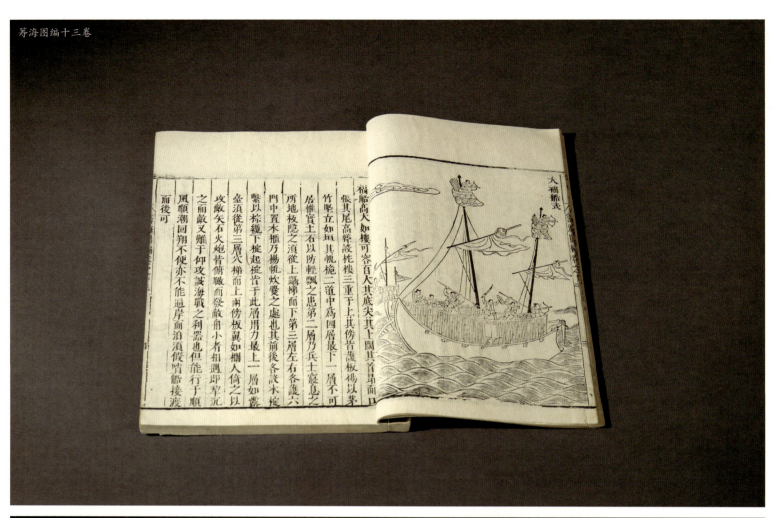

福船高大如楼可容百人其底尖其上阔其首昂而

张其尾高耸桅楼三重于上其傍皆护板杨以茅

竹篠实土以防轻飙之患第二层乃兵士寝息之

所地枚隐之须従上蹑梯而下第三层左右各护六

门中置水柜乃杨帆炊爨之处也其前后各设木碇

繋以棕缆下椗起椗皆于此层用力最上一层如露

台须従第三层穴梯而上两傍板翼如栏人倚之以

攻敌矢石火炮皆俯瞰而发敌舟小者相遇即犂沉

之而敌又难于仰攻诚海战之利器也但能行于

风顺潮回翔不便亦不能逼岸而泊须假哨船接渡

而后可

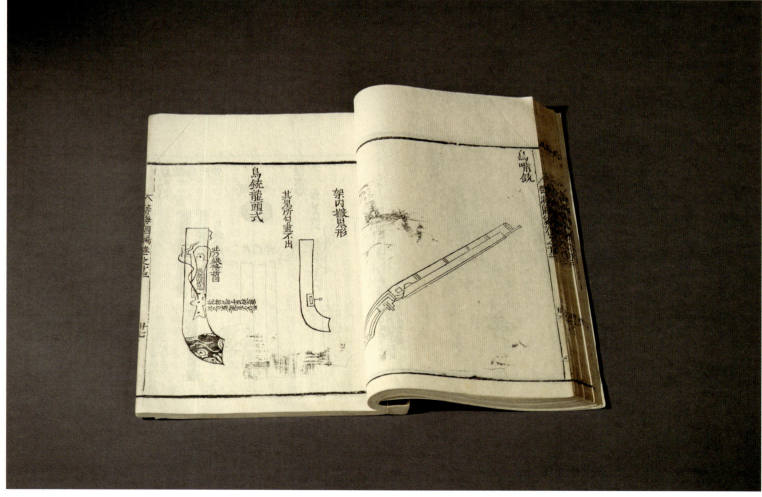

鸟铳龙头式

其鬼所撼思形

架内撼思形

鸟嘴铳

廣東船式

岛夷志略一卷

清·光绪（1875—1908 年）
高 29.2、宽 17.5 厘米
1 册全

　　[元]汪大渊撰，清光绪十八年（1892年）顺德龙氏知服斋刻朱印本。半页十三行二十二字，上下黑口，左右双边，双对黑鱼尾。框高18.1、宽13.7厘米。卷端署"元汪大渊撰"。书前有提要，序，目录。书末有后序。扉页题："岛夷志略。"扉页后有牌记："光绪十八年顺德龙氏知服斋刊。"

　　《岛夷志略》又名《岛夷志》，撰者汪大渊，字焕章，龙兴路南昌县（今属江西南昌）人。生平事迹不详，唯知其曾在元至顺元年（1330年）、至元三年（1337年）前后两次浮海游历东西洋诸国。《岛夷志略》以地名作为主题分段，作者以亲身经历记载了东南亚、南亚、西亚及东非海岸的国家及其政治、经济、地理、民风等内容。

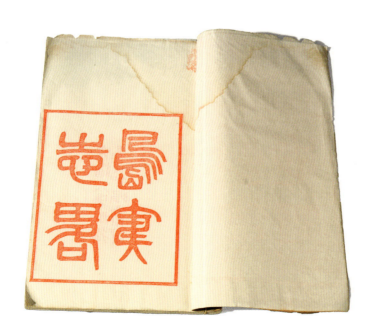
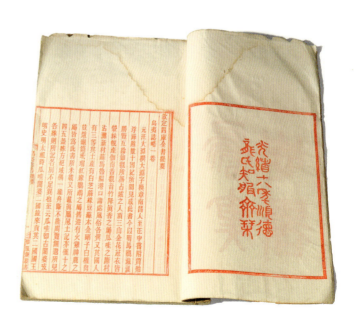

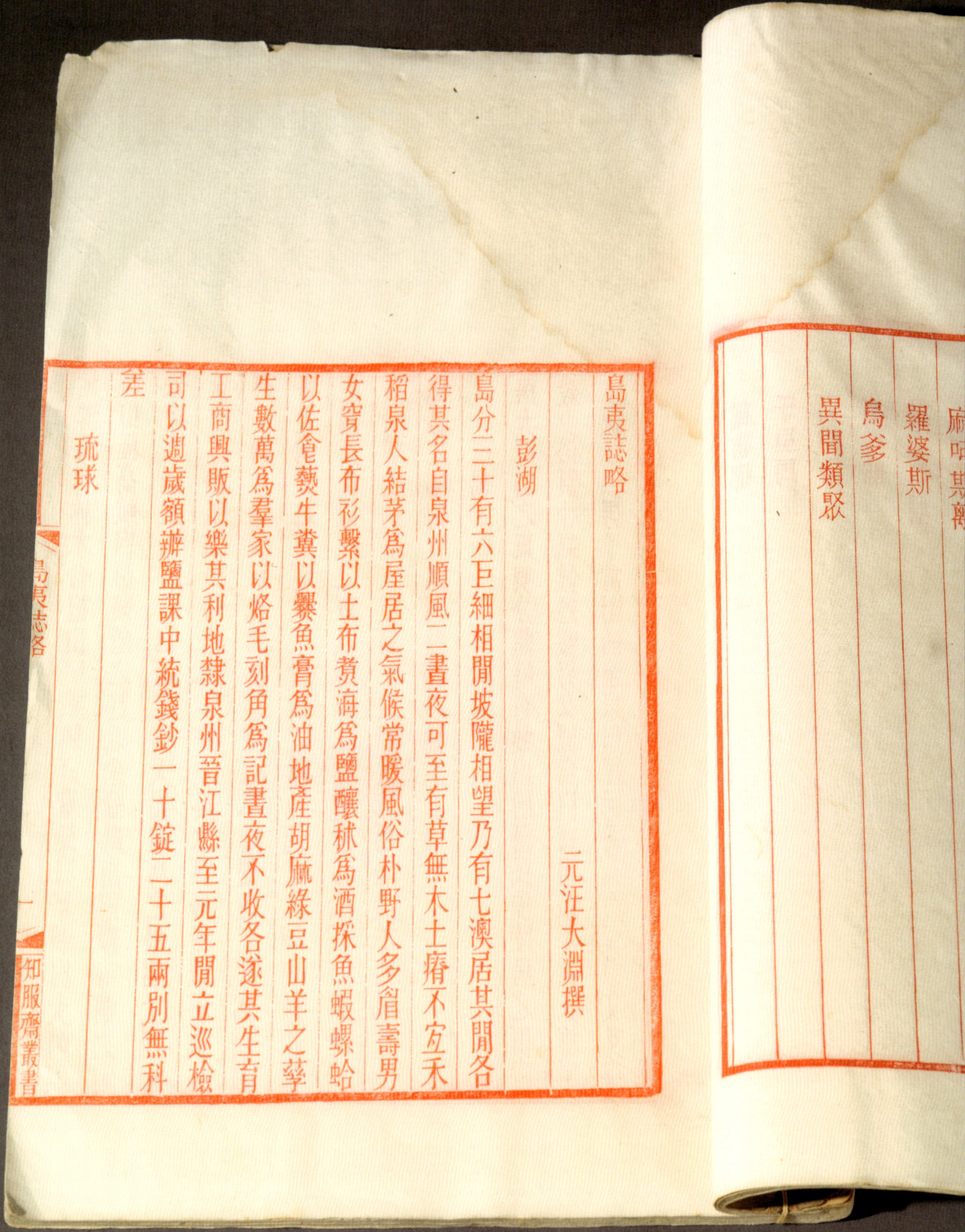
島夷誌略

元汪大淵撰

彭湖

島分三十有六巨細相間坡隴相望乃有七澳居其間各得其名自泉州順風二晝夜可至有草無木土瘠不宜禾稻泉人結茅為屋居之氣候常暖風俗朴野人多眉壽男女穿長布衫繫以土布煑海為鹽釀秫為酒採魚蝦螺蛤以佐食爇牛糞以爨魚膏為油地產胡麻綠豆山羊之孳生數萬為羣家以烙毛刻角為記晝夜不收各遂其生育工商興販以樂其利地隸泉州晋江縣至元年間立巡檢司以週歲額辦鹽課中統錢鈔一十錠二十五兩別無科差

琉球

島夷誌略 一

知服齋叢書

麻呵斯離

羅婆斯

烏爹

異聞類聚

汉西域图考七卷

清·同治（1862—1874年）

高 26.4、宽 15.7 厘米

4 册全

　　[清]李光廷撰，清同治十三年（1874年）刻本。半页九行二十一字，白口，四周双边，单黑鱼尾。框高16.9、宽13.5厘米。卷端署"番禺李光廷恢垣撰"。书前有序，地球全图，汉西域图。扉页题："汉西域图考。庚午九月陈澧篆。"

　　李光廷（1812—1880年），字著道，号恢垣，番禺化龙山门村（今属广东广州）人。清咸丰进士，任吏部封检司主事，曾主讲禺山书院。《汉西域图考》内容详考汉时西域各国的地位及其沿革，内有清"新疆军台道里表"，及《佛国记》《大唐西域记》和《西使记》的节录。

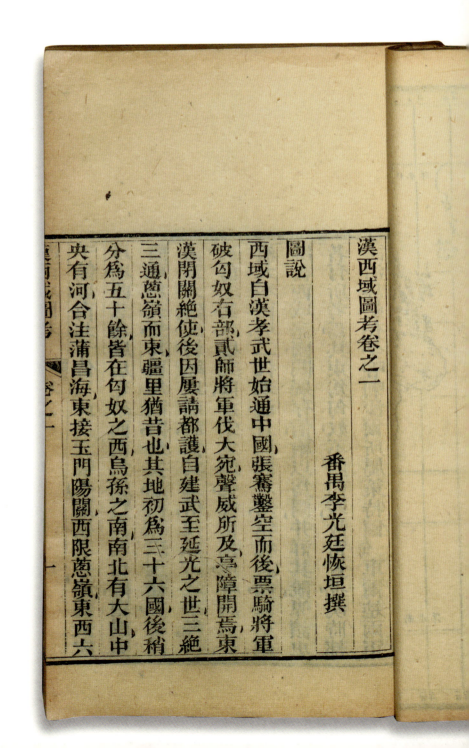

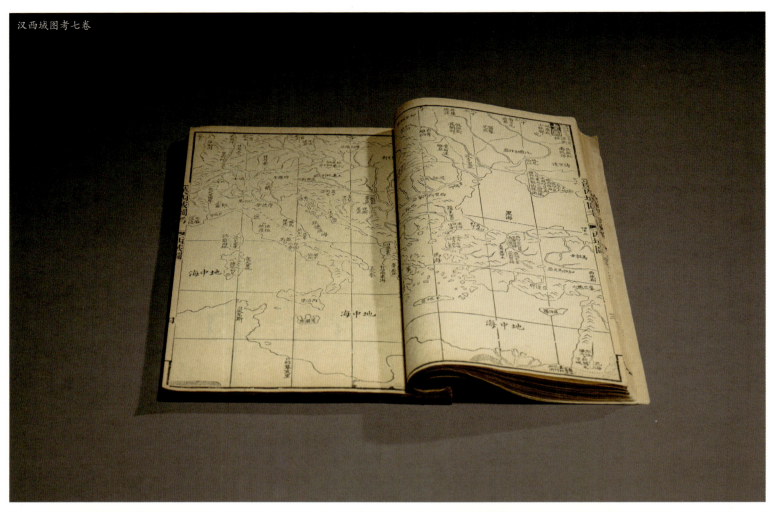

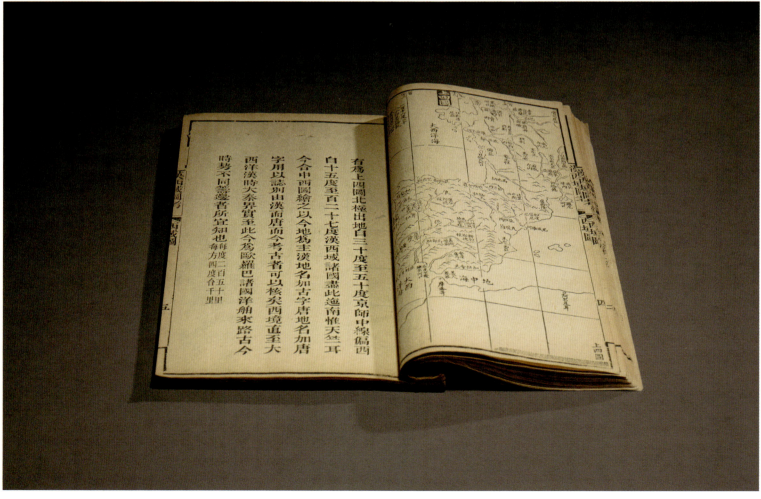

右為上四圖北極出地自三十度至五十度京師中線偏西

自十五度至百二十七度漢西域諸國盡此逾南惟天竺耳

今合中西圖繪之以今地為主漢地名加古字唐地名加唐

字用以識別出漢而唐者可以核矣西境直至大

西洋漢時大秦界實此今為歐羅巴諸國洋舶來路古今

時勢不同壽邊者所宜知也每度二百五十里每方四度合千里

历代舆地沿革险要一卷

清·光绪（1875—1908 年）
高 40.4、宽 24 厘米
1 册全

　　[清]杨守敬、饶敦秩撰，清光绪五年（1879年）饶氏刻朱墨套印本。白口，四周单边。框高29.8、宽20.7厘米。书前有光绪五年孙壁文序，目录。目录前署"宜都杨守敬、东湖饶敦秩同撰"。扉页题："历代舆地沿革险要图。"扉页后有牌记："光绪五年东湖饶氏开雕。"钤有"潘新熹"朱文方印、"番禺陶氏爱庐藏书印"朱文方印、"潘新熹印"朱文方印、"敦复印信"白文方印。

　　书中以朱印《大清一统舆图》为底，用梯形投影和画方，沿纬度分带分幅，墨色套印自春秋列国至明代以来的疆域地图，根据《左传》《国策》和各朝《地理志》中的行政区域和山川地势，附以文字表述，古今对照，清晰明了。

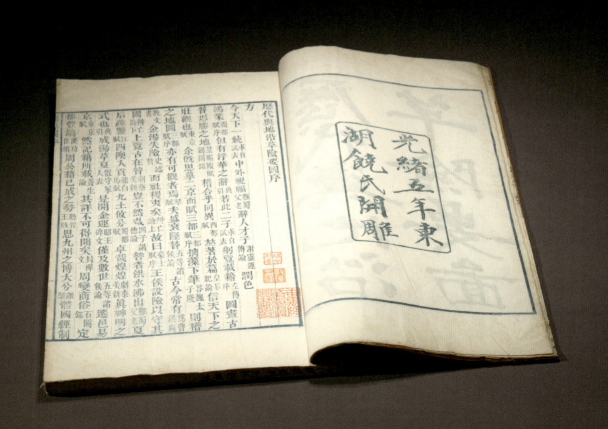

秦汉印统八卷

明·万历（1573—1620年）

高 29.7、宽 17 厘米

10 册全

 [明]罗王常辑，明万历三十四年（1606年）新都吴氏树滋堂刻朱印本。半页十行十八字，白口，四周单边。框高17.2、宽12.2厘米。卷端署"郮郡罗王常延年编，新都吴元维伯张校"。书前有万历三十六年（1608年）臧懋循序，万历三年（1575年）王稚登序，黄姬水序，李维桢序，旧叙，凡例。钤有"朱墨庄藏书记"白文长方印。卷一后牌记："万历岁丙午春王正月望日新都吴氏树滋堂绣梓。"《中国古籍善本书目》史部著录。

 该书共集秦汉以来各种印章七千余方，以秦汉玺印冠之首，玉玺君印置官印之前，官印各从其类，如将军、偏将军、军司马等，部曲将军印百余方，姓氏私印从沈韵四声次第编排。诸印文具释于下，最末为各种印纽。

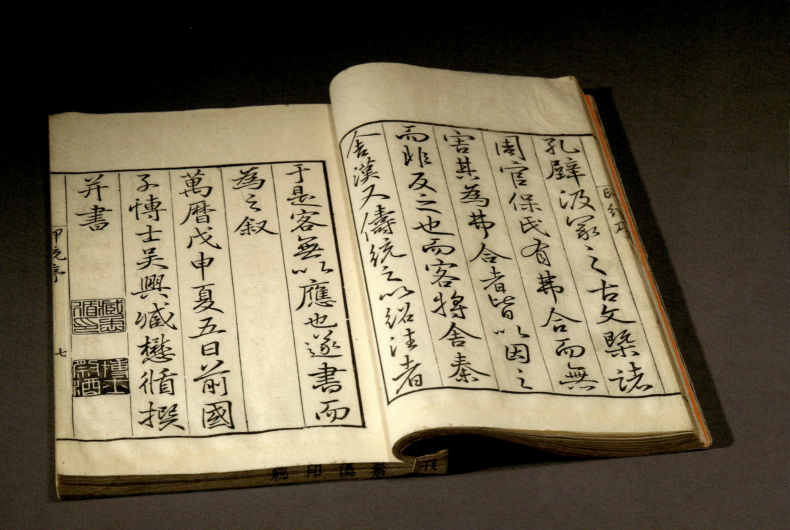

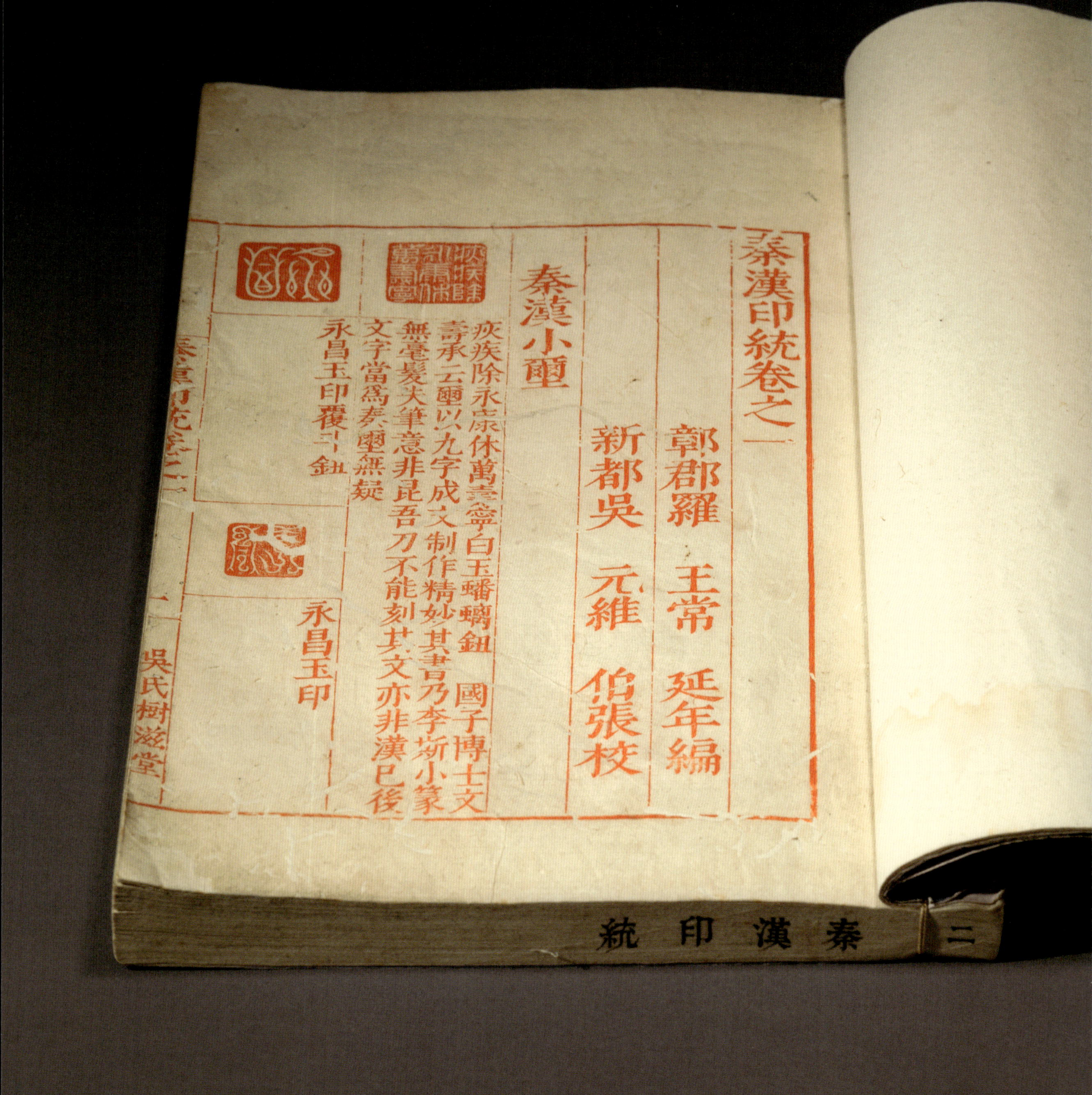

郭郡羅　王常　延年編

新都吳　元維　伯張校

秦漢小璽

疢疾除永康休萬壽寍白玉蟠螭鈕　國子博士文
壽承云璽以九字成文制作精妙其書乃李斯小篆
無毫髮大筆意非昆吾刀不能刻其文亦非漢已後
文字當爲秦璽無疑

永昌玉印覆二鈕

永昌玉印

114

积古斋钟鼎彝器款识十卷

清·嘉庆（1796—1820 年）

高 23.8、宽 15.1 厘米

3 册全

　　[清]阮元编录，清嘉庆九年（1804年）刻本。半页十行二十四字，白口，四周单边，单黑鱼尾。框高18.2、宽12.4厘米。卷端署"扬州阮氏编录"。书前有阮元《商周铜器说》上下篇和《商周兵器说》，朱为弼后序，目录。扉页题："积古斋钟鼎彝器款识。"钤有"人生唯有读书好"白文方印、"石南言峰山樵"朱文方印、"范汉宝印"白文方印、"多师非师可师是我师"朱文方印、"留春草堂"白文长方印、"卧游五岳"白文方印、"范汉宝印"白文方印等印。

　　《积古斋钟鼎彝器款识》是金石学研究著作，阮元编录，朱为弼助为编定审释。嘉庆初年成书，嘉庆九年自刻刊行。著录铜器铭文550件，其中商器173件、周器273件、秦器5件、汉晋器99件。铭文后附释文考证。

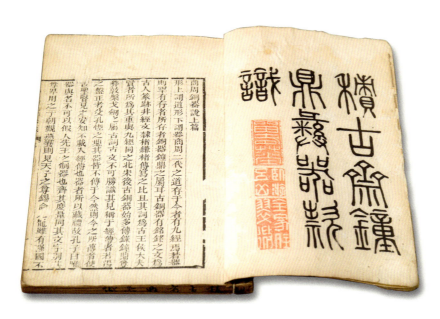

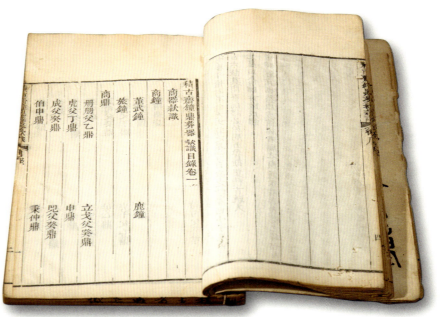

北魏

野軍司馬郎張元祖妻一弗造
韓伯達造弥勒像
景明二年鄭長猷像
景明二年九月三日鄭長猷為亡父母造弥勒像　太和年

此靜像　太和廿年
此鄭像陳五女造四弥勒像
此惠藏造龍姬造弥勒像　在上截
比丘法盥造像　景明三年五月
像　在上截
弥勒像　後明三年五月

北朝造像目录一卷

清（1644—1911年）

高28.1、宽15.3厘米

1册全

　　[清]李文田撰，清稿本。扉页题："北朝造像目录。此郭寿农孝廉为予编录之本也，成于同治十二年九月，文田记。"钤有"李文田印"白文方印。

　　李文田（1834—1895年），字仲约，号药农，广东顺德均安人，是晚清著名的政治家、史学家、书法家和藏书家。学问渊博，治辞章金石之学，金元故实，南北史地，无不精通。本书共收录北魏、东魏、西魏、北齐、北周五个朝代造像167件，拓本皆为李氏自藏。

子部

拜鸳楼校刻小品四种

清·光绪（1875—1908 年）

高 20.8、宽 13 厘米

6 册全

[清]沈宗畸辑，清光绪二十七年（1901年）拜鸳楼刻本。半页九行二十字，上下黑口，四周双边，单黑鱼尾。框高12.4、宽9.4厘米。《拜鸳楼校刻小品》四种，为金檀史震林《欠愁集》、益都赵执信《海鸥小谱》、如皋冒襄《影梅庵忆语》，还有一为莆田余怀《板桥杂记》。钤有"濠堂藏本"朱文长方印。

《欠愁集》，卷端署"金檀史震林梧岗撰，番禺沈宗畸孝耕刊"。书前有题词。书末有沈宗畸跋。扉页题："欠愁集。辛丑五月惜霜题。"

《海鸥小谱》，卷端署"益都赵执信秋谷著，番禺沈宗畸孝耕刊"。书后有杨复吉跋，查为仁和沈宗畸附录。扉页题："海鸥小谱。亚洲狂瞽。"

《影梅庵忆语》，卷端署"如皋冒襄辟疆著，番禺沈宗畸孝耕刊"。书末有杨复吉跋，李明睿、陈焯、高世泰书后语。扉页题："影梅庵忆语。桃溪。"

《板桥杂记》，卷端署"莆田余怀淡心著，番禺沈宗畸孝耕刊"。书前有长洲尤侗序，张潮小引。书末有张潮跋和后跋，陈文述和沈宗畸附录。扉页题："板桥杂记。李庐主人书端。"

沈宗畸（1857—1926年），字太侔，原名为沈宗畸，字孝耕，番禺（今属广东广州）人。光绪己丑（1889年）举人。沈氏为清末民初著名的藏书家，其诗才闻名京城，与徐凌霄、袁克文、徐半梦并称为"京师四大才子"，刻有《晨风阁丛书》《拜鸳楼校刻小品》等。

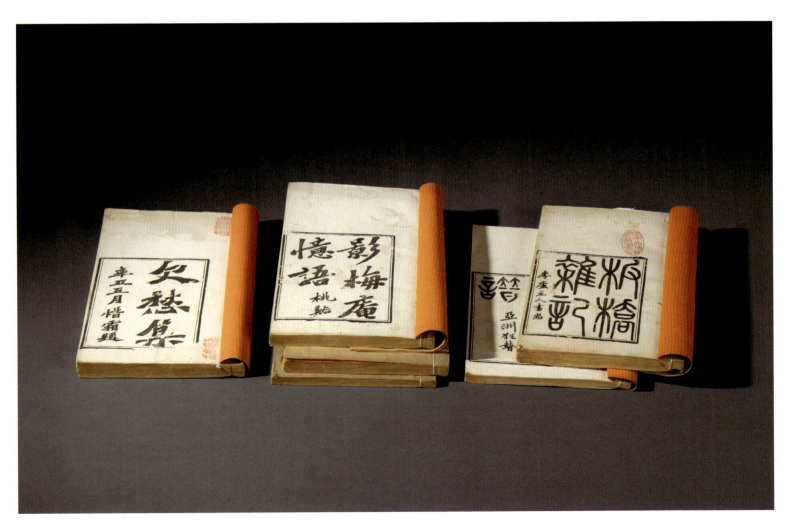

新镌陈太史子史经济言十二卷

明·天启（1621—1627年）
高 26.7、宽 16.7 厘米
4 册全

　　[明]陈子壮纂，[明]陈鼎新订，明天启五年（1625年）刻本。半页十行二十字，白口，四周单边。框高21.5、宽14.2厘米。卷端署"南海陈子壮集生纂，盐官陈鼎新仲因订"。书前有序，陈子壮纂例，姓氏，书目，目录。

　　陈子壮（1596—1647年），字集生，号秋涛，南海（今属广东广州、佛山一带）人。明万历四十七年（1619年）进士，曾任南明礼部尚书等要职。其曾于广州组建"南园诗社"，一生忠正不阿，忧国忧民。《明史》有传。是书辑录自先秦至唐宋历代诸子名言，分类标引。

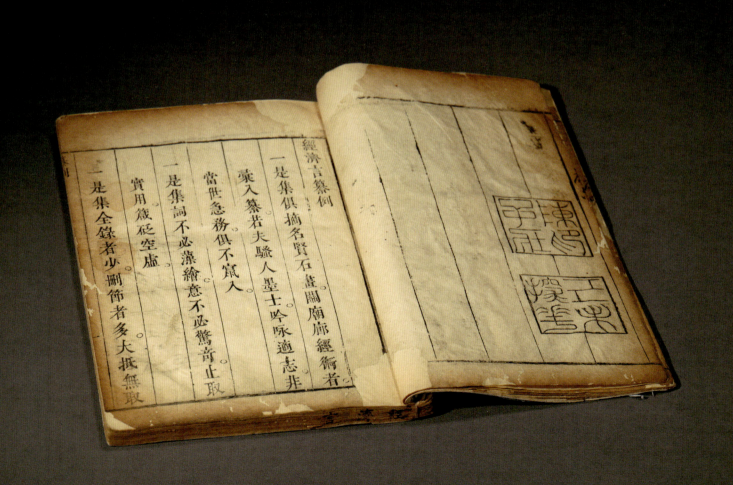

新鐫陳太史子史經濟言卷之一

南海陳子壯集生纂
鹽官陳鼎新仲因訂

君心、

人主之居也如日月之明也。天下之所同側目而視。
側耳而聽延頸舉踵而望也。故非澹漠無以明德。懷
非寧靜無以致遠。非寬大無以兼覆。非慈厚無以
淮南子

眾非平正無以制斷。

人主深居隱處以避燥濕。閨門重襲以避姦賊內不

知閭里之情外不知山澤之形帷幕之外目不能見

卷一　　一

太宗之納諫勿以小善為無益而勿為勿以小累為

無傷而弗去日慎一日新而又新思宗祉之危而不

之於竊竊思炎兄之辱而欲見之於羨墻出於至

慈又不息則天意民心自然感動以篤中興有不

難也　　李綱中興十議删

先王聽政昧爽以俟雞鳴旣盈日出而視伯禹大

寸陰為貴光武至仁反支不忌無俾姜后獨去簪珥

形管記言克念前志　　宵衣箴

聖人作服法象可觀雖在宴遊尚不懷安汲黯莊色

莫此弗服惟辟所難　　正服箴

皇遙騄駬鑾輅齊驅馬用千里厭後令王

慈倫為義

长兴学记一卷

清·光绪（1875—1908 年）
高 26.1、宽 17 厘米
1 册全

　　[清]康有为撰，清光绪十七年（1891年）广州万木草堂刻本。半页十一行二十四字，下黑口，四周单边，单黑鱼尾。框高24.1、宽15厘米。书末有陈千秋跋。扉页题："长兴学记。"扉页后有牌记："光绪十七年夏四月广州万木草堂刊。"

　　光绪十七年，康有为在长兴里开堂讲学，著《长兴学记》以为学规，提出兼重德育、智育和体育的教育思想，引进自然科学和社会科学内容，主张重经世之学以"通变宜民"。正文具体论述为学之要，含"学纲""学科""科外学科"三个方面，保留了中国传统经义、策问、诗赋、楷法等内容，又引进西方新学，是旧式书院向新式学堂迈进的体现。此本为最早刊本，影响较大，后有上海思求阙斋重刻本、羊城文升阁校刊本等。

农桑辑要七卷

清·乾隆（1736—1795年）
高 25.2、宽 15.1 厘米
3 册全

　　[元]司农司撰，清乾隆三十九年（1774年）武英殿木活字印本。半页九行二十一字，白口，四周双边，单黑鱼尾。框高19.2、宽12.5厘米。卷端署"元司农司撰"。书前有乾隆三十九年《御制题武英殿聚珍版十韵有序》，乾隆三十九年王磐《农桑辑要原序》，目录。

　　该书是我国现存最早的官修农书，全书七卷，分典训、耕垦、播种、栽桑、养蚕、瓜菜、果实、竹木、药草、孳畜十目，介绍了元代以前北方农业的生产经验，增多了桑蚕养殖的内容，强调农耕与桑蚕并重，提出耕种技术的重要作用，推动了农业技术经验的发展与传播。现存最早版本为元延祐元年（1314年）刻本，元明时期刻本均已佚失，清代以后的版本均以武英殿本为祖本。

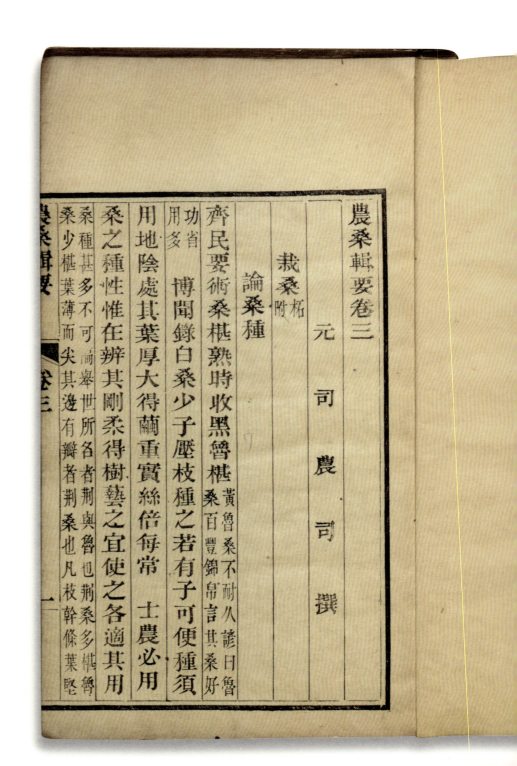

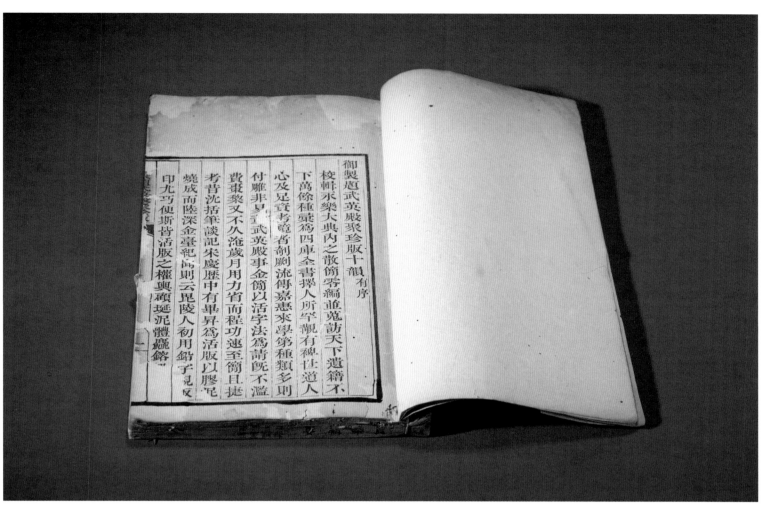

御製題武英殿聚珍版十韻有序

校輯永樂大典內之散篇零編並蒐訪天下遺籍不

下萬餘種薈萃為四庫全書擇人所罕覯有裨世道人

心及足資考鏡者剞劂流傳嘉惠來學第種類多則

付雕非易且武英殿事金簡以活字法為請既不濫

費棗梨又不淹歲月用力省而程功速至簡且捷

考昔沈括筆談記宋慶歷中有畢昇為活版以膠泥

燒成而受金臺紀尚則云毘陵人初用鉛字見笔

印九刃便斯皆活版之權輿顧延泥體甒銘

農桑輯要 卷三

務本新書豌豆二三月種諸豆之中豌豆最爲耐陳又
收多熟早如近城郭摘豆角賣先可變物舊時莊農往
往獻此豆以爲嘗新蓋一歲之中貴其先也又熟時少
有人馬傷踐以此校之甚宜多種

蜀黍

務本新書蜀黍宜下地春月早種省工收多耐用人食
之餘攤碎多拌麩糠以飼牛犇外稭稈織箔夾籬寨作
燒柴城郭貨賣亦可變物

蕎麥

齊民要術凡蕎麥五月耕經二十五日草爛得轉并種
耕三徧立秋前後皆十日內種之假如地耕三徧卽三
重著子下兩重子黑上一重子白皆有白汁滿如濃卽
須收刈之但對稍相搭鋪之其白者日漸變爲黑如
此乃爲得所若待上頭總黑牛已下黑子盡落矣

胡麻

本草行義曰胡麻此是脂麻也

齊民要術胡麻漢張騫從外國得麻種曰胡麻非也今
世有白胡麻八稜胡麻白爲
者油多而又宜白地種二三月爲上時四月上旬爲中
時五月上旬爲下時半月前種者實多而成月半後種
者少子而多秕也種欲截

度如前

桑臘月割條藏於土穴如藏花果接頭候至桑樹條上
青眼微動時開穴所藏條上眼亦動色但黃截烙栽培用
不便枝稍小樹近上留三五條椀口以上樹留十餘條
必用園內襄成荆營桑小樹如轉盤時於臘月內可去
樹妨禾豆

布行桑

務本新書轉盤之法中

齊民要術桑栽大如臂許正月中移之須 十步一

於漫地內闊八步一行行內相去四步一樹相對栽之
栽時掘坑還如前法桑行內種田勿令耕及一樹相對
可以橫耕故田亦不致荒廢桑一移未久栽根不生
月科令稀勻得所至來春便可養蠶野桑成身者卽
荆棘圍護當年橫枝上所長條至臘
長一尺以上餘者皆斜去至來春桑眼動時連根掘來

穀栽留轉壓換根則一生桑其根平淺故不久自
桑同果樹一移根下生一旺條舊根新根生
嶺根不生旺便以此被長旺久遠

修蒔 等法附 治蟲蠹

齊民要術凡耕桑田不用近樹所耕傷桑破犁兩失其
犁不著處

农政全书六十卷

明·崇祯（1628—1644年）
高 24.6、宽 16.0 厘米
20 册全

　　[明]徐光启撰，明崇祯十二年（1639年）平露堂刻本。半页九行二十字，白口，四周单边，单黑鱼尾。框高20.1、宽14.5厘米。卷端署"特进光禄大夫太子太保礼部尚书兼文渊阁大学士赠少保谥文定上海徐光启纂辑，钦差总理粮储提督军务兼巡抚应天等处地方都察院右佥都御史东阳张国维鉴定，直隶松江府知府谷城方岳贡同鉴"。书前有方岳贡序，总目。扉页题："农政全书。云间徐文定公纂辑。平露堂藏板。"　钤有"主肖言金"朱文方印、"飞青阁藏书印"白文方印。《中国古籍善本书目》子部著录。

　　徐光启吸收了西方科学技术，参考前代农书的成果并结合实际经验，分农本、田制、农事、水利、农器、树艺、桑蚕、桑蚕广类、种植（林木）、牧养、制造、荒政等十二目编撰此书。经陈子龙主持整理于崇祯十二年刊印，平露堂为陈子龙堂名，清中叶以后此书曾多次重刊。

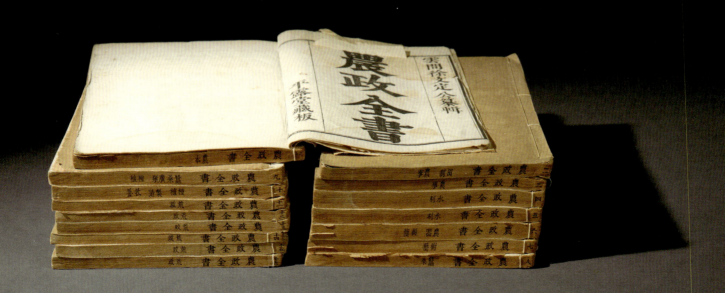

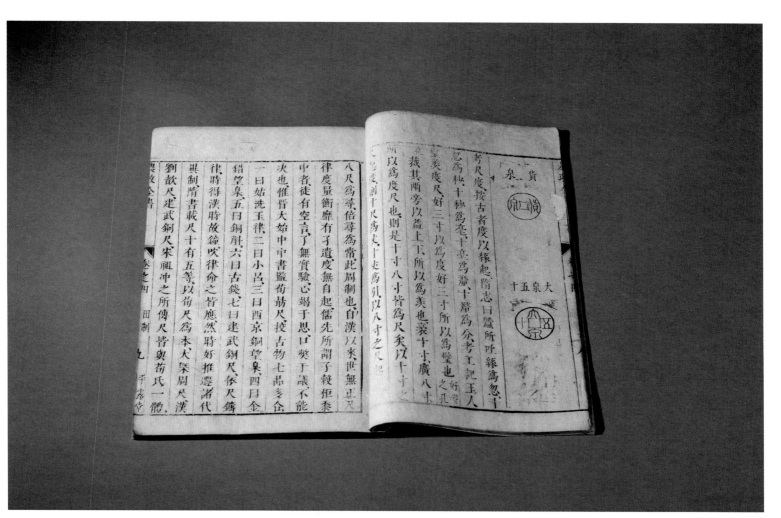

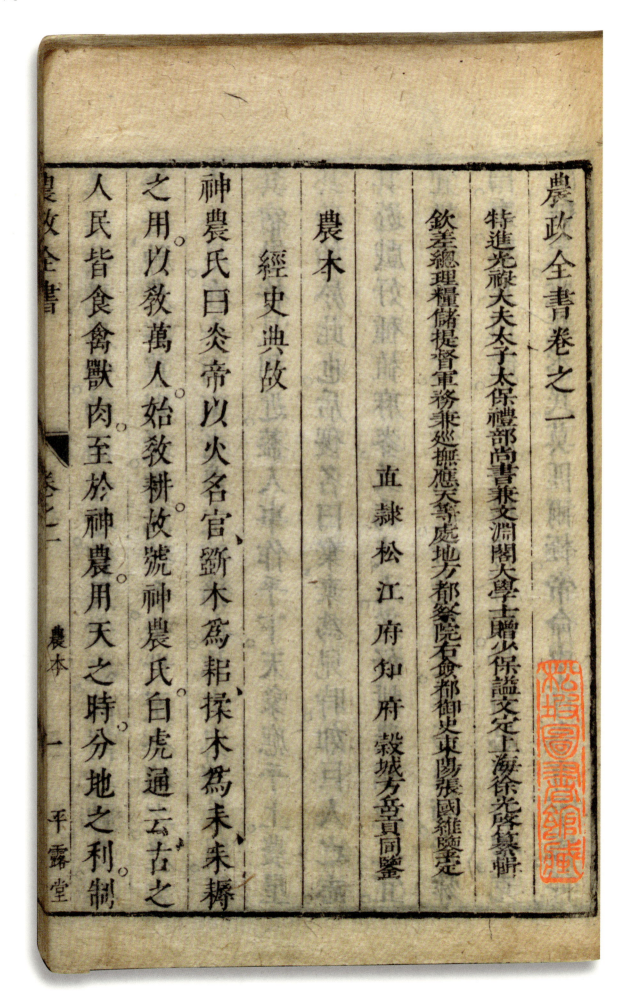

農政全書卷之一

特進光祿大夫太子太保禮部尚書兼文淵閣大學士贈少保諡文定上海徐光啓纂輯

欽差總理糧儲提督軍務兼巡撫應天等處地方都察院右僉都御史東陽張國維隨定

農本

　　經史典故

　　　直隸松江府知府穀城方岳貢同鑒

神農氏曰炎帝以火名官斲木為耜揉木為耒耨之用以敎萬人始敎耕故號神農氏自虎通云古之人民皆食禽獸肉至於神農用天之時分地之利制

農政全書　　卷之一　　農本　　一　　平露堂

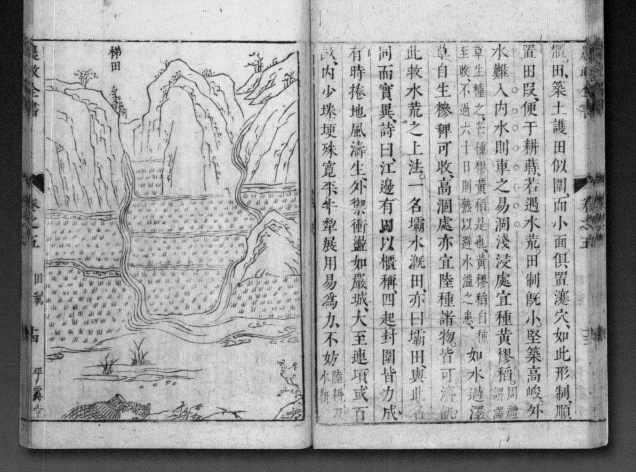

櫃田，築土護田似圍而小面俱置涵穴，如此形制，順

置田段，便于耕蒔。若遇水荒，田制既小堅築高峻，外

水難入內，水則車之易洞淺浸處宜種黃穋稻謂澤

草生穋稗之若，種穋黃稻自種，如水過澤

至收，不過六十日則熟，以避水溢之患。

草自生穋稗，可收高洞處亦宜陸種諸物，皆可济□

此救水荒之上法。一名壩水溉田亦曰壩田，與此名

同而實異。詩曰江邊有圍以櫃種四起封圍皆力成

有時捲地風濤生邪禦衝盪如巖城，大至連頃或百

歲，內少圬埌埂殊寬乎牛犁展用易為力不妨 水耕
陸耕

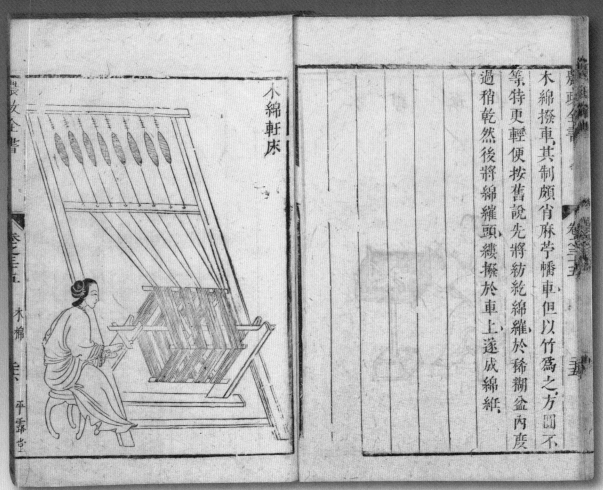

木綿撥車，其制頗省麻苧幡車但以竹為之，方圓不

筭，特更輕便，按舊說先將紡紀綿纑於稀糊盆內度

過稍乾然後將綿纑頭續撥於車上遂成綿纑。

重刻茶经茶录茶谱

明·万历（1573—1620年）

高 29.3、宽 17.4 厘米

2 册全

　　[明]胡文焕辑刻，明万历刻本。半页十行二十字，白口，左右双边，双对白鱼尾。框高19.4、宽13.7厘米。扉页题："重刻茶录茶经茶谱。全庵道人校本。"《新刻茶经》正文前有宋陈师道《茶经序》，《新刻茶录》正文前有宋蔡襄《茶录序》，《新刻茶谱》正文前有明顾元庆《茶谱序》、明茅一相《茶谱后序》。钤有"语邨"朱文方印、"语邨印信"白文方印。

　　胡文焕，字德甫，号全庵，别署全庵道人、洞玄道人、西湖醉鱼等。其精通诗文词曲，博学多才，藏书颇丰，万历年间于杭州开设刻坊文会堂，所刊之书以名家序跋著称，曾刊刻大型丛书《格致丛书》。《重刻茶经茶录茶谱》属该丛书之零种，经后人作金镶玉本。

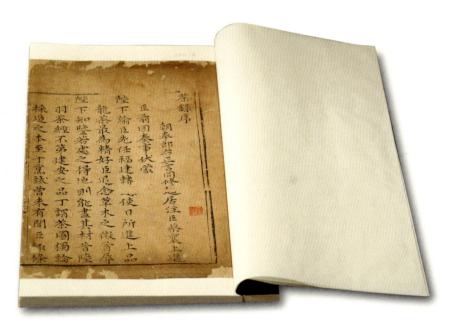

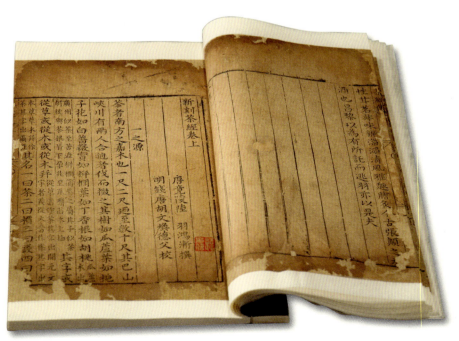

岭南荔枝谱六卷

清·道光（1821—1850 年）
高 26.3、宽 15.5 厘米
1 册全

[清]吴应逵撰，清道光三十年（1850年）粤雅堂刻本。岭南遗书本。半页十一行二十二字，上下黑口，四周单边，双对黑鱼尾。框高18.5、宽14厘米。卷端署"鹤山吴应逵鸿来撰"。书前有道光六年（1826年）吴应逵自序。书末有道光三十年伍崇曜跋，道光六年谭莹跋。扉页题："领（岭）南荔支（枝）谱六卷。"扉页后有牌记："道光三十年春二月南海伍氏开雕。"钤有"语邨藏书"朱文长方印。

全书共六卷，记载了荔枝的历史、生长、栽培、食法、品种，以及与荔枝有关的诗词、典故等内容。作者广罗文献，标引出处，其中不少书籍早已失传，是后人研究清代岭南荔枝和民俗的重要资料。

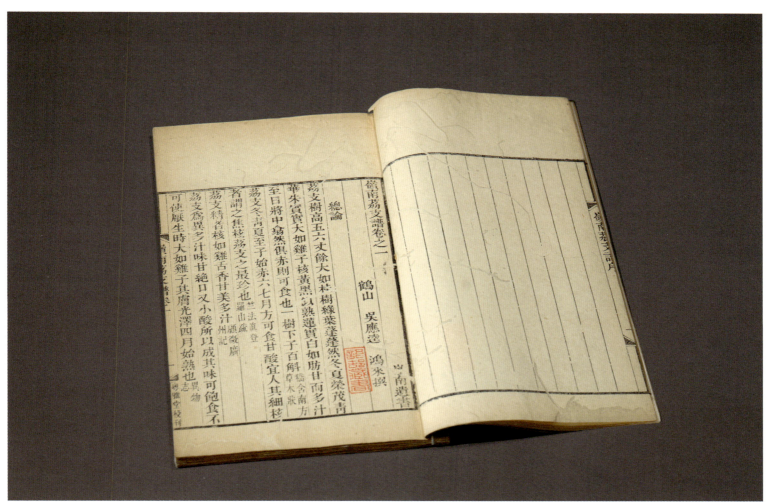

荔支樹高五六丈餘大如杸樹綠葉蓬蓬冬夏榮茂青
華朱實實大如雞子核黃黑似熟蓮實白如肪甘而多汁
至日將中翕然俱赤則可食也一樹下子百斛臨余南方
者謂之焦核荔支之最佳也羅山蘓顧徽廣
蘭山疏直登

荔支精者核如雞舌香甘酸宜人其細核
曰蠟物

荔支為異多汁味甘絕口又小酸所以成其味可飽食不

可使厭生時大如雞子其膚光澤四月始熟也

總論

荔支實大如雞子核黃黑似熟蓮實白如肪甘而多汁

鶴山　吳應逵
鴻來撰
山南遺書

嶺南荔支譜卷之一

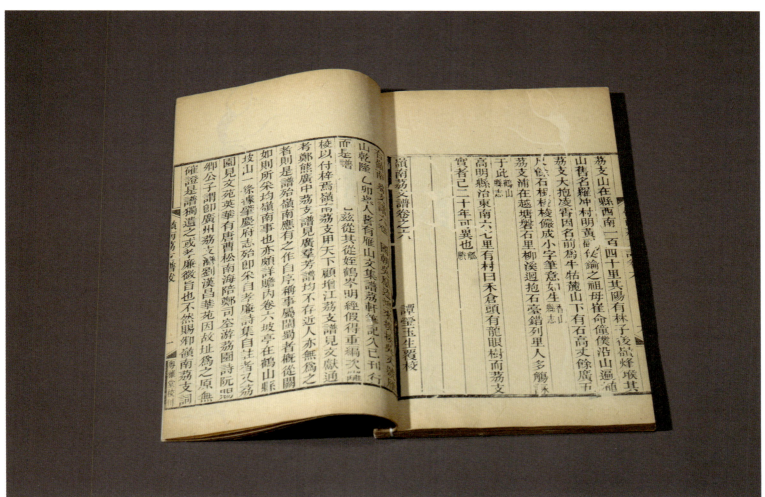

荔支山在縣西南一百四十里其陽有林子後荷烽爆其
山舊名羅冲村明黃都傳鑰之祖母崔命僮僕沿山遍種
荔支大抱凌霄因名前為牛牯麓山下有石高丈餘廣五
尺餘石棵棵棱成小字筆意如生番禺縣志
荔支浦在越塘磐石里柳溪迴抱石臺錯列左縣志
于此鶴山縣志
高明縣治東南六七里有村曰禾倉頭有龍眼樹而荔支
實者已二十年可異也縣瓢

嶺南荔支譜卷之六
譚瑩玉生覆校

山乾隆乙卯舉人舊有雁山文集荔軒筆記久已刊行
而長譜　國朝吳應逵撰荔支譜假得重編次第
茲從其從姪鶴岑明經增江荔支譜見文獻通
棵以付梓焉嶺南荔支甲天下顧增江荔支譜見文獻
者則是譜始嶺南荔支見廣羣芳譜均不存近人亦無之
考鄭熊廣中荔支譜始自序稱事屬閩蜀者概從闕
如則所采均嶺南事也荔支甲六坡亭在鶴山縣
園見文苑英華有唐曹松南海陪鄭司空遊荔園詩阮賜
卿公子謂卽廣州荔支園松卽余自考廉詩集自註皆人荔
催證是譜獨遺之或多廉微旨也不然賜卿嶺南荔支詞
卿見廣州荔支游劉漢昌華苑因故址為之原無
黃司荔之曬友

第一香笔记四卷

清·嘉庆（1796—1820 年）

高 21.9、宽 13.9 厘米

2 册全

　　[清]朱克柔辑著，清嘉庆元年（1796年）瘦竹山房刻本。半页八行十六字，上下黑口，左右双边。框高15.3、宽11.4厘米。卷端署"吴郡朱克柔辑著"。书前有嘉庆元年朱克柔自叙和小引，例言。书后有柯有榛绘二十四种植物图和跋。扉页题："第一香笔记。吴郡朱砚渔辑。瘦竹山房藏版，翻刻必究。"钤有"濂溪后人"白文方印、"南海陈樾"白文方印、"竹漪仙馆"朱文方印、"周棠字茂南别字翰卿书画印"白文方印、"柯有榛印"白文方印、"云虚"朱文方印等。

　　兰花有"天下第一香"之美誉。此书乃作者结合自身经验，从兰花的花品、本性、外相、培养、防护等方面进行论述，是一部考证兰花的专著。传本罕见。

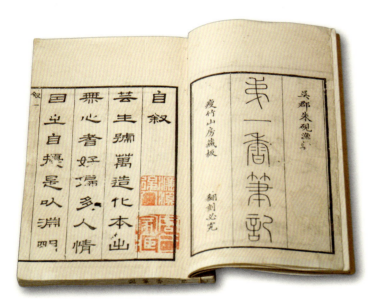

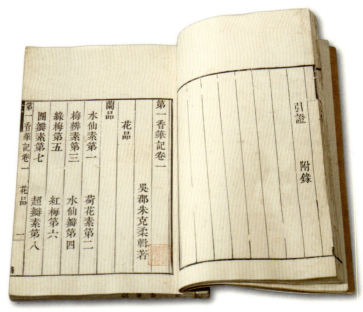

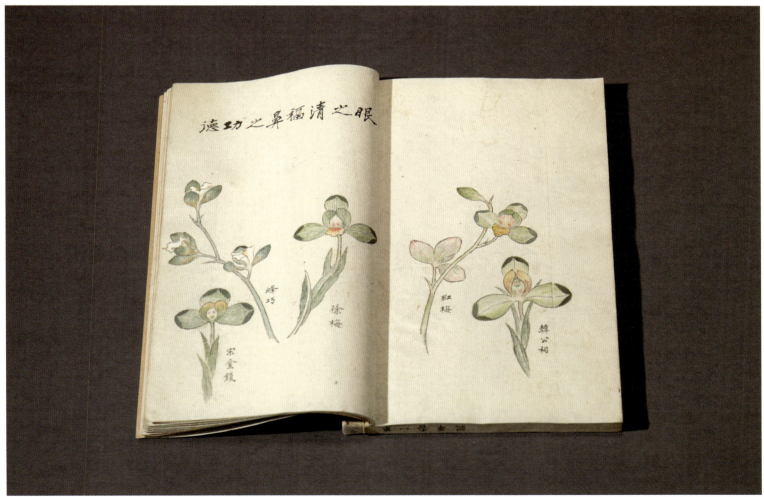

东皋握灵本草十卷序例一卷补遗一卷

清·乾隆（1736—1795年）

高24.8、宽15.7厘米

6册全

　　[清]王翃编辑，清乾隆五年（1740年）朱钟勋补刻本。半页十行二十二字，白口，四周双边，单黑鱼尾。框高18.3、宽12.2厘米。卷端署"嘉定王翃编辑"。书前有清康熙二十二年（1683年）徐秉义序，曹垂璨序，作者自序，凡例。

　　王翃，世称"东皋先生"。王氏参考《证类本草》《本草纲目》等书之内容，按部属分类，列水、土、金、石、草、谷、菜、果、木、虫、鱼等编次。自序中言，王氏曾将此书示于清代医家喻嘉言先生，先生喟然曰："雷桐不作，斯道晦塞久矣。君其手握灵珠，以烛照千古乎？"故以取名《握灵本草》。王氏还著有《万全备急方》《万全急续方》等。

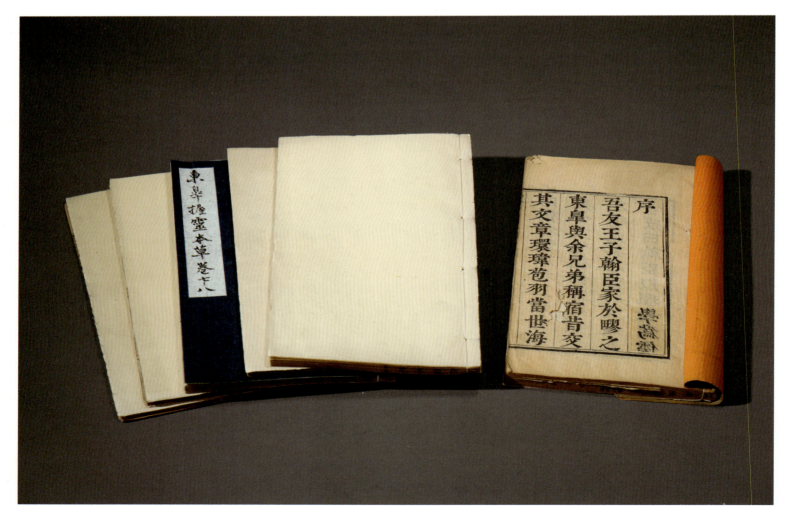

東臯握靈本草卷之一

嘉定王翃編輯

水部

雨水　正月雨水節貯

雨水者良餘亦用

主雨水鹹平無毒宜煎發散藥及中氣不足清氣不升
之藥

治雨水...

明地氣上為雲天氣下為雨人之汗以天地之雨各之

故主發散作煎也

露水　秋露水最多收貯

露水時收貯

主露水甘冷稟肅殺之氣宜煎潤肺殺祟之藥

東臯握靈本草卷之八

嘉定王翃編輯

木部

柏子仁　出乾州屋邊者佳塚上者忌用去殼

柏子仁以醇酒浸曝乾研用或隔紙焙去油

治柏子仁甘平無毒主驚悸益氣除風濕安五臟令人
潤澤耳目聰明養心氣閏腎燥安魂定魄益智寧神治
癥疥

明柏子仁肝家氣分藥也又潤腎古方十精丸用之

柏子仁性平而不寒不燥味甘而能補辛而能潤其氣清
香能透心腎益脾胃宜乎滋養之劑用之

南村辍耕录三十卷

明（1368—1644 年）

高 27.3、宽 17.7 厘米

4 册全

　　[明]陶宗仪撰，明玉兰草堂刻本。半页十行二十一字，白口，左右双边，单黑鱼尾。框高19.9、宽13.4厘米。卷端署"天台陶宗仪九成"。书前有元至正二十六年（1366年）孙作叙，孙作《南村先生传》，总目，邵亨贞疏。钤有"言言斋善本图书"朱文长方印、"吴兴周越然藏书之印"朱文方印、"受甘白斋"朱文方印、"不读书但欲暝"白文长方印、"松岩氏"朱文方印、"吴寿谷印"白文方印、"谭观成印"白文方印、"海朝"朱文方印、"藏晖书屋"朱文方印等。《中国古籍善本书目》子部著录。

　　陶宗仪（1316—约1403年），字九成，号南村。举进士不第，却常躬亲耕作，凡有所感悟，便书于叶上藏于罐中，后经门人整理汇编成书，故取名为《南村辍耕录》。是书收录元朝有关史料及作者见闻，包罗万象，有天文地理、典章制度、艺文趣事、诗词戏曲、民风民情等，作者的亲身经历对研究元末社会状态也具有较高的史料价值。

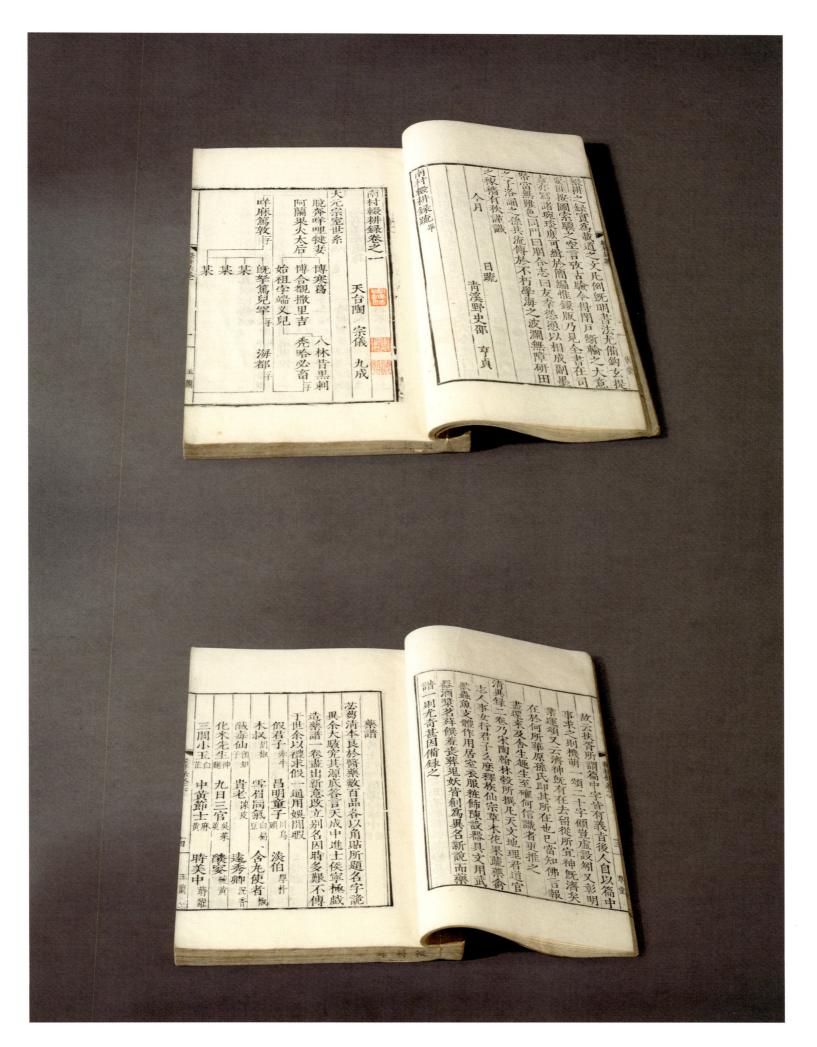

初潭集三十卷

明晚期
高 25.1、宽 17 厘米
8 册全

　　[明] 李贽编，明晚期吴兴闵邁刻朱墨套印本。半页九行十九字，白口，四周单边。框高20.4、宽14.6厘米。书前有叙，西吴闵邁小引，目录。卷一总论后有手书题跋。书后有跋。钤"公殊之印"朱文方印。

　　《初潭集》是一部笔记丛抄。潭，指湖北麻城龙潭。明万历十三年（1585年），李贽弃官为僧，客居湖北麻城，读书讲学。他在书前自序中称落发龙潭时即纂此书，故以"初潭"为名。书中内容采自《世说新语》《焦氏类林》，以儒家五伦夫妇、父子、兄弟、师友、君臣分为五类，每类下各有子目，共九十七目。该书是李贽反对正统程朱理学思想的集中体现，《四库全书总目》评"狂诞谬庚"，然其理学思想、妇女观则颇得今人认可。

　　吴兴闵氏，乃明代之望族。明万历年间，闵齐汲开雕版套印之先河，所刊之书，用料讲究，套印精准，版面疏朗，可谓艺术珍品，世称"闵刻本"。闵氏刻书多为套印本，四周单边，无行界，半页八行十八字或半页九行十九字，仿宋体，评注以手写体刊印。是书刊印者闵邁乃闵氏族人，版面风格可谓闵刻本之典型。

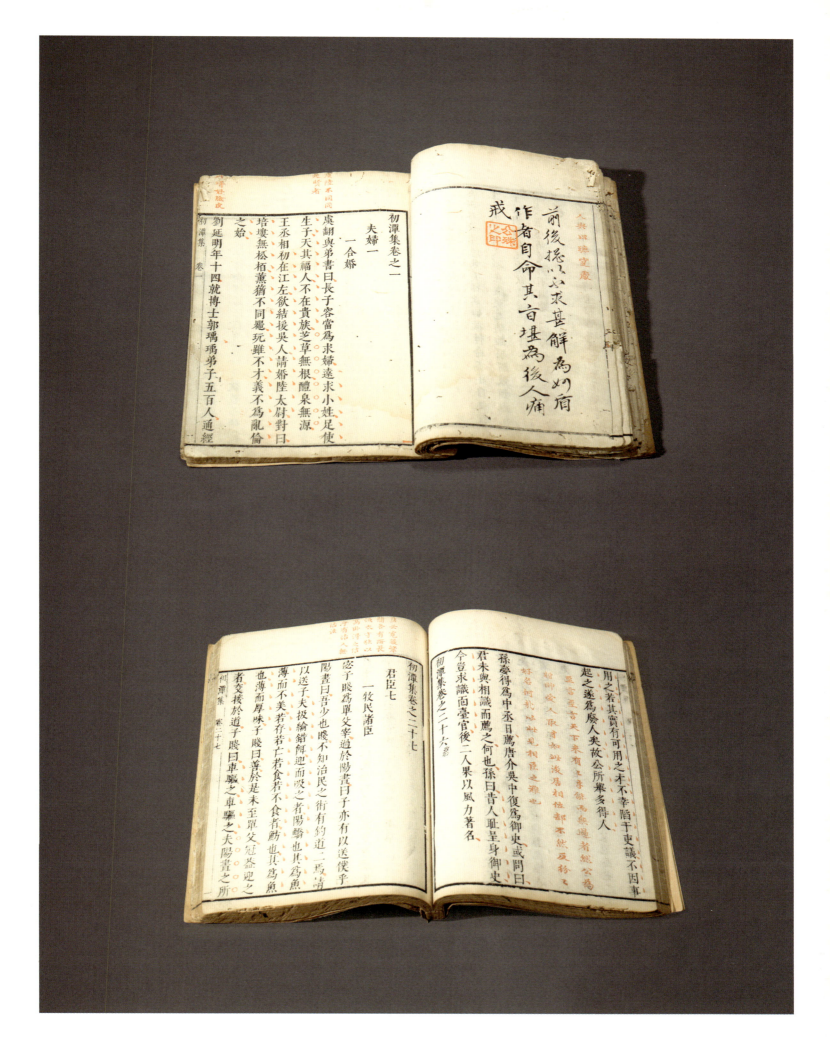

涌幢小品三十二卷

明·天启（1621—1627年）
高 27.9、宽 17.3 厘米
8 册全

  [明]朱国祯撰，明天启二年（1622年）刻本。半页九行二十字，白口，左右双边，单黑鱼尾。框高20.7、宽15.1厘米。卷端署"湖上朱国祯辑"。书前有明万历四十七年（1619年）《涌幢说》和自序。书末有自跋。

  是书为朱国祯之见闻所集。朱氏曾筑木亭，亭中六角如石幢，可择地而移，随意舒张，如从地中涌出，故名"涌幢"。书中仿宋代洪迈《容斋随笔》体裁，叙述明代掌故制度、社会风俗、人物琐事、诗文艺术、鸟兽虫鱼、宗教民族等内容，对倭寇入侵、明隆庆万历以来的农民起义、葛贤等市民抗税亦有记载，颇具史料价值。《四库全书总目提要》云："是书杂记见闻，亦间有考证，其是非不甚失真。在明季说部之中，犹为质实。而贪多务得，使芜秽汩没其菁英，转有沙中金屑之憾。"

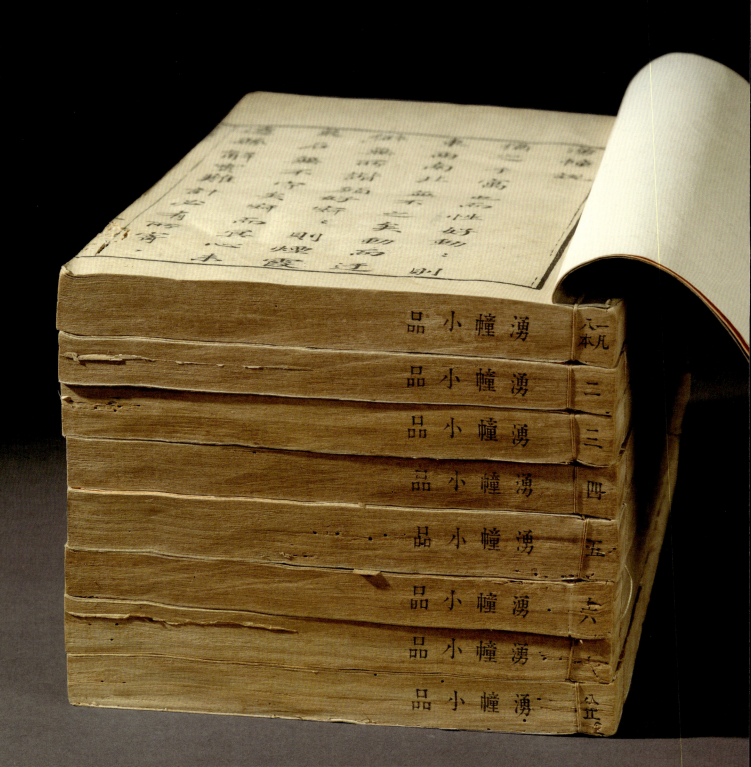

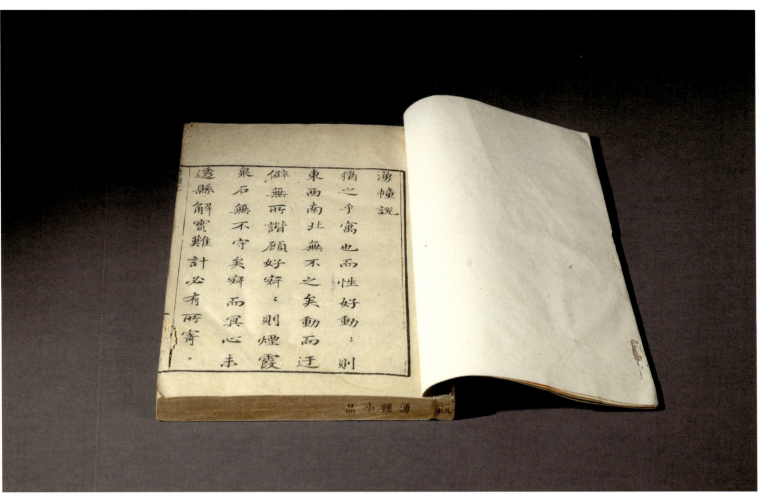

湧幢說

猶之乎寓也而性好動之則
東西南北無不之矣動而遷
徙無所詣顧之則煙霞
泉石無不守美癖而寔心未
透縣解寔難計必有所寄

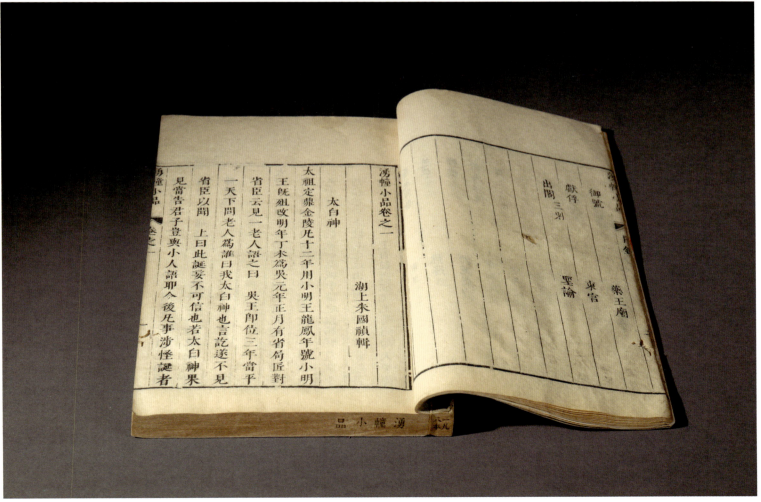

湧幢小品卷之一

　　　　湖上朱國禎輯

太白神

太祖定鼎金陵尤十二年用小明王龍鳳年號小明
王旣祖改明年正月未爲吳元年正月有省局匠對
省臣云見一老人語之曰吳王卽位三年當平
一天下問老人爲誰曰我太白神也言訖遂不見
省臣以聞　上曰此誕妄不可信也若太白神果
見當告君子登與小人語耶今後尤事涉怪誕者

御號　　　　　藥王廟

獻侫　　　　　東宮

出閣　　　　　　聖諭

三刖

白国因由一卷

清·康熙（1662—1722 年）
高 26.9、宽 16.5 厘米
1 册全

　　清康熙四十五年（1706年）圣元寺住持寂裕刻本。半页八行十六字，下黑口，四周单边，单黑鱼尾。书页有配补。框高19.4、宽13.3厘米。书前有题记"大理昔为白国（僰人国）"。钤有"阿兰那室主人"朱文长方印。

　　圣元寺位于云南省大理白族自治州，始建于南诏国时期。是书记载大理白族观音开辟大理的十八化神话传说，摘译自《白古通记》。

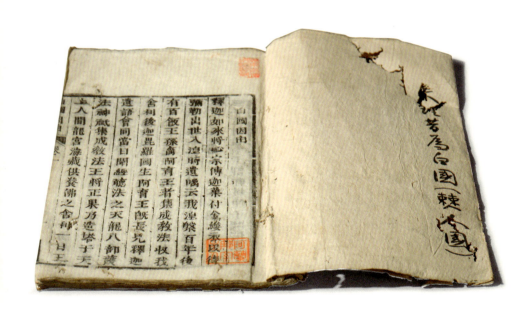

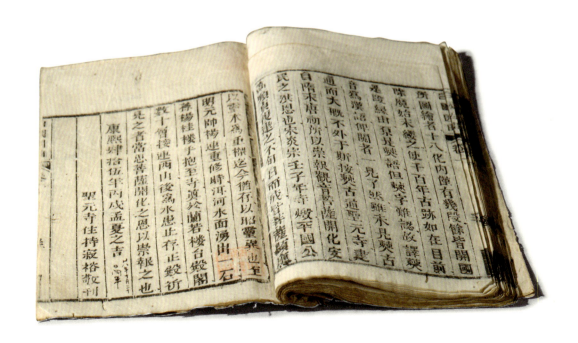

眾師之觀音齊日今日聽弄

聚師中吹弄

而他扮我門村中有一人外

何他扮我門村中聽弄其真他

之刀埋不能近其身內有

論余云起妖僧不許他殺了愈追愈遠行至犬

揚我門醜急追之、愈追愈遠呼犬走

長潛出口眾欲射火觀音及呼犬走

眾視之、期犬隨觀音走者

者有叫喚無知月

地者怨我持我持無知月

眾服皆痛有伏乎地者有

天花眾服皆痛有

邊跪拜曰望長者遂至上

賴潛出口眾欲射火觀音及

觀音遂獎眾回至上

池中彼時皆能

子部

艺术类

图绘宝鉴六卷补遗一卷

明（1368—1644 年）

高 25、宽 15.9 厘米

4 册全

　　[元]夏文彦撰，[明]毛晋校订，明末虞山毛氏汲古阁刻本。半页八行十九字，白口，左右双边。框高19.1、宽13.7厘米。卷端署"吴兴夏文彦士良纂，海虞毛晋子晋订"。书前有杨维祯《图绘宝鉴序》和夏文彦序，总目。书末有滕霄续编序，明正德题重刊图绘宝鉴跋。扉页题："图绘宝鉴。"

　　是书卷一"六法三品""三病""制作楷模""古今优劣""六要""六长""粉本""赏鉴""装褫书画定式"等分别摘自前代名人画论，其他内容则为三国吴至五代画家、宋代画家及金朝画家、元代及外国画家的小传，共约1500人，其中1300多人有传，体量庞大。

圖繪寶鑑序

雲間義門夏氏士良集歷代能畫姓名由史皇封
膜而下訖于有元凡若干人釐爲五卷題曰圖繪
寶鑑介其友天台陶君九成持其編謂余曰鄧椿
有言其爲人也多文文雖有不曉畫者寡矣其爲人
也無文雖有曉畫者寡矣先生名能文賜一言標
其端余曰畫盛於晉書盛於唐宋書與畫一耳士
大夫工畫者必工書其畫法即書法所扛然則畫

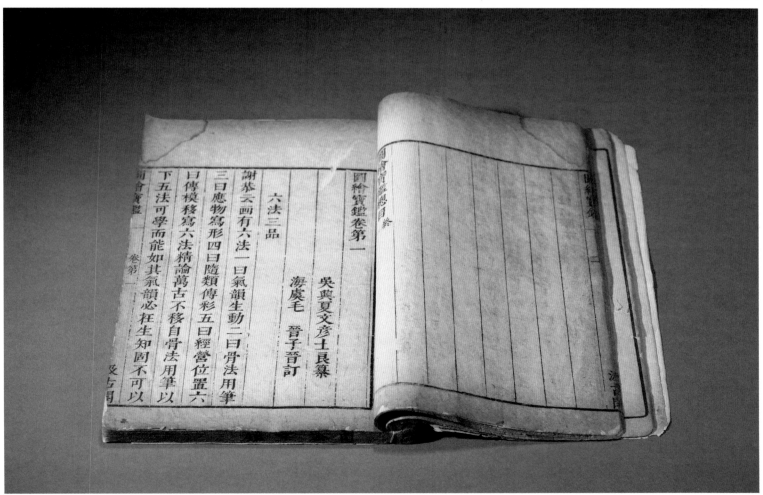

圖繪寶鑑卷第一

吳興夏文彥士良纂

海虞毛晉子晉訂

六法三品

謝恭云畫有六法一曰氣韻生動二曰骨法用筆
三曰應物寫形四曰隨類傳彩五曰經營位置六
曰傳模移寫六法精論萬古不移自骨法用筆以
下五法可學而能如其氣韻必在生知固不可以

庚子销夏记八卷

清·乾隆（1736—1795年）
高27、宽15.4厘米
5册全

　　[清]孙承泽撰，清乾隆二十六年（1761年）刻本。半页十行二十字，上下黑口，左右双边，双对黑鱼尾。框高18.1、宽13.1厘米。书前有乾隆二十六年卢文弨序，目次。书末有张宾鹤跋。扉页题："庚子销夏记。北平孙退谷著。京都龙威阁藏板。" 钤有"语邨藏书"朱文长方印、"介如所藏"朱文方印、"万华诗屋藏书印"白文方印、"念慈"白文方印。

　　作者著书适逢四至六月，故而取名"销夏"。卷一至三为著者所藏书画真迹，卷四至七则为古石刻，标引其名且评骘于下，书画石刻凡三百二十一件。卷八为寓目记，皆他人所藏，附一卷记之。

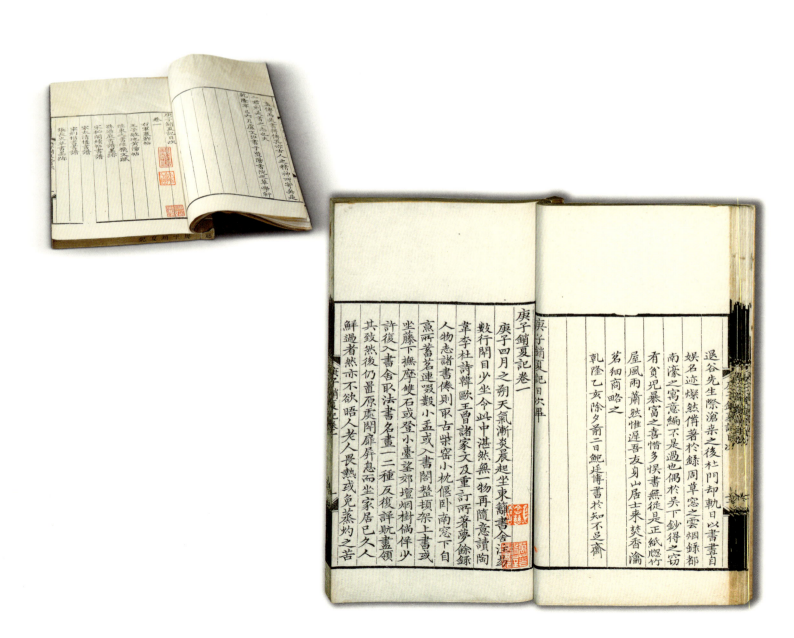

庚子銷夏記者北平孫退谷先生評隲其取見晉
唐以來名人書畫之所作也鈎元抉奧題中署乙
間之致雖今視趙
以廣見聞而益神智其鑒裁精審古人當必引
余無豪其有恬曠之懷蕭
為記之慨而不能無而亦不至否情太甚以視豪數
退之欲求適意而反取慄慄者固不同我
真圓先生家見退谷手書纖輔人物志始悟
德父之書自云晚得米襄陽墨迹今太半在
貞秀勁可喜此書自云退谷萬卷樓藏書今又不知散

清河书画舫十二卷鉴古百一诗一卷

清·光绪（1875—1908 年）
高 19.7、宽 13.2 厘米
12 册全

　　[明]张丑撰，清光绪九年（1883年）翻刻本。半页九行二十二字，上下黑口，左右双边。框高13.4、宽9.9厘米。卷端署"吴郡张丑青父造"。书前有乾隆二十八年（1763年）严诚序，清河书画舫引，池北草堂校刊清河书画舫例略，手书批注一则，目录。扉页题："清河书画舫。张米菴先生著。池北草堂开雕。"钤"光宣台第十一传孙得岸珍藏"白文方印、"亦溪"朱文方印。

　　《清河书画舫》是明代张丑编撰的一部知见书画目录书，成书于明万历四十四年（1616年）。"清河"乃张丑家族所在地（今属江苏），"书画舫"取自宋黄庭坚"米家书画船"一句。书中所录上起三国钟繇，下至明代仇英，排列大致依照时间顺序，又参以师承与风格；其编次以地支为序，以人物为纲，以知见书画为目，记载书画名迹的流传，援引书画史传资料，收录题跋，间有作者自己的题跋和评鉴。清代被多次刊印。

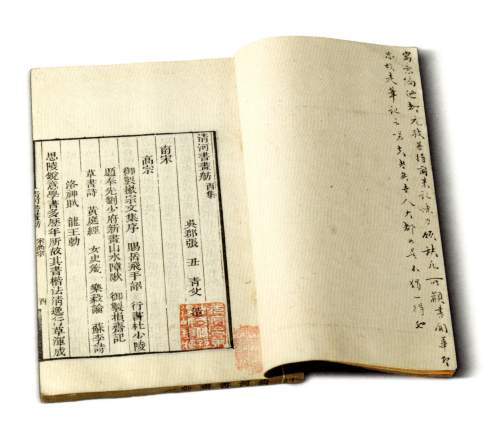

清河書畫舫

瓠羊艵先生著

巳上草堂開彫

清河書畫舫竟叙之曰清河
之世族其先自其地並巳貌書畫交
于絡契毅遯家有春草蘭
軒秋山之閣名涂園寫形
環家學又生有夙慧益
某俾官家言為名山

龙藏寺碑拓

明（1368—1644 年）
高 22.9、宽 11.4 厘米
1 册全

　　[隋] 张公礼撰，明拓本。题签："明拓元拓释迦文本龙藏寺碑。有碑阴。得于京师价卅金，光绪甲午五月。奉吾。"经折装。
　　《龙藏寺碑》全称《恒州刺史鄂国公为国劝造龙藏寺碑》，位于河北省正定县隆兴寺内，刻于隋开皇六年（586年），碑文、碑额、碑阴及左侧皆有楷书，记载了隆兴寺的始建。清代杨守敬评该碑之书法"已开虞（世南）、褚（遂良）之先声"。

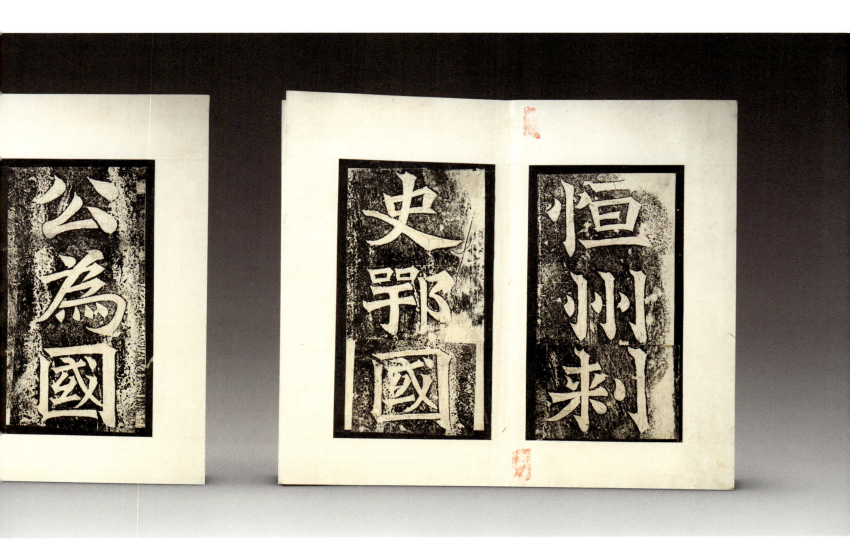

157

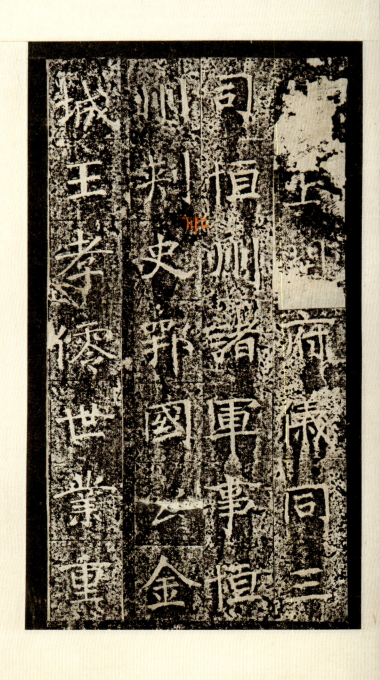

府儀同三
司恒州刺史都督恒
州刺史邘國公金
城王孝偉世業重

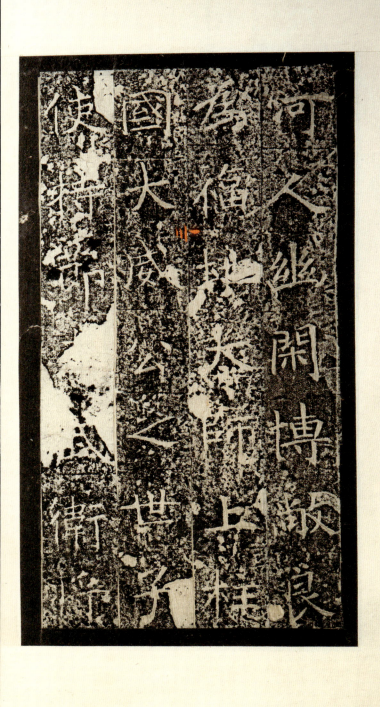

河之滋閒博級良
爲偏地太師上桂
國大威公之世子
使將軍□衛府

淳化阁帖释文十卷

清（1644—1911 年）
高 24、宽 13.9 厘米
1 册（存卷一至卷四）

　　[清]朱家标撰，清抄本。框高19.3、宽11厘米。卷端署"龙潭朱家标清田较定，男爧若星、侄焜电襄全钞"。书前有清康熙二十二年（1683年）朱家标叙，康熙二十二年何亮功序，龙潭绚锦堂主人《淳化阁帖谱系图说》，淳化阁帖谱系，凡例，朱清田先生校订淳化阁帖释文目次。钤有"王廷章之印"白文方印、"存心"白文长方印、"别号云峰"朱文方印、"兼豆"朱文椭圆印、"汉生章"白文方印、"春在梨花"白文随形印、"黎兰札印"白文方印、"二瞻"朱文方印、"杳本标印"白文方印、"悟音室印"朱文方印等。

　　历代学者对《淳化阁帖》所作释文众多。此本为清初朱家标撰，有康熙二十二年绚锦堂家刻本。馆藏本为抄本。

叙書之法，篆隸出變也，非楷非行，讀占……

州書芒目晉泉郡庠舊有墨跡分為十……

者安多棘……乃宋太宗搜訪古人之墨跡，分為十

卷，於淳化中命摹書王著用棗木板

摹勒於秘閣，各卷尾有篆書題云淳

淳化秘阁法帖考正十卷附二卷

清·乾隆（1736—1795 年）

高 27.2、宽 17.7 厘米

7 册全

　　[清]王澍撰，[清]沈宗骞临帖，[清]陈焯校订，清乾隆三十三年（1768年）冰壶阁刻本。半页九行十八字，白口，左右双边。框高21.1、宽14.6厘米。卷端署"王箬林先生著，吴兴沈宗骞芥舟临帖，雪川陈焯映之较画"。书前有乾隆三十三年沈宗骞序，目次，宋史米芾本传，宋史黄伯思本传，王澍《淳化秘阁法帖考正叙》，黄伯思法帖刊误原叙，米芾法帖题跋原题，王玠法帖刊误原跋，宋史王著本传。书末有许翰法帖刊误原跋。扉页题："淳化阁帖考正。乾隆戊子年镌。王箬林先生著。冰壶阁藏板。" 书中间有批注。钤有"冰壶阁"朱文方印、"外无着住为心妙贤"朱文方印。

　　王澍（1668—1743年），字若霖、灵舟，号虚舟、竹云。书从文徵明，清康熙时曾任五经篆文馆总裁官，临遍名帖，尤擅楷篆。是书综前人之说，辨真伪，别序次，校勘书法之异同，是研究《淳化阁帖》的重要文献。清代经多次刊印，版本众多，馆藏本为乾嘉时期吴兴画家沈宗骞冰壶阁刻本。

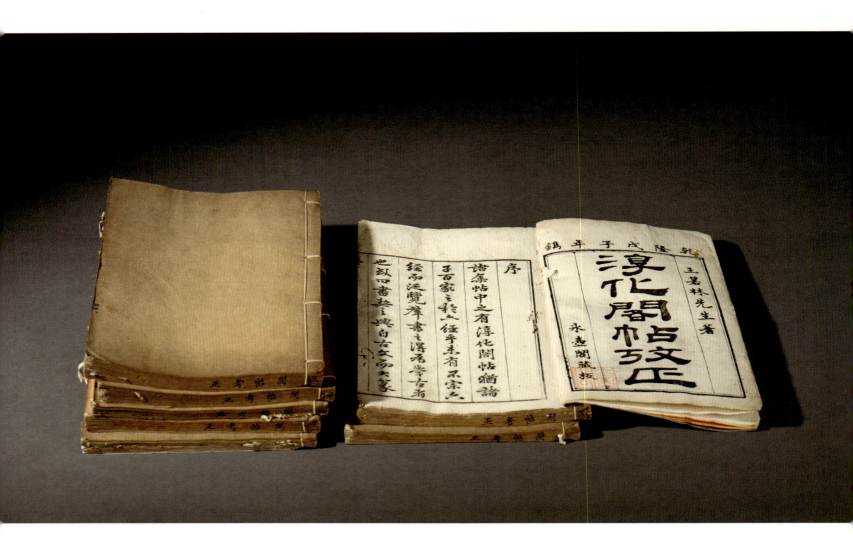

淳化秘閣法帖考正卷之一

王澍林先生著

吳興沈宗騫芥舟臨帖

雲川陳焯映之較畫

歷代帝王法帖第一

此卷既皆歷代帝王書則第三卷齊獻王攸

亦王也不應列名臣內著以世序為差則陳

二王不應在唐後著以陳二王為王故列居

凤墅残帖释文二卷三事忠告四卷

清·乾隆（1736—1795 年）

高 26.6、宽 16.6 厘米

1 册全

  [宋]曾宏父辑刻，[清]钱大昕撰，清乾隆三十四年（1769年）刻本。半页十一行二十一字，上下黑口，左右双边，单黑鱼尾。框高18.5、宽14.2厘米。

  《凤墅帖》乃宋人曾宏父据真迹所刻汇帖，分前帖与续帖，刻工精美，因卷数宏大，至今未见全本传世。曾氏对碑帖书法研究颇深，另著有《石刻铺叙》两卷。钱大昕在《石刻铺叙》跋中提到，偶得宋庐陵曾氏《凤墅法帖》二册于钱唐。钱氏根据所藏的《凤墅帖》卷十三《南渡名相帖》、卷十四《南渡执政贴》，以及姚衡、姚晏所写的八卷释文，合并为《凤墅残帖释文》。《三事忠告》为济南张养浩所撰，含《牧民忠告》《庙堂忠告》《风宪忠告》三篇。

海山仙馆藏真帖初集十六卷续集十六卷三集十六卷摹古帖十二卷

清·道光至咸丰（1821—1861年）
高 31.4、宽 18.7 厘米
60 册全

　　[清]潘仕成编。初集刻于清道光九年至二十七年（1829—1847年），续集刻于道光二十九年（1849年），三集刻于清咸丰七年（1857年）。书前有咸丰三年（1853年）潘仕成序，初集、续集前有目录、潘氏自序拓本，三集和摹古帖前仅有目录。钤"顺邑何都宪公诗孙伯卓家藏"朱文长方印、"岭南顺德何成赤珍藏告帖赏心之章"朱文方印、"成赤审定珍玩赏心之品"朱文长方印、"何氏伯子成赤"朱文长方印、"何氏仿古"朱文方印、"荦儒"朱文方印、"荦翁珍赏"朱文长方印、"荦畬外史"朱文方印、"名宦卿贤之后"白文长方印等。

　　潘仕成乃晚清十三行行商，家藏书画善本甚富，编有《海山仙馆丛书》。潘仕成把历代名家法帖镌刻上石，拓印汇编成《海山仙馆藏真》等，初集和续集多为宋元人、少及晋唐时期墨迹，三集为明清墨迹，其中不乏原件真迹，足资参考。

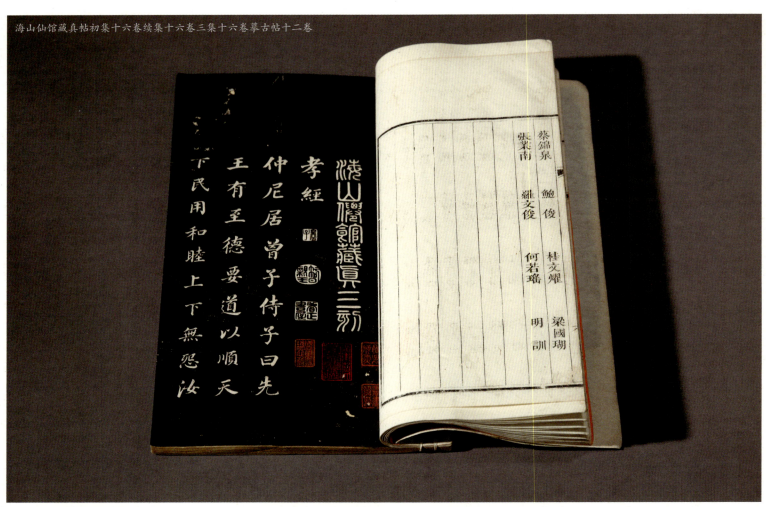

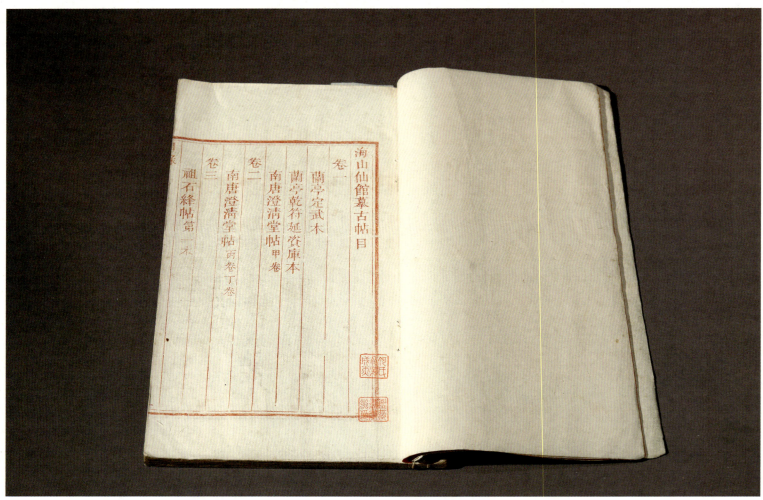

悟雪山房琴谱六卷

清·光绪（1875—1908 年）
高 24、宽 14 厘米
6 册全

　　[清]黄景星汇辑，[清]黄子淇校字，[清]李宝光、何耀琨、刘子祥校订，清光绪十三年（1887年）佛山李氏刻本。半页六行二十字，白口，四周双边，双对黑鱼尾。框高17.5、宽11.3厘米。书前有清道光十五年（1835年）黄景星序，道光十六年（1836年）何耀琨序，光绪十三年李宝光序，目录，凡例，律吕七调合俗乐七调图。扉页题："悟雪山房琴谱。光绪丁亥八月何增祜。"扉页后有牌记："光绪十三年丁亥岭南南海忠义乡李氏校刊。"

　　黄景星，自署悟雪山人，广东新会人。受家学熏陶，善弹琴，后随香山（今属广东中山）何洛书习琴。据其自序中所言，《悟雪山房琴谱》一书系黄氏在家传《古冈遗谱》及其师何洛书所授琴曲的基础上，采撷诸家英华而成，共收五十曲，为今存最早的岭南琴谱。

集何雪渔印谱附集铜玉水晶磁章一卷

明·崇祯（1628—1644年）

高25.4、宽14.9厘米

1册全

  [明]全贤辑，明崇祯刻本。框高21.7、宽12.3厘米。钤有"天喜所得金石"白文长方印。

  该印谱由明人全贤临摹明代篆刻家何震所刻之印，并附自刻铜玉水晶磁章。全贤，字君求，钱塘（今属浙江杭州）人，工篆刻。何震（1535—1604年），字主臣、长卿，号雪渔，徽州婺源（今属江西）人。明代篆刻家，"皖派"或称"徽派"篆刻的开创者，其治印精熟，印风苍劲拙朴，与"吴门派"篆刻创始人文彭并称"文何"。

附集銅玉水晶磁章

武林全賢君承父篆刻

和竹軒
玉章

芙蓉城
玉章

翁羣業印
玉章

曹眼龍印
晶章

昌宗
玉章

太上
晶章

逄鴻
晶章

雄侯
晶章

方氏墨谱六卷

明·万历（1573—1620年）

高 29.5、宽 18 厘米

8 册全

　　[明]方于鲁撰，明万历方氏美荫堂刻本。框高24.9、宽14.9厘米。书前列同时诸人投赠之作。钤有"说剑楼藏书"朱文长方印、"吴"朱文圆印、"吴稼农"白文方印、"张志公藏书"朱文方印、"张宜健"朱文方印、"王成"朱文方印、"集楼"白文方印。

　　方于鲁制墨手艺源自《程氏墨谱》之作者程大约，后方氏独立门户，成为程氏制墨之劲敌。《方氏墨谱》由著名画家丁云鹏和吴廷羽所画，印制精湛，纸墨上乘，内容分国宝、国华、博古、博物、法宝、鸿宝六类，凡三百八十五种墨样，传于后世。

華亭莫雲卿

方于魯墨贊

黝而澤緻而里桐自嶧爛厥液光可晰堅於壁

置之水久弗蝕是惟禹錫而妃以帝鴻氏之

石曰仲將襧庭珪嫡东方兴之卿子墨

　　　　　　弇山人王世貞

方于魯墨評

昔孔周氏三劒下者宵練猶見影而不見兇匣

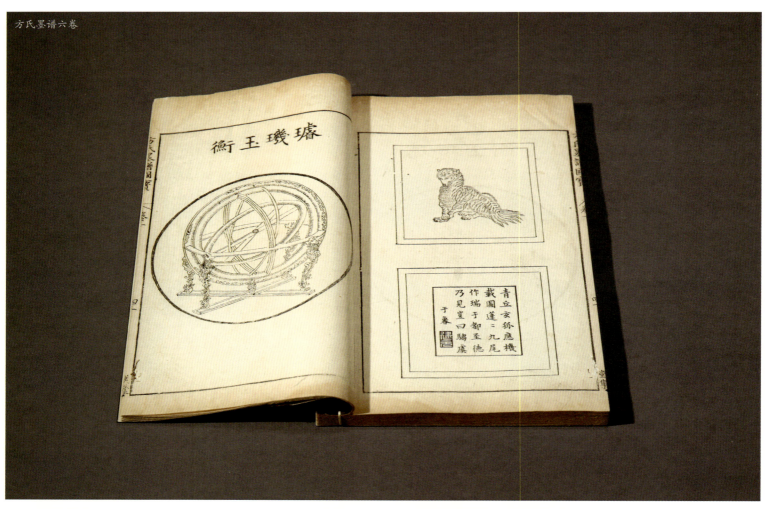

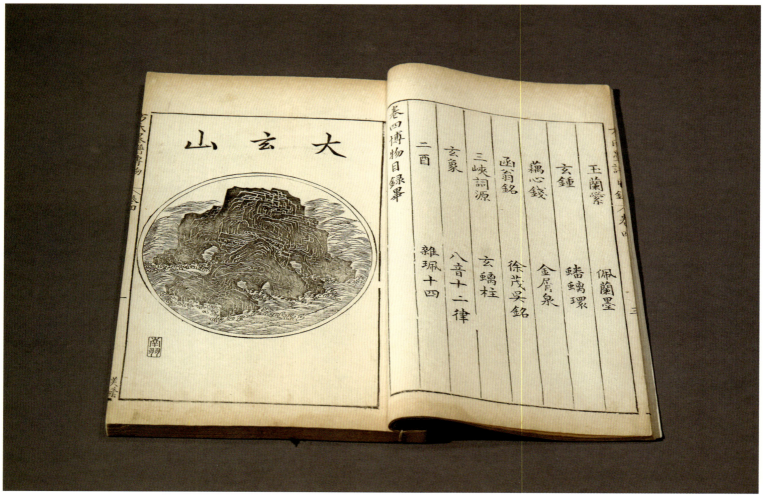

端溪砚谱一卷

清·康熙（1662—1722 年）

高 33.2、宽 21.9 厘米

1 册全

清康熙抄本。书末有康熙十五年（1676年）文士英跋。钤有"文士英印"白文方印、"及先"白文方印。

中国所产四大名砚中，以广东端砚最为称著。《端溪砚谱》对端砚的品类、石质及对应产地都做了剖析，并与歙砚进行比较。文士英，字及先，号白华老人。篆刻曾得金光先传授，喜用象形古文刻印，名噪一时。

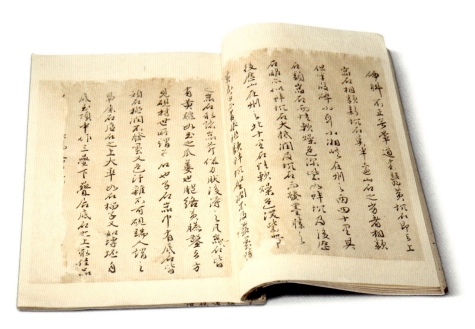

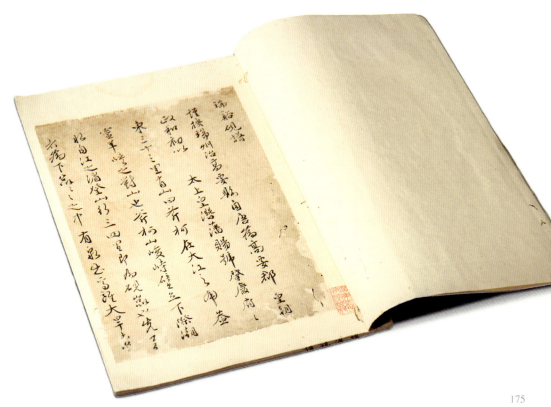

六祖大师法宝坛经一卷

明·万历（1573—1620年）

高 28.6、宽 16.9 厘米

1 册全

　　[唐]释惠能撰，明万历二十八年（1600年）刻本。半页九行十八字，白口，四周单边，单黑鱼尾。框高19.7、宽14.9厘米。卷端署"门人法海编集，后学德清勘校"。书前有周连宽批注，万历二十八年祝以豳《坛经序》。书后有元至元二十八年（1291年）释宗宝跋，明嘉靖十四年（1535年）泰仓后序。书中多有批注。钤"周连宽印"朱文方印。

　　释惠能（638—713年），即禅宗六祖。其弟子辑录六祖之言行，整理成书，是为《六祖大师法宝坛经》，亦称《六祖坛经》。《坛经》版本众多，主流分为敦煌本、发现于日本兴盛寺的惠昕本、据曹溪古本校勘之契嵩本和集众多版本之大成的宗宝本四种体系。馆藏本乃明泰仓禅师刻本，被认为属契嵩本一系。契嵩本世已不全，据此书可窥见一斑。

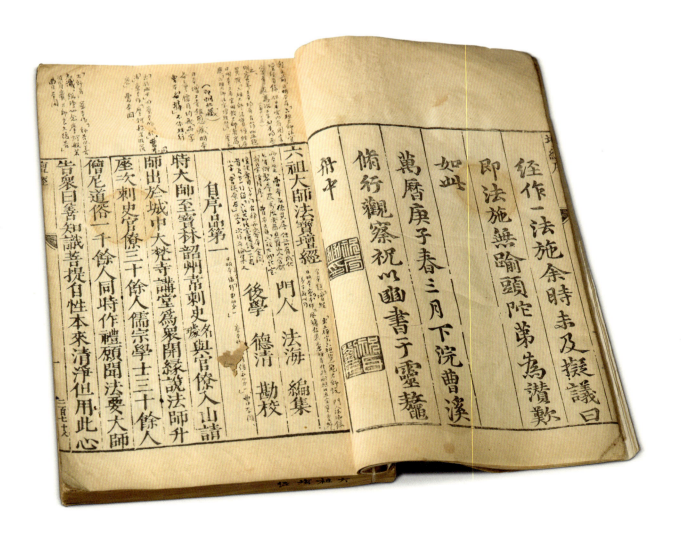

自達摩以心印傳二祖并
楞伽四卷授之曰此如來
心地要門至五祖易以金
剛六祖遂從金剛悟入既
悟實衣鉢不傳于是楞伽

六祖壇經

177

楞严正脉十卷

清·乾隆（1736—1795年）
高 31.3、宽 17.5 厘米
6 册全

　　[明]释真鉴述，[明]释福登校订，[明]何镐镇、张二果重校，清乾隆五十七年（1792年）海幢寺刻本。半页十行二十字，白口，四周单边。框高20.7、宽14.7厘米。卷端署"明京都西湖沙门交光真鉴述，蒲州万固沙门妙峰福登校订，宝安戒弟子弘方何镐镇、弘晤张二果重校"。书前有交光序，楞严正脉科判缘起，楞严正脉悬示。书末有张二果重刻楞严正脉附后。扉页题："首楞严经正脉。乾隆壬子重镌。句吴丁玉藻篆。海幢寺藏板。"

　　《楞严正脉》即《楞严经》，广州海幢寺刻本。寺院刻书是古代刻书的重要来源之一，刻书规模大小不等，有些寺院还设立专门的雕版印刷机构，多刻印与佛教、道教相关的典籍，弘扬思想。海幢寺是古代广州唯一设置有经坊的寺院，其出版的书籍被称为"海幢寺经坊本"。

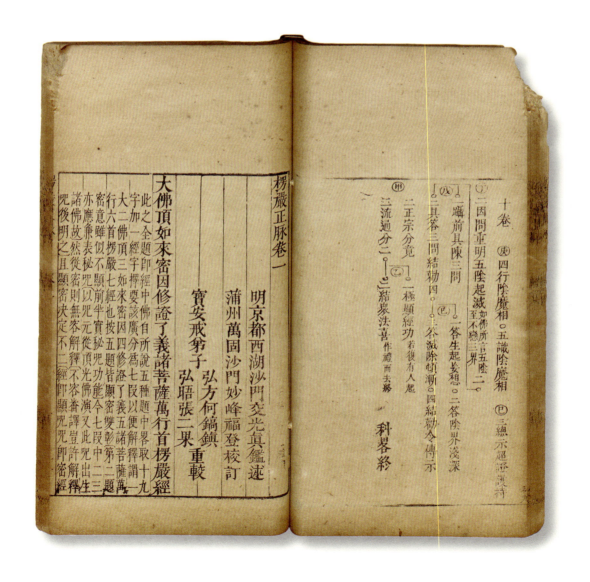

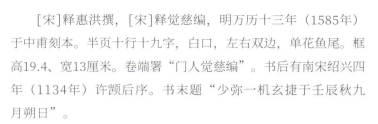

寂音尊者智证传十卷附一卷

明·万历（1573—1620 年）
高 24.1、宽 14.5 厘米
1 册全

[宋]释惠洪撰，[宋]释觉慈编，明万历十三年（1585年）于中甫刻本。半页十行十九字，白口，左右双边，单花鱼尾。框高19.4、宽13厘米。卷端署"门人觉慈编"。书后有南宋绍兴四年（1134年）许颛后序。书末题"少弥一机玄捷于壬辰秋九月朔日"。

惠洪，号寂音尊者，字觉范，北宋僧人，工书擅画，诗名颇盛。其在书中通过评论佛教经文或前代禅师言论，以表达自己的禅学见解。书后附《云岩宝镜三昧》一卷，是对曹洞宗法理论的丰富和发扬，显示出惠洪融通各宗、兼收并蓄的学术风范。

正弘集一卷

清·康熙（1662—1722年）
高 23.5、宽 14.5 厘米
1 册全

[清]释本果撰，清康熙刻本。半页八行十九字，下黑口，四周单边，单黑鱼尾。框高19、宽12.5厘米。卷端署"住报资后学本果硕堂编订，菩萨戒比丘际慎道怀、祖圣习贤校刊"。书前有康熙三十二年（1693年）释本果原序，灵山总图，大颠祖像，灵山八景。书末有康熙三十四年（1695年）释本果后序，果山僧跋。此本曾经澄海高学濂收藏，牌记页钤"高学濂印"朱文方印、"戊寅生人"朱文长方印。

唐元和十四年（819年），韩愈因谏迎佛骨，贬至潮州，与灵山寺开山禅师大颠和尚结交。释本果于康熙年间"哀集二传、三书、《原道》、《佛骨表》等寿梓，发明渊赜云"，署名《正弘集》，意在阐明儒佛之道相辅相成、相得益彰之理。

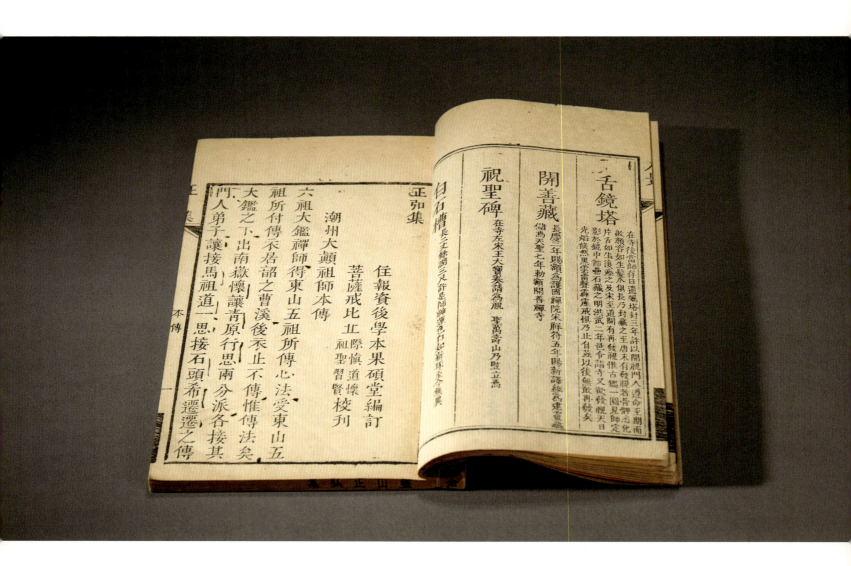

正〻集原序

天竺古先生之道自後漢至中唐雖隆替不一

然未有非之者昌黎公出乃力詆之貶于潮而

潮則先有大顛在焉事亦異矣由唐迄今莫不

以闡提彌戾車視昌黎余獨以為八地菩薩之

所示現不然何以求顛之至切而欲聞其說之

至盂耶蓋天下之妙理非一人逆激之則必有

不暢大顛畫非常僧昌黎公則猶鴻儒不足以

纂图互注南华真经十卷

明（1368—1644 年）

高 24.5、宽 14.1 厘米

6 册全

　　[晋]郭象注，[唐]陆德明音义，明初刻本。半页十一行二十一字，上下黑口，左右双边，双顺黑鱼尾。框高17.8、宽12.1厘米。卷端署"晋郭象子玄注，唐陆德明音义"。书前有郭象《南华真经序》，庄子太极说，周子太极图，南华真经篇目。书前题签"宋版纂图互注南华真经全函"。钤"五福五代堂宝"朱文方印、"八征耄念之宝"朱文方印、"太上皇帝之宝"朱文方印、"乾隆御览之宝"朱文椭圆印、"天禄继鉴"白文方印、"天禄琳琅"朱文方印、"谭观成印"白文方印、"观成"白文长方印、"海潮"朱文方印。《中国古籍善本书目》子部著录，入选第四批《国家珍贵古籍名录》、第二批《广东省珍贵古籍名录》。

　　"纂图互注"亦称"纂注本"，书中附上图像、图解等，以本书或其他书中相关的词句加注于文中，相互对照启发，这种做法多见于经书之中。《庄子》亦称《南华真经》，收录庄周的代表作共三十三篇，向秀、郭象为其作注，全书以"寓言""重言""卮言"为主要表现形式，倡言齐物、逍遥的哲学思想。

篆圖互註南華真經卷第一

晉郭象　子玄註

唐陸　德明音義

莊子內篇逍遙遊第一　夫小大雖殊而放於自得之場則物任其性事稱其能各當其分逍遙一也豈容勝負於其間哉○音義逍遙遊篇內皆以逍遙為主當其分逍遙如字亦

北冥有魚其名為鯤鯤之大不知其幾千里也化而為鳥其名為鵬　鵬鯤之實吾所未詳也夫莊子之大意在乎逍遙放无為而自得故極小大之致以明性分之適○北冥本亦作溟覓經切北海也嵇康云取其溟漠无涯也梁簡文帝云窅冥无極故謂之冥其東方朔十洲記云大魚名也崔云溟猶溟漠也水黑色謂之溟海无風其波百丈郭徐音昆李戴温反大魚名也鵬步登反徐音朋郭扶來反廣雅云鵬鳳也即古鳳字非來儀之鳳也說文云朋鵬皆古文鳳字鳳飛羣鳥從以萬數故以鵬為朋黨字云鵬古以為鳳字其象形鳳雅飛羣鳥從以萬數故以鵬為朋黨字鵬古文鳳字朋黨字皆同一字分符問反下皆

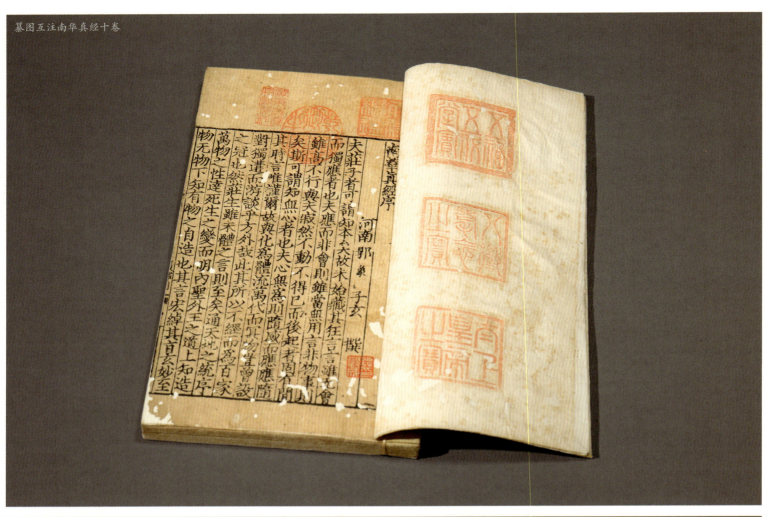

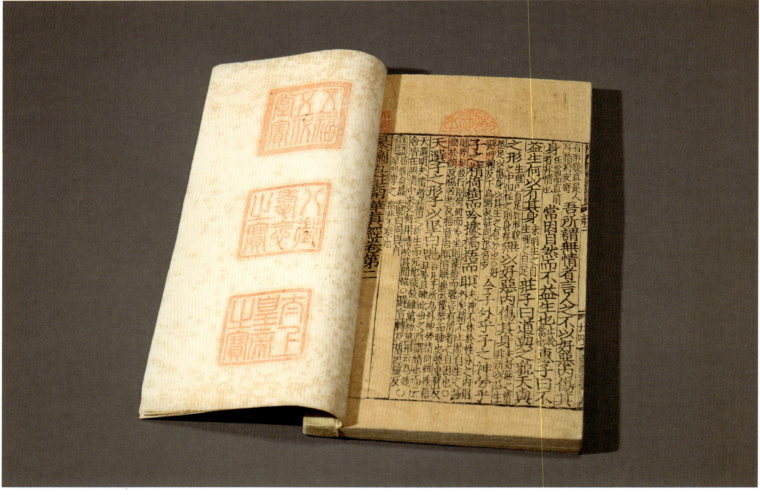

集部

唐丞相曲江张先生文集二十卷

明·嘉靖（1522—1566 年）

高 26.5、宽 16.5 厘米

4 册全

　　[唐]张九龄撰，明嘉靖十五年（1536年）湛若水刻本。半页十行二十字，白口，左右双边，单黑鱼尾。框高20.7、宽13.8厘米。书前有嘉靖十五年湛若水序，明成化九年（1473年）丘濬序。书末有苏铧书文献张公文集后。钤有"鬻及借人为不孝"朱文方印、"苍岩山人书室记"朱文长方印、"谭观成印"白文方印、"海朝"朱文方印、"蕉林梁氏书画之印"朱文方印、"观其大略"白文方印、"武陵覃氏五石瓠斋珍藏金石书画印"朱文长方印等印。《中国古籍善本书目》集部著录，入选第六批《国家珍贵古籍名录》、第二批《广东省珍贵古籍名录》。

　　唐丞相曲江张九龄有文集二十卷，在《旧唐书》本传、《新唐书·艺文志》、《崇文总目》及《宋史·艺文志》均有记载。然而宋代以后，此书几乎不传。至明成化九年，翰林学士丘濬从内阁录出，韶州知府苏铧为之刊行，才得以重新流传，其卷目与《新唐书·艺文志》中的记载相符合，应是宋代以来失传的旧本。全书二十卷，收录了张九龄生平所撰诗文，包括颂赞赋、杂诗、敕书、碑碣铭等。是本为明嘉靖十五年，时任南京吏部尚书的湛若水据苏铧刻本翻刻。

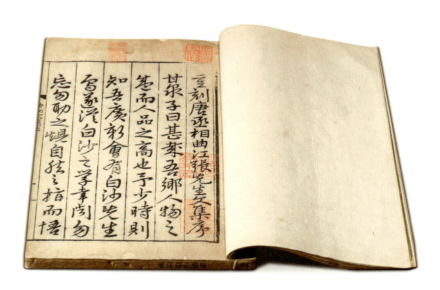

臣聞昔者玄德升聞皇天眷命元聖有作上藏何言

重校添注音辨唐柳先生文集四十五卷

宋（960—1279 年）

高 26.3、宽 17 厘米

1 册（存卷二十至卷二十二）

　　[唐]柳宗元撰，[宋]童宗说、韩醇等注释，宋刻本。半页九行十七字，白口，左右双边，单黑鱼尾。框高21.1、宽15.5厘米。钤有"横经阁收藏图籍印"朱文长方印、"仁义里"朱文长方印、"华亭朱氏"白文方印。《中国古籍善本书目》集部著录，入选第二批《国家珍贵古籍名录》、第一批《广东省珍贵古籍名录》。

　　《重校添注音辨唐柳先生文集》为柳宗元遗集，在其逝后由好友刘禹锡结集，经后代重校重刻，汇集诸家注释与音辨而成。该书南宋刻本今仅存残本，弥足珍贵。除本馆所藏三卷外，另有中国国家图书馆所藏五卷（卷十八至卷二十、卷四十三至卷四十四）、南京博物院所藏二卷等。

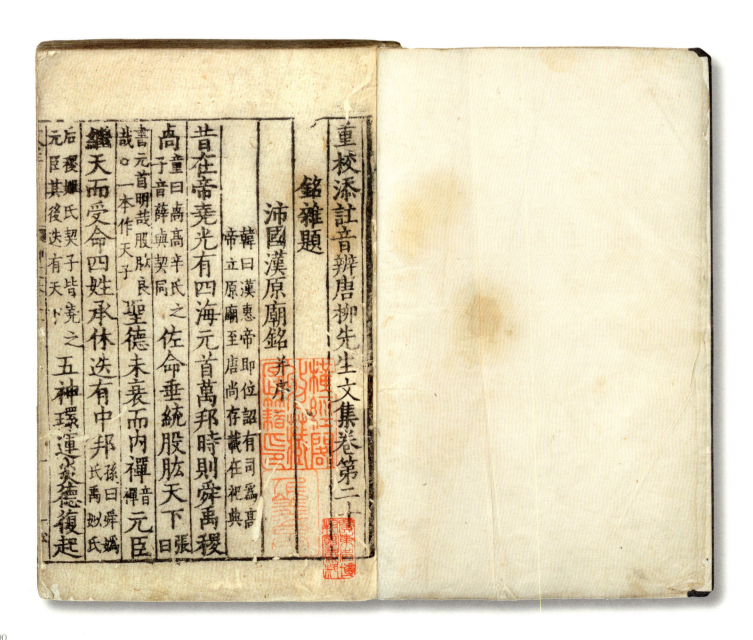

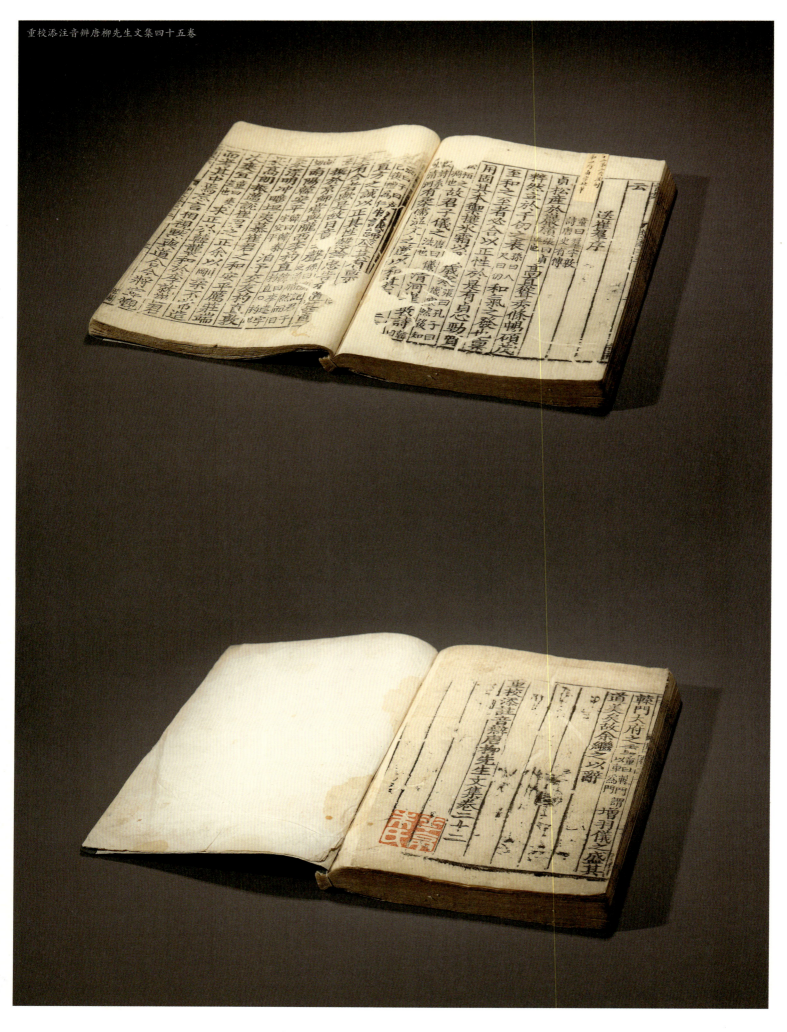

增广注释音辩唐柳先生集四十三卷别集二卷外集二卷

明初期
高 25.5、宽 14.9 厘米
10 册全

　　[唐]柳宗元撰，[唐]刘禹锡编，[宋]穆修叙，[宋]苏轼评论，[宋]沈晦辩，[宋]童宗说音注，[宋]张敦颐音辩，[宋]汪藻记，[宋]张唐英论，[宋]潘纬音义，明初刻本。半页十三行二十三字，上下黑口，四周双边，双顺黑鱼尾。框高19.9、宽13厘米。卷端署"南城先生童宗说注释，新安先生张敦颐音辩，云间先生潘纬音义"。书前有陆之渊《柳文音义序》，刘禹锡《唐柳先生文集序》，诸贤姓氏，目录。钤有"莫友芝图书印"朱文长方印、"莫彝孙印"朱文方印、"莫绳孙印"白文方印、"莫氏秘笈之印"朱文方印、"子孙保之"白文方印、"白华馆"白文方印、"仲山"朱文方印、"谭观成印"白文方印等印。《中国古籍善本书目》集部著录。

　　此书是历代柳集集注本中较好的一种，全书包括正集四十三卷、别集二卷、外集二卷、附录。该书注音释义，说明有关人物事件，既提供了研究柳宗元诗文的线索，为研究唐代历史文化提供了文献资料，也在一定程度上反映了宋代汉语在部分地区语音的变化。

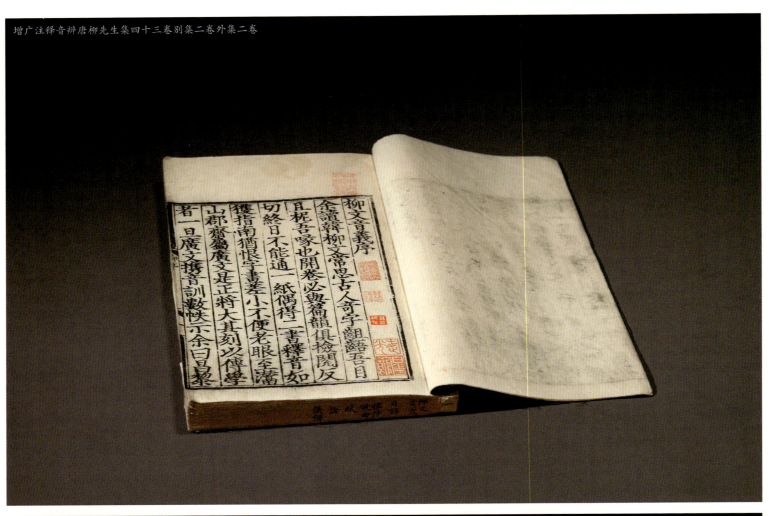

河东先生集四十五卷附录二卷外集二卷集传一卷龙城录二卷

明·嘉靖（1522—1566年）

高29.9、宽17.8厘米

24册全

  [唐]柳宗元撰，[唐]刘禹锡编，[宋]廖莹中校正，明嘉靖刻本。半页九行十七字，白口，四周双边，双对黑鱼尾。框高20.2、宽13.4厘米。目录署"夔州刺史刘禹锡编"。书前有河东先生集序，目录。附录后有后序，外集后有补遗，龙城录前有小序。每卷书末有牌记："东吴郭云鹏校寿梓。"钤有"李氏梅簃考藏经籍金石书画记"朱文方印、"梅簃李韵清氏藏"朱文方印等印。《中国古籍善本书目》集部著录。

  《河东先生集》是柳宗元的诗文集，全书按文体分类，体例明晰。书页版心下方有"济美堂""章甫言刊"字样，章氏乃嘉靖时期苏州著名刻工，此本属东吴郭氏济美堂翻刻旧本，雕镌精善，世称善本。

河东先生集四十五卷附录二卷外集二卷集传一卷龙城录二卷

河東先生集目録

第一卷　　　　　夔州刺史劉　禹錫　編

雅詩歌曲

獻平淮夷雅表一首

平淮夷雅二篇

鐃歌鼓吹曲十二篇并序

貞符并序

晉民詩

河東先生集傳目録

河東先生集傳

唐書本傳　　　　　　　宋景文公

柳宗元字子厚其先蓋河東人從曾祖奭爲
中書令得罪武后死高宗時父鎮天寶末遇
亂奉毋隱王屋山常閒行求養後徙於吳躭
宗平賊鎮上書言事權左衞率府兵曹參軍
佐郭子儀朔方府三遷殿中侍御史宗元以事觸
竇參貶夔州司馬還終侍御史宗元少精敏
絕倫爲文章卓偉精緻一時輩行推柳淵切

河東先生集卷第一

雅詩歌曲

獻平淮夷雅表一首 按詩宣王能興衰撥亂命召公

平淮夷注云雅夷東國在淮浦
而夷行也元和十二年十月癸
酉平吳元濟之詩而作故曰淮夷與韓
蓋公擬江西碑同時作先
文公平淮西聖德平淮柳
伯長云平淮西碑元和聖德平淮
雅能宰然聲唐德於盛漢之表如
經雅章之類皆辭嚴義偉制述如
論談薮云論柳文者皆以謂封建
之所無淮西雅韓文不逮

臣宗元言臣負罪竄伏違尚書牋奏十有四

河東先生集附錄目錄

東吳顧嗣協鵬校訂祥

河東先生集附錄卷上

勅賜靈文廟額牒

尚書省牒柳州靈文廟

禮部狀准都省批送下廣南西路轉運司奏
據柳州申據本州鄉民父老嚴後等狀陳伏
觀唐柳州刺史元和年立廟於羅池至今三
百來年廟享不絕州境凡有水旱疾疫之災
及公私祈禱無不感應乞加封爵或廟額看
詳州本司保明委是寔實尋符太常寺依條看

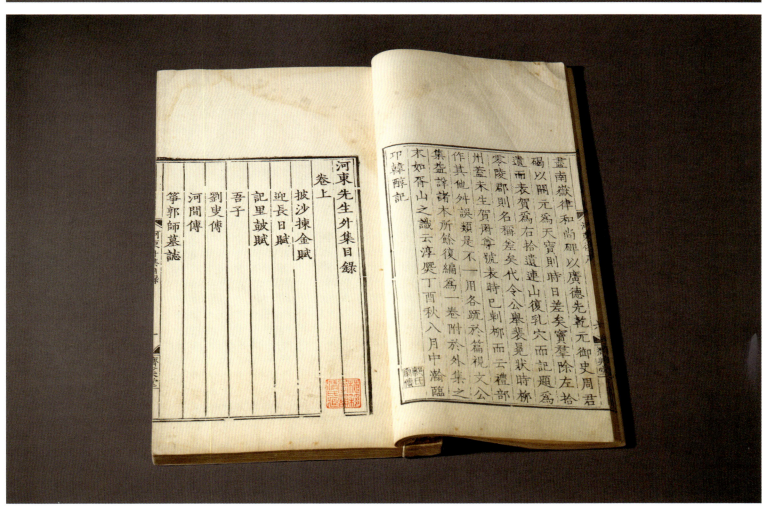

蓋南嶽律和尚碑以廣德先乾元御史周君
碣以開元則為天寶則時日差矣寔輩除左拾
遺而表賀為右拾遺連山復乳穴而記題為
零陵郡則名稱簿矣代令公舉裴晃狀時柳
州蓋未賀附寧號表時巳刺柳而云禮部
作其佗外誤類是不一用各題於篇視文公
集益詳諸本所餘復編為一卷附於外集之
末如晉山之識云淳熙丁酉秋八月中澣視
印韓醉記

河東先生外集目錄

卷上

披沙揀金賦
迎長日賦
記里皷賦
吾子
劉叟傳
河間傳
等郭師墓誌

朱文公校昌黎先生文集四十卷外集十卷传一卷遗文一卷传一卷

明·正统（1436—1449年）
高25.6、宽15.5厘米
20册全

　　[唐]韩愈撰，[宋]朱熹考异，[宋]王伯大音释，明正统十三年（1448年）书林王宗玉刻本。半页十三行二十三字，上下细黑口，四周双边，双顺黑鱼尾。框高19.7、宽12.6厘米。卷端署"晦庵朱先生考异，留畊王先生音释"。书前有《晦庵先生朱文公韩文考异序》，集序，凡例，目录。序后有牌记："戊辰十月王宗玉。"钤有"郭文韶印"朱文方印、"郭小石珍藏书画之印"白文方印、"湘潭郭坚"白文方印、"郭松林印"白文方印、"郭氏家藏"白文方印、"湘潭居士"白文方印、"墨奴藏书"朱文方印、"李氏梅稼所藏经籍金石书画记"朱文方印、"长沙唐氏"白文方印、"醉石"朱文方印、"子美"朱文方印、"春及堂倪氏珍藏书画记"白文方印、"子美之孙"朱文方印等印。金镶玉装。《中国古籍善本书目》集部著录，入选第五批《国家珍贵古籍名录》。

　　《朱文公校昌黎先生文集》是韩愈的诗文集，收录韩愈所作的赋、古诗、联句、律诗、杂著、书启、书序、序、哀辞、祭文、碑志、杂文、状、表状诸种文体，由韩愈门人李汉编成。馆藏本为明正统刻本，另有元刻闽麻沙坊本、《四部丛刊》本等。

晦庵朱先生考異
　　　　　　　　　　　　　　　先生音釋　馮

宋莒公云馮章靖親校舊每卷首其列卷中篇目馮
悉以朱墨滅殺之惟存其都凡集外別有目錄一卷
今按李漢所作序云摠七百首并目錄合四十一卷
則正與馮合

賦

感二鳥賦并序

貞元十一年公以前進士三上宰相書不報東
歸道出於河之陰時宰相趙憬賈耽盧邁也
見行有籠白鳥白鸜鵒而西者號於道曰某土之守
使使進於天子東西行者皆避路莫敢正目焉

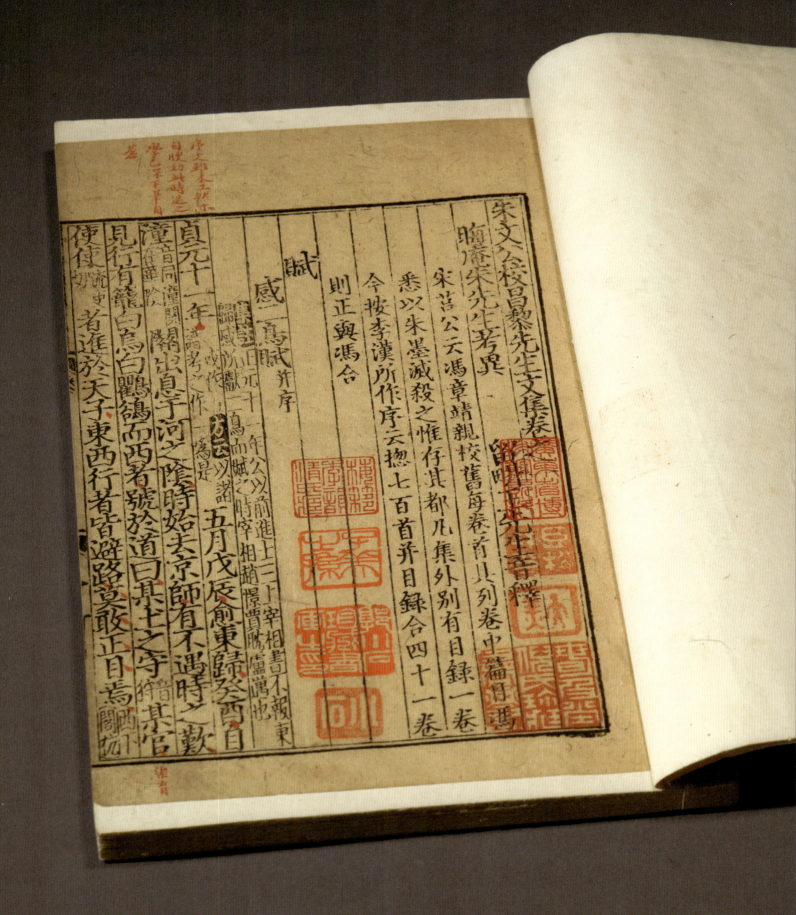

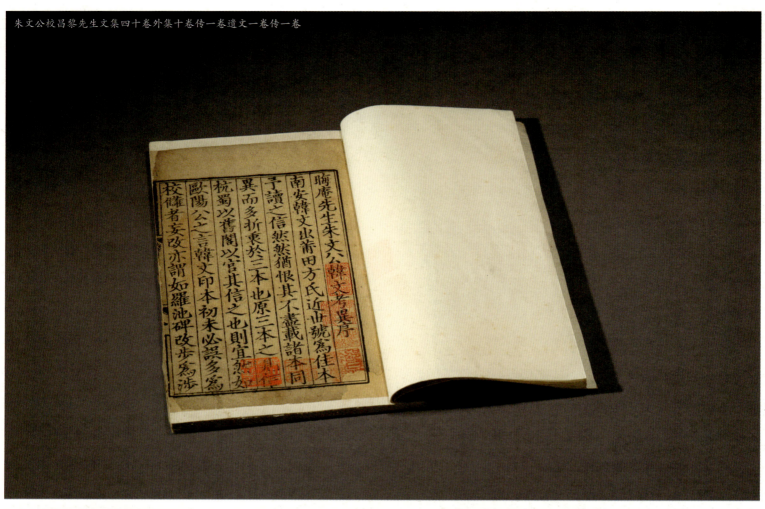

武溪集二十卷

明·成化（1465—1487 年）

高 28.1、宽 16.1 厘米

2 册（存卷一至卷四）

　　[宋]余靖撰，明成化刻本。半页十一行二十二字，上下黑口，四周双边，双顺黑鱼尾。框高21.3、宽12.7厘米。卷端署"工部尚书充集贤院学士赠尚书左仆射累赠少师谥襄公余靖"。书前有手抄目录。钤"商丘舅氏陈伯恭遗书道光癸未甥卢正扬拾藏"朱文长方印、"邹氏之子"朱文随形印、"同心之印"朱白文方印。

　　余靖，字安道，号武溪，韶州曲江（今属广东韶关）人，以直言敢谏著称，与范仲淹、欧阳修、尹洙被尊为北宋"四贤"，与欧阳修、王素、蔡襄同称为"四谏"。是书为余氏文集，结集于北宋，自宋及明，已不行于世。至明成化九年（1473年），翰林学士丘濬从内阁录出，由韶州知府苏韠等人刊刻，即此本。

武溪集卷第一

工部尚書充集賢院學士贈尚書左僕射

贈少師謐襄公余靖

律詩五言

送曲江知縣趙節推

郴詔其屯兵七千餘　夫七千餘
一言粲宂破千里　之民居
耕桑自後還避寇歸業

命將久征蠻　驂騑數載間
敕旗不為私畜盡輸官庫
民久休息遺惠重丘山

寄題廣州田諫議顧堂

退食公堂眼應無俗慮開雙燕外吏散百花陰海域

逍遙坦率途談泊心政成先養正惠愛及民滨

临川王先生荆公文集一百卷

明·嘉靖（1522—1566 年）

高 27.5、宽 15.4 厘米

12 册全

　　[宋]王安石撰，明嘉靖二十五年（1546年）应云鸑刻本。半页十一行二十二字，白口，四周双边，双顺黑鱼尾。框高18、宽12.3厘米。书前有手书目录，莫棠手书题记，章袞序。书末有嘉靖二十五年陈九川后序，清光绪二十五年（1899年）莫棠手书题记一则。钤有"韶州府印"朱文方印、"言言斋善本图书"朱文长方印、"曾留吴兴周氏言言斋"朱文长方印、"谭观成"朱文方印、"独山莫氏所藏"朱文方印、"受甘白斋"朱文方印、"海朝"朱文方印、"独山莫氏铜井文房之印"朱文长方印、"莫棠之印"朱文方印、"楚生"朱文长方印、"莫天麟印"朱文方印等印。书内有"藏晖书屋"题笺数张。《中国古籍善本书目》集部著录。

　　《临川王先生荆公文集》是王安石的诗文集，收录了古诗、律诗、挽词、集句、四言诗、赋、铭、赞、书、疏、奏议、状、札子、内制、外制、祭文、神道碑、墓表、墓志等多种文体，由浙江象山应云鸑取家藏旧本雠校翻刻而成。

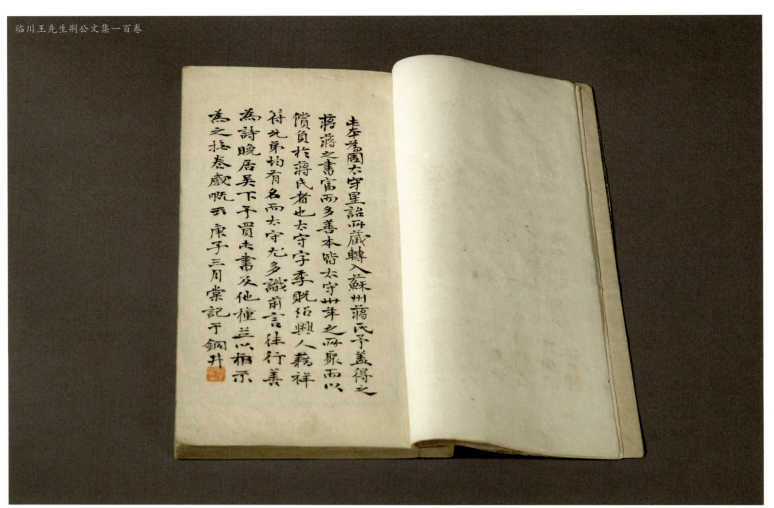

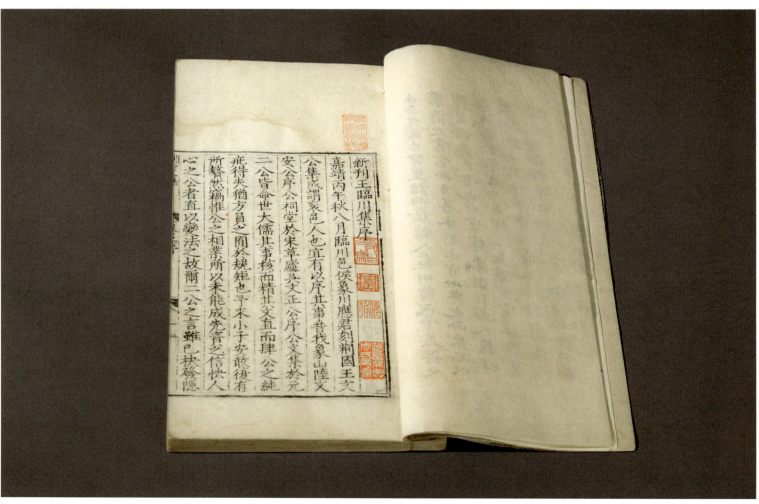

臨川王先生荊公文集卷第一

古詩

元豐行示德逢

後元豐行

夜夢與和甫別因寄純甫

純甫出釋惠崇畫要予作詩

徐熙花

陶縝業

燕待即山水

逆浰氏妹于白鷺洲遇雪作詩寄天隲

招約之職方并示正甫書記

东坡先生诗集注三十二卷

明（1368—1644 年）
高 25.8、宽 16.5 厘米
12 册（存卷一至卷五）

　　[宋]苏轼撰，[宋]王十朋纂集，明末王永积刻本。半页十行二十一字，白口，左右双边。框高20.3、宽15厘米。卷端署"宋眉山苏轼子瞻著，永嘉王十朋龟龄纂，明梁谿王永积崇严阅"。书前有目录。扉页题："东坡先生诗集注。"钤有"约园藏书"朱文方印、"寿镛"白文方印、"咏霓"朱文方印。《中国古籍善本书目》集部著录。

　　该书是苏轼诗集的分类注本，收录了约百家宋代文人的注解。明万历年间，茅维重刊王十朋《王状元集百家注分类东坡先生诗》元刊本，将原书七十八类并为三十类，书名也改作《东坡先生诗集注》。明崇祯年间，王永积又据茅本翻刻，即此本。

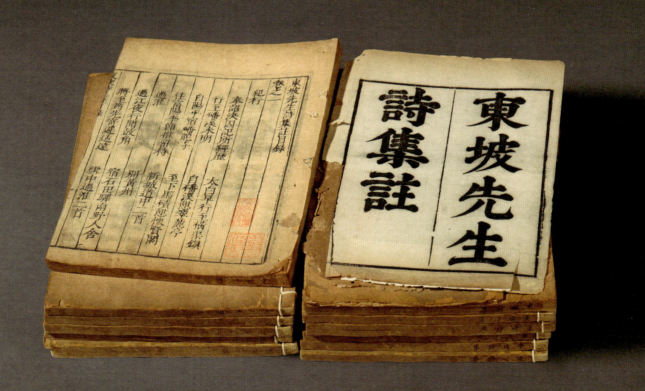

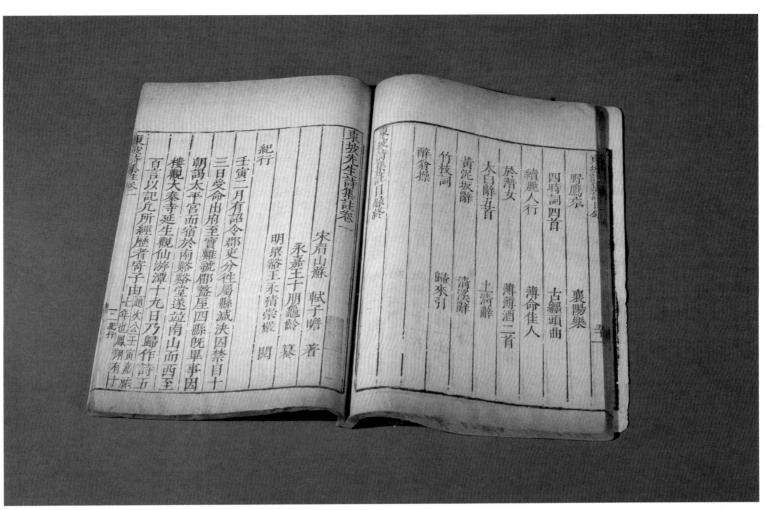

東坡先生詩集註卷一
宋眉山蘇　軾子瞻　著
永嘉王十朋龜齡　纂
明梁谿王永積崇巖　閱

紀行

壬寅二月有詔命郡吏分往屬縣減決囚禁因作詩五十...

三日受命出府至寶雞虢郿鳌屋四縣既畢事因...

朝謁太平宮而宿於南谿谿堂遂並南山而西至...

樓觀大秦寺延生觀仙游潭十九日乃歸而西至...

百言以記凡所經歷者寄子由

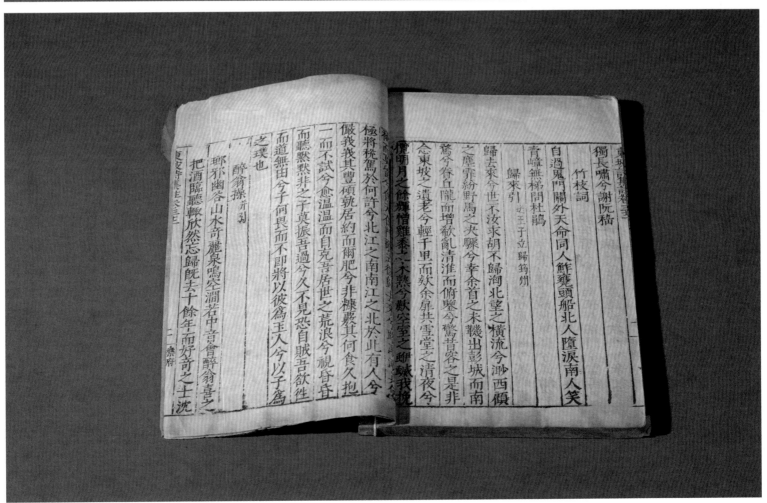

東坡詩集註卷一

獨長嘯兮謝阮籍

竹枝詞

自過鬼門關外天命同人鮓甕頭船北人墮淚南人笑

青嶂無梯問杜鵑　近玉子立歸筠州

歸來引

歸去來兮世不汝求胡不歸河北望之泛西顙
之塵罪兮紛野馬之決驟兮幸余首之未羈出彭城而南
驚夤昏隴而增欷亂清淮而俯瞰昔容之是非
念東坡之遺老兮輕千里而欸余屏共雪堂之清夜兮

醉翁操 并引

琅琊幽谷山水奇麗泉鳴空澗若中音會醉翁喜之
把酒臨聽輒欣然忘歸既去十餘年而好奇之士沈
遵者愛其豐碩就居約而爾肥兮非糠覈其何食久抱
而聽默默非之子莫處吾居吾世之荒浪兮視昏昏
一而不試兮愈溫溫而自克吾過久不見而自賊吾欲性
而道無由兮子何畏而不即將以彼為玉人兮以子為
之璞也

醉翁操

芝璞也

東坡詩集註卷一

东坡先生全集七十五卷

明（1368—1644 年）

高 25.5、宽 16 厘米

42 册全

  [宋]苏轼撰，[明]陈仁锡订正，明末文盛堂刻本。半页十行十九字，白口，四周单边。框高20.3、宽15厘米。书前有《刻苏文忠公全集叙》，目录。扉页题："苏文忠公全集。陈明卿太史订正。文盛堂藏板。"

  《东坡先生全集》原名《苏文忠公全集》，是苏轼作品的分类合编本，明万历年间由茅维编成，是苏轼最早的全集，后陈仁锡（字明卿）删去原序重刻。全书七十五卷，按类编排，为当时收集苏文、苏词最全面的文集。

賦

灩澦堆賦

世以瞿塘峽口灩澦堆為天下之至險凡覆舟者
皆歸咎於此石以余觀之蓋有功於斯人者
江之百水而至於夔瀰漫浩汗横放於大野而峽
之小大槩不及其十一苟先無以齟齬於其間則
江之遠來奔騰迅快盡銳於瞿唐之口則其嶮悍
何畏當不覆於呂巳因為之賦以窒告事者試觀
而思之

施注苏诗四十二卷总目二卷年谱一卷苏诗续补遗二卷

清·康熙（1662—1722年）
高25.6、宽16.9厘米
12册全

　　[宋]苏轼撰，[宋]施元之、顾禧注，[清]宋荦等辑补，清康熙三十九年（1700年）刻本。半页十行二十一字，上下黑口，四周单边，单黑鱼尾。框高18.8、宽14.5厘米。卷端署"漫堂先生宋荦、朴园先生张榕端阅定，长洲顾嗣立、毗陵邵长蘅、商丘宋至删补"。书前有康熙三十九年张榕端序，康熙三十八年（1699年）邵长蘅题，注苏姓氏，注苏例言，王注证讹，本传，苏辙撰《东坡先生墓志铭》，宋孝宗赠苏文忠公太师敕，宋乾道九年（1173年）《宋孝宗御制文忠苏轼文集赞并序》，笠屐图，清康熙三十八年宋荦颂，王宗稷编、邵长蘅重订《东坡先生年谱》，施注苏诗总目，苏诗续补遗总目。扉页题："施注苏诗。大文堂藏板。"钤有"龚振祺"朱文方印。

　　《施注苏诗》是南宋施元之、顾禧等校注的苏轼诗集，刻于宋嘉定六年（1213年），至清初，著名藏书家宋荦得到此书，重新删补刊刻。书中有施氏题注，其注包括人物小传、掌故逸闻、朝政典章、时局要事、诗作要旨、墨迹传写等。

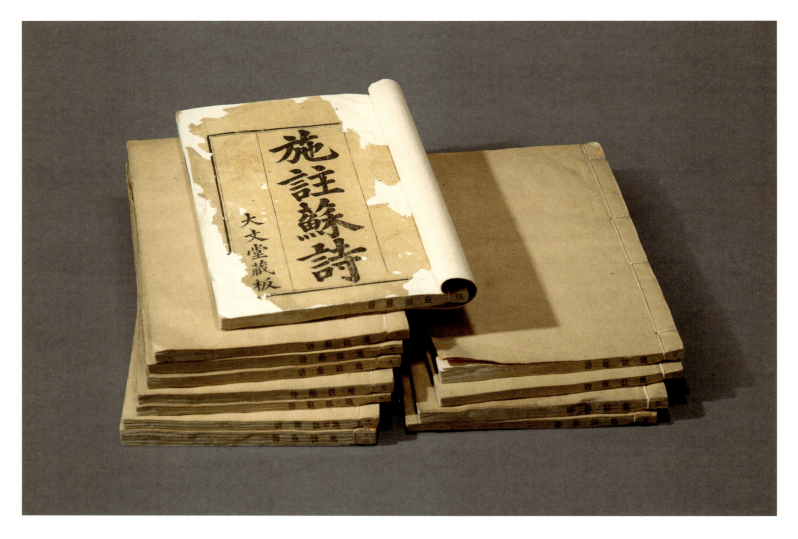

施注苏诗四十二卷总目二卷年谱一卷苏诗续补遗二卷

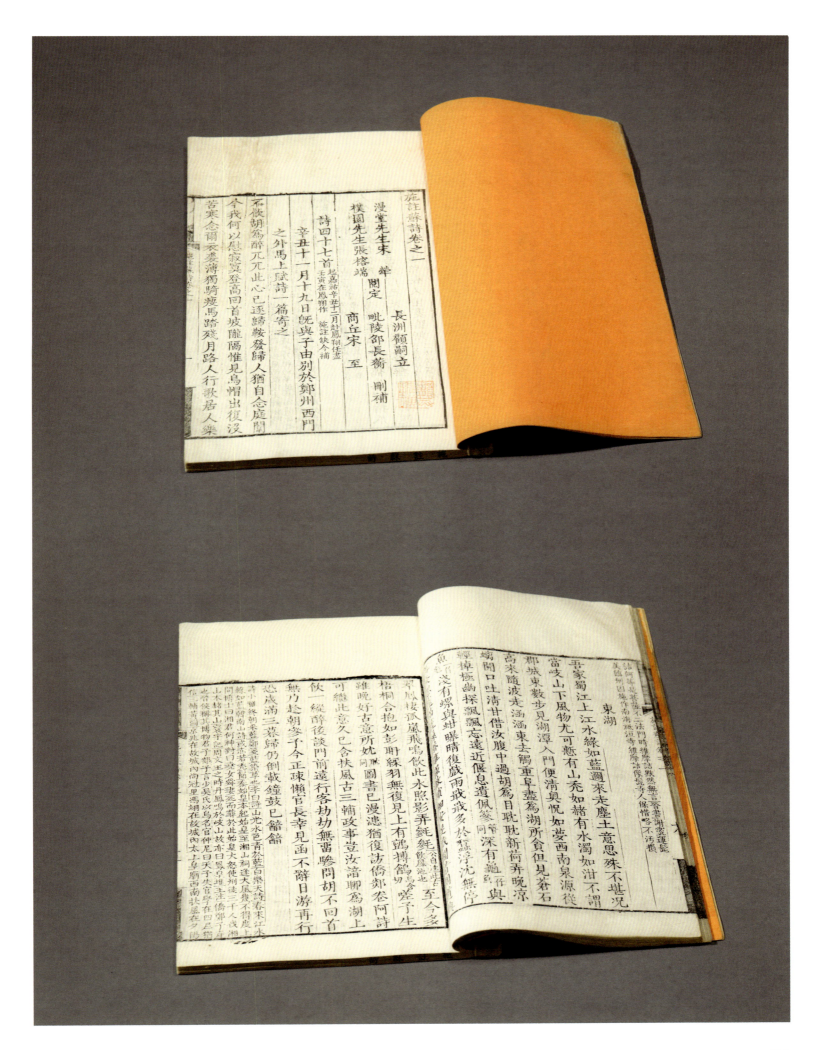

施註蘇詩卷之一

　　　　　長洲顧嗣立
漫堂先生宋　犖閱定
模圍先生張榕端　刪補
　　　　毗陵邵長蘅
　　　　商丘宋　至　刪補
　　施註缺今補

詩四十七首　起嘉祐辛丑十一月赴鳳翔作　壬寅在鳳翔作

辛丑十一月十九日旣與子由別於鄭州西門之外馬上賦詩一篇寄之

不欲朝為醉兀兀此心已逐歸鞍發歸人猶自念庭闈
今我何以慰寂寞登高回首坡壠隔惟見烏帽出復沒
苦寒念爾衣裘薄獨騎瘦馬踏殘月路人行歌居人樂

東湖

吾家蜀江上江水綠如藍爾來走塵土意思殊不堪況
當歧山下風物尤可慚有山禿如赭有水濁如泔不謂
郡城東數步見湖潭入門便清奧如夢西南泉源後
高來數波走涵涵東去駕重皐盡為湖所貪但見蒼石
螭閒口吐鏤去淸廿借汝腹中過胡為自耽耽新荷弄晚涼
輕掉極幽探飄飄志遠近偃息遺佩篸
魚閒口送有螺與蚶曝睛復戲雨我豈於此游浮沈無侶

文山先生全集二十卷

明·嘉靖（1522—1566年）

高 25.8、宽 15.7 厘米

10 册全

[宋]文天祥撰，[明]张元谕编校，明嘉靖三十九年（1560年）张元谕刻本。半页十行二十二字，白口，四周单边，单白鱼尾。框高20.8、宽14厘米。目录前署"后学浦江张元谕编校"。书前有嘉靖三十九年罗洪先序。

该书收录了《指南录》《指南后录》《吟啸集》等文天祥重要作品。嘉靖三十一年（1552年），鄢懋卿刻梓《文山先生全集》二十八卷。嘉靖三十九年，张元谕在鄢懋卿本基础上加以编校，并为二十卷，即此本。是集为四部丛刊《文山先生全集》的底本。

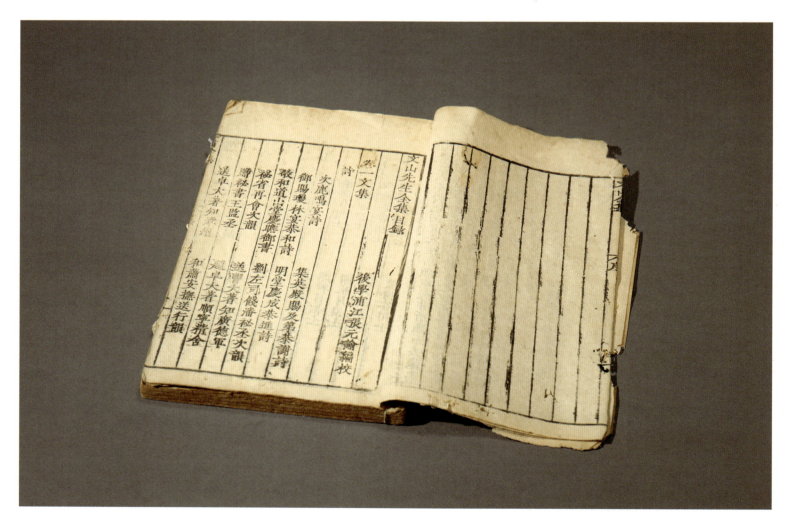

詩　　　　文集

次鹿鳴宴詩　時提舉知郡李愛梅率送弟璧同薦

禮樂皇皇使者行光華分似及鄉英貞元虎榜雄聯捷司

隸籠門幸綴名二宋高科猶易事兩蘇清節乃真棄囊書

自負應如此肯逡當年禰正平

集英殿賜進士及第恭謝詩

於皇天子自乘龍三十三年此道中悠遠直參天地化界

平文義帝王功但堅聖志持常又須使生民見泰通第一

庭傳新渥重報恩惟有鷹清忠

遗山先生文集四十卷附录一卷

明·弘治（1488—1505 年）

高 27、宽 16.5 厘米

12 册全

　　[金]元好问撰，明弘治十二年（1499年）李瀚刻本。半页十行十九字，上下黑口，四周双边，双顺黑鱼尾。框高20.9、宽15厘米。卷端署"颐斋张德辉类次"。书前有元世祖忽必烈中统三年（1262年）李治序，徐世隆序，总目，目录。书末有杜仁杰后序，弘治十二年靳贵后序。钤有"苍岩山人书屋记"朱文长方印、"一溪"朱文方印、"谭观成"白文方印、"海朝"朱文方印、"藏晖书屋"朱文方印。入选第五批《国家珍贵古籍名录》。

　　《遗山先生文集》是元好问的诗文集，辑其赋、诗十四卷，文二十六卷，附录一卷，附录收传记和各家评论等。该书最早刊本是元世祖中统三年严忠杰刊本，今佚，馆藏本为今存最早版本，系李瀚据太仆储巏家藏抄本重刊。

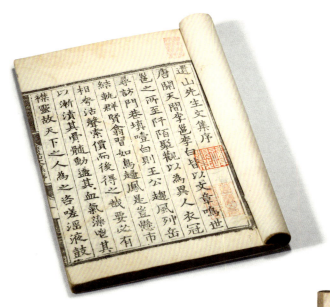

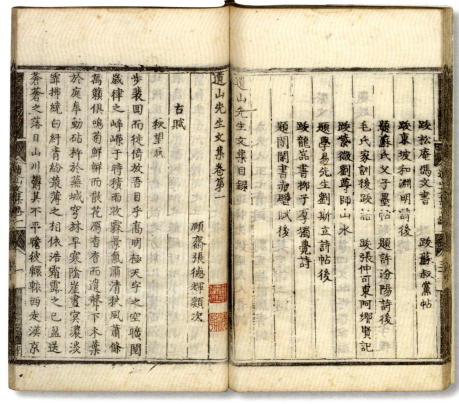

遗山诗集二十卷

明·崇祯（1628—1644 年）

高 26、宽 15.6 厘米

4 册全

　　[金]元好问撰，明崇祯汲古阁刻本。半页九行十九字，白口，左右双边。框高18.8、宽13.2厘米。书前有段成己序，目录。书末有毛晋跋。扉页题："遗山诗集。"钤有"萧山朱氏藏书"白文方印、"棣垞"朱文方印。

　　馆藏本为明末毛晋汲古阁所刻"元人十种诗"之一，是继李瀚刻本之后最早、最完整的元好问诗集刻印本。

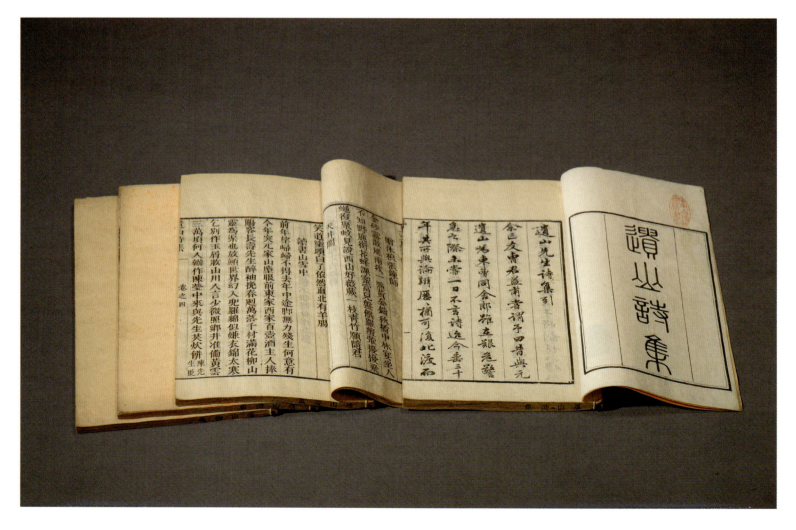

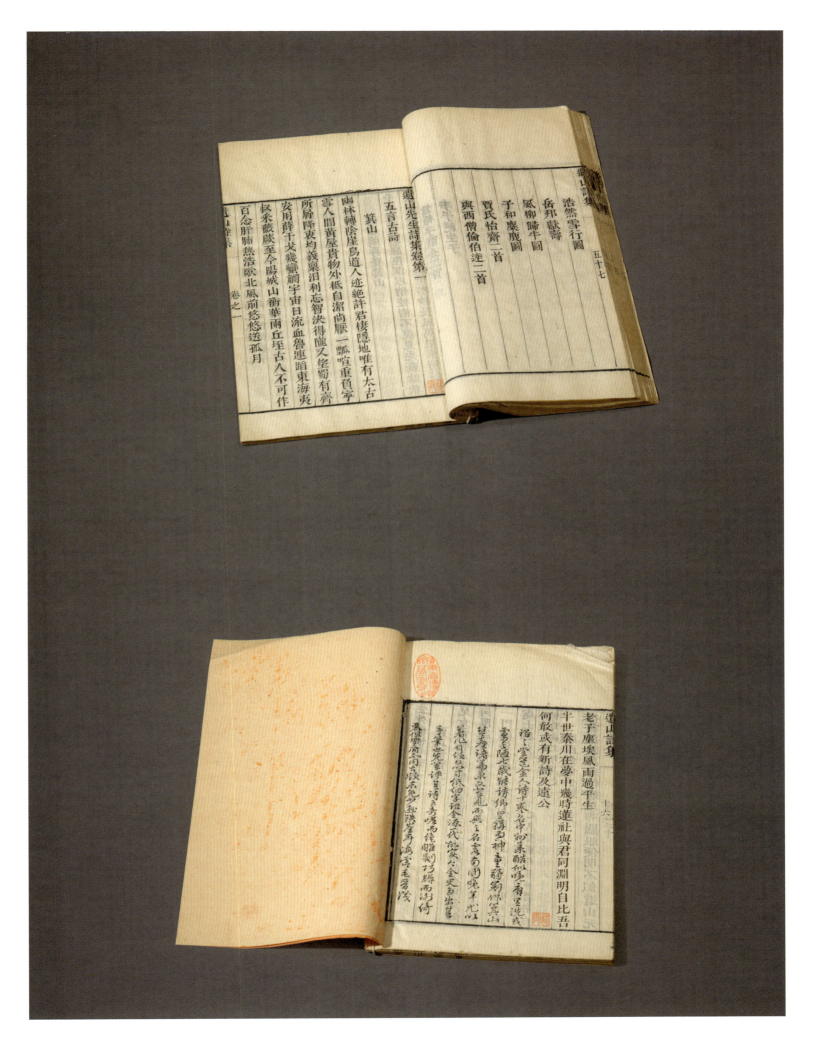

遺山先生詩集卷第一

浩然雪行圖

岳邦獻壽

風柳歸牛圖

子和麋鹿圖

賈氏怡齋二首

與西僧倫伯蓮二首

五十七

箕山

五言古詩

幽林轉陰崖島道人迹絕許君棲隱地唯有太古

雲入閭黃屋貴物外秖自潔尚厭一瓢喧重負寧

所屑降衷均羲稟泪利志智決得寵久望蜀有齊

安用薜干戈幾繼繼宇宙日流血魯連蹈東海夷

叔念肝肺慕浩歌北風前悠悠送孤月

百年薇蕨至今陽城山衙兩丘至古八不可作

卷之一

遺山詩集

老子塵埃風雨過平生

半世秦川在夢中幾時蓮社與君同淵明自比吾

何敢或有新詩及遠公

西庵集九卷

明·万历（1573—1620年）

高 27.3、宽 17 厘米

4 册全

　　[明]孙蕡撰，明万历十五年（1587年）叶初春刻本。半页十行十九字，白口，四周双边，单黑鱼尾。框高17、宽13.7厘米。卷端署"明翰林典籍五羊孙蕡仲衍甫著，姑苏叶初春选，邑人曾仕鉴校"。卷末牌记："万历十五年岁次丁亥仲秋八日之吉顺德县梓。写字吏何贵祥，刻字人马尚骈。"书前有万历十五年蔡汝贤序，黄佐《广州人物传》中《西庵孙先生传》，叶春及《顺德人物传》相关传记，目录。书中有批注。书末有万历十五年叶初春跋。手书《四库全书西庵集提要》《南园五先生小传（录黄佐广州人物传）》《南园后五先生小传》三篇分别装订于各册前后。钤有"余姚胡维铨藏"朱文长方印、"胡晨之印"白文方印、"观成"白文方印、"藏晖书屋"朱文方印、"谭海朝"白文方印等印。《中国古籍善本书目》集部著录。

　　《西庵集》是孙蕡的诗文集。孙蕡（1334—1389年），字仲衍，别号西庵，广东顺德人。与赵介、王佐、黄哲、李德合称"南园五先生"。集中有诗八卷，文一卷。今存最早的传本为明弘治十六年（1503年）金兰馆活字本。馆藏本为明万历年间刊本，《四库全书》即据此本收录。

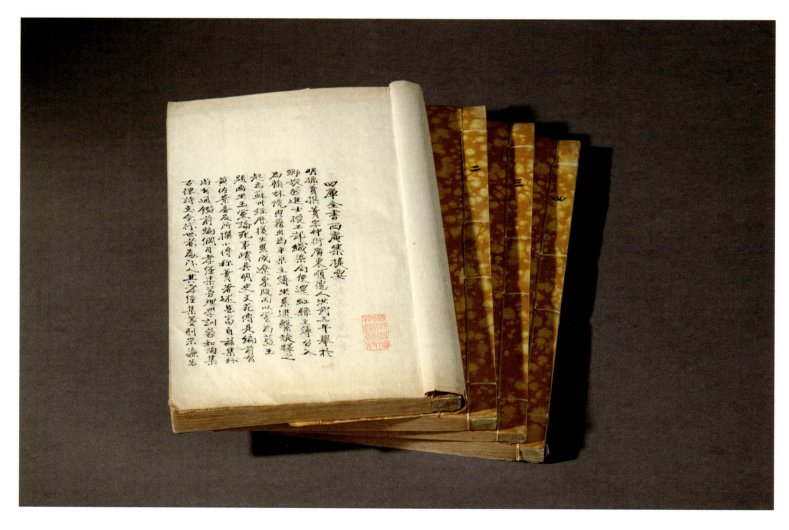

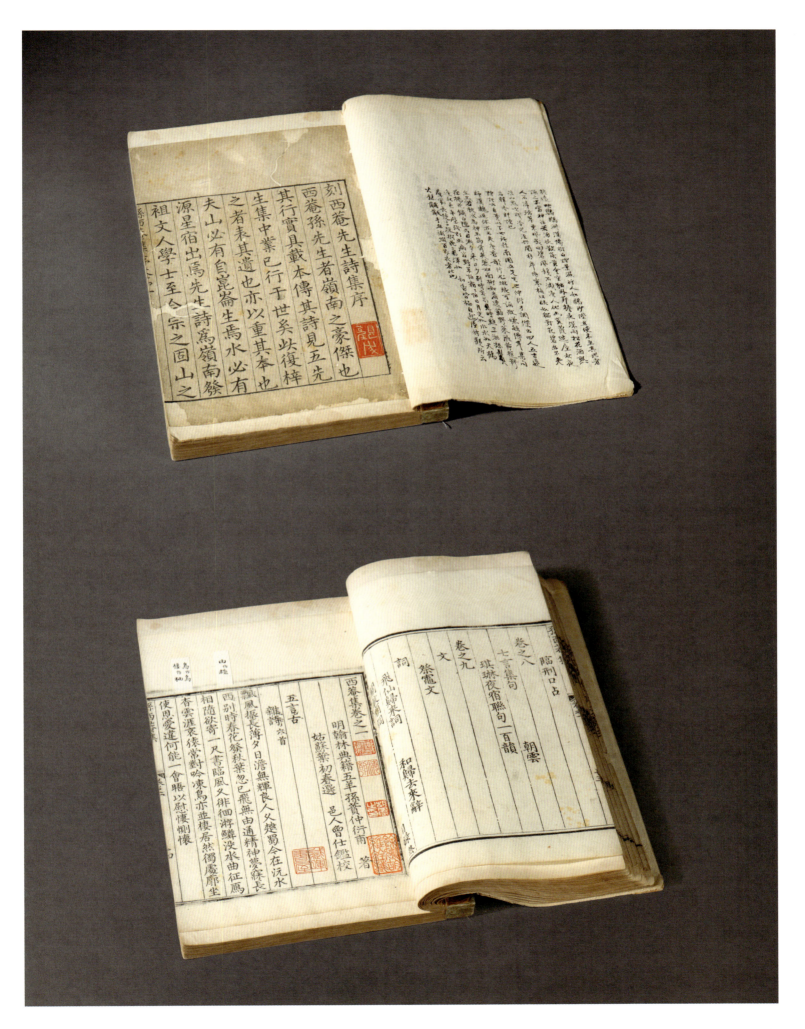

白沙子八卷

明·嘉靖（1522—1566年）

高 27、宽 16.8 厘米

8 册全

　　[明]陈献章撰，明嘉靖十二年（1533年）卜峄刻本。半页九行十八字，白口，左右双边，单黑鱼尾。框高19.1、宽14.2厘米。书前有嘉靖十二年高简《刻白沙子叙》，目录，《论白沙子》。书末有卜峄跋，黄裳手书题记。钤有"黄裳"朱文方印。《中国古籍善本书目》集部著录，入选第六批《国家珍贵古籍名录》。

　　《白沙子》是明代广东大儒陈献章的诗文集，因后人将陈献章比为孟子，故以"白沙子"三字为诗文集命名。馆藏本刻于嘉靖年间，是现今可见较早、较完备的版本，其后版本多以此本为祖，中华民国时期出版《四部丛刊三编》即据此影印。

論白沙子

甘泉子曰夫先生聖人之徒也先生詩文皆中

古之制作乎其詩歌如風雅頌其大體也

謨訓誥誓聞之愕然曰何於

不亦少誇乎子觀其詩歌

今之詩也何耶乎風雅頌觀其大詞之

度循夫今之文也何耶乎誠訓誥而史

之謂也孟軻有言今之

白沙子目錄終

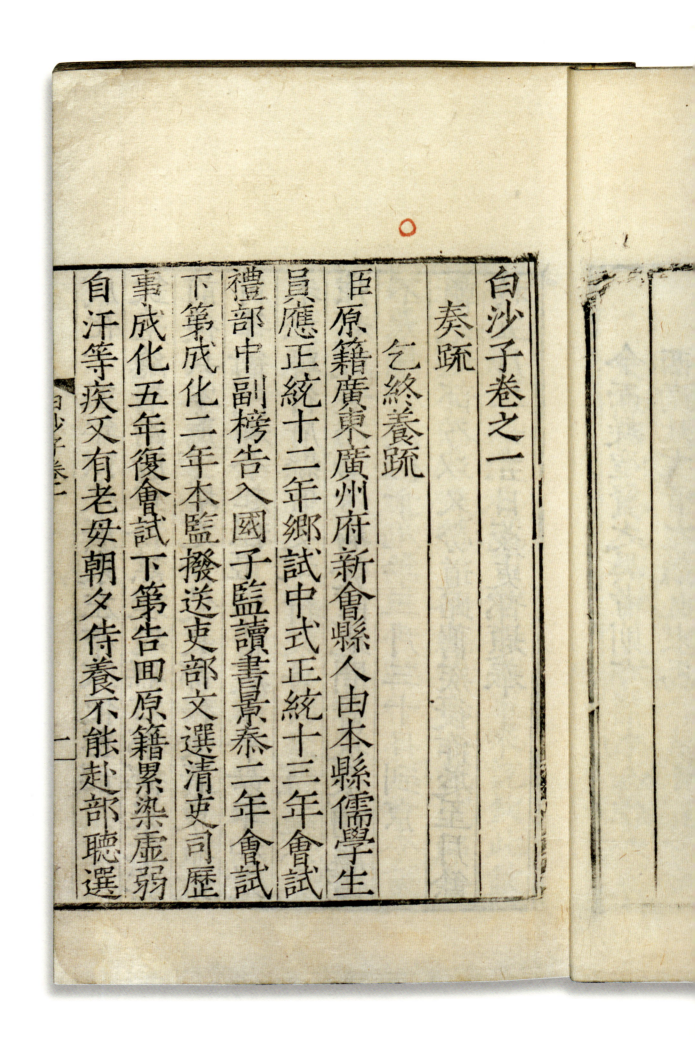

白沙子卷之一

奏疏

乞終養疏

臣原籍廣東廣州府新會縣人由本縣儒學生
員應正統十二年鄉試中式正統十三年會試
下第成化中副榜告入國子監讀書景泰二年會試
下第成化二年本監撥送吏部文選清吏司歷
事成化五年復會試下第告回原籍累染虛弱
自汗等疾又有老母朝夕侍養不能赴部聽選

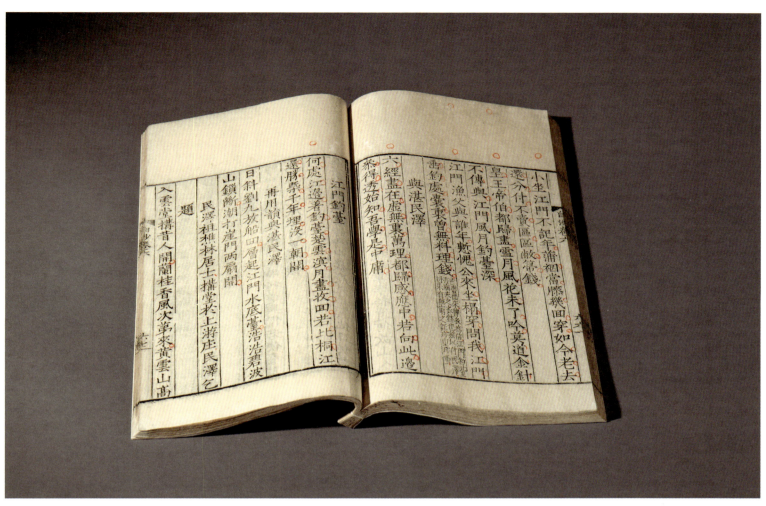

小坐江門不記年涌初當臨幾面穿如今老去
選介什不費區區敝帚錢
皇王帝伯都歸盡雲月風花未了吟竟道金針
江門漁父與誰年畫雲月風煙深
不傳與公來坐桐穿問我江
割釣處囊事曾無料理錢
與湛民澤
六經盡在虛無裏都歸盡萬理
乘得逢始知吾學是中庸

江門釣臺
何處江邊著釣臺筵雲月畫牧田若比桐江
還勝粟千年埋沒一朝開
甫川韻與湛民澤
山鎮斷潮打崖門兩扇開
日斜劉九放船四層起江門水底臺浩浩君波
民澤祖椎林居士播堂於上蔣庄民澤乞
題
入雲堂構昔人開蘭桂香風次弟來黃雲山高

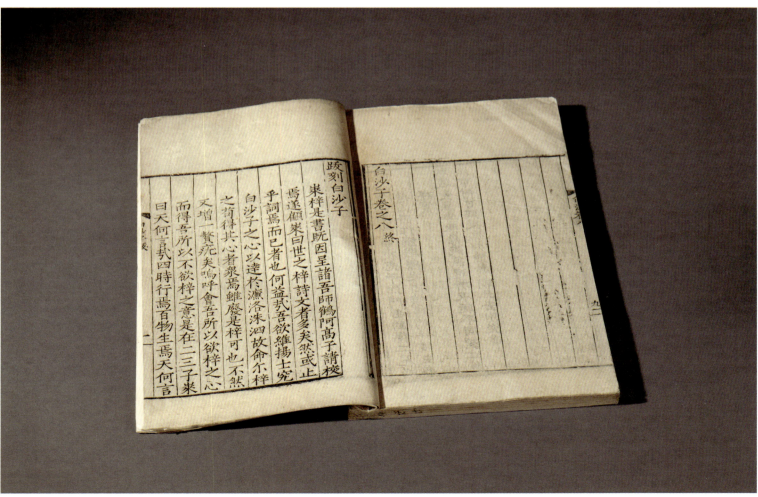

白沙子卷之八 終

跋刻白沙子
來梓是書既因呈諸吾師鶴阿髙子請校
焉遂價來曰世之梓詩文者多矣然或止
乎詞焉而已者也何益於吾維揚士究
白沙子之以達於濂洛洙泗故命尔梓
之苟得其心者衆焉雖廢是梓可也不然
文增一贅疣夫嗚呼會吾所以欲梓之心
而得吾所以不欲梓之意是在二三子來
曰天何言弐四時行焉百物生焉天何言

白沙子全集九卷附录一卷

清·顺治（1644—1661 年）
高 25、宽 15.4 厘米
10 册全

　　[明]陈献章撰，清顺治刻本。半页九行十八字，白口，四周单边，单黑鱼尾。框高19.8、宽13厘米。书前有明嘉靖十二年（1533年）高简叙，嘉靖三十年（1551年）湛若水序，明万历二十九年（1601年）林裕阳叙，明弘治十八年（1505年）张诩序，万历四十年（1612年）何熊祥序，万历四十年黄淳序，顺德黄士俊序，黄之正序，目录，像赞（附诗）。

　　明万历年间，新会人何熊祥在嘉靖十二年高简刻本基础上增加各诗补遗及附录，至清顺治十二年（1655年），黄之正又翻刻何本，遂成此书。

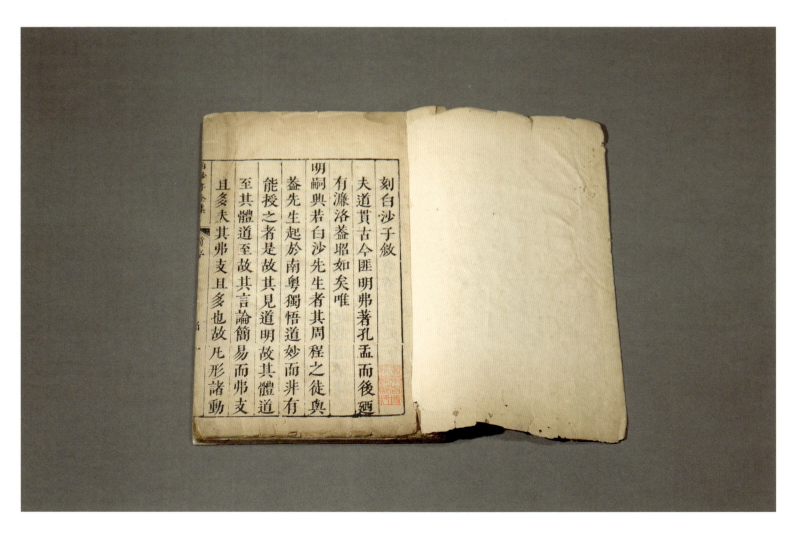

白沙子全集卷之一

奏疏 二首

乞終養疏

臣原籍廣東廣州府新會縣人由本縣儒學
生員應正統十二年鄉試中式正統十三年
會試禮部中副榜告入國子監讀書景泰二
年會試下第成化二年本監撥送吏部文選
清吏司歷事成化五年復會試下第告回原
籍累染虛弱自汗等疾又有老母朝夕侍養

古岡林大章

一峰先生文集十四卷

明·嘉靖（1522—1566 年）

高 27、宽 16 厘米

4 册全

[明]罗伦撰，明嘉靖二十八年（1549年）张言刻本。半页十行十九字，白口，四周单边，单白鱼尾。框高19.3、宽13.7厘米。包背装。书前有嘉靖二十八年聂豹《重刻一峰先生集序》，嘉靖二十八年罗洪先《重刻一峰先生集序》，明正德十六年（1521年）《诰命》，明弘治六年（1493年）陈献章《一峰先生传》，目录。书末有嘉靖二十八年张言和林应芳跋。钤有"谭观成"白文方印、"海朝"朱文方印等印。《中国古籍善本书目》集部著录，入选第六批《国家珍贵古籍名录》、第二批《广东省珍贵古籍名录》。

《一峰先生文集》为罗伦的诗文集，卷一至卷九为文，卷十至卷十四为诗。另有正德十一年（1516年）罗干刻本、明万历十八年（1590年）吴期炤刻本等。

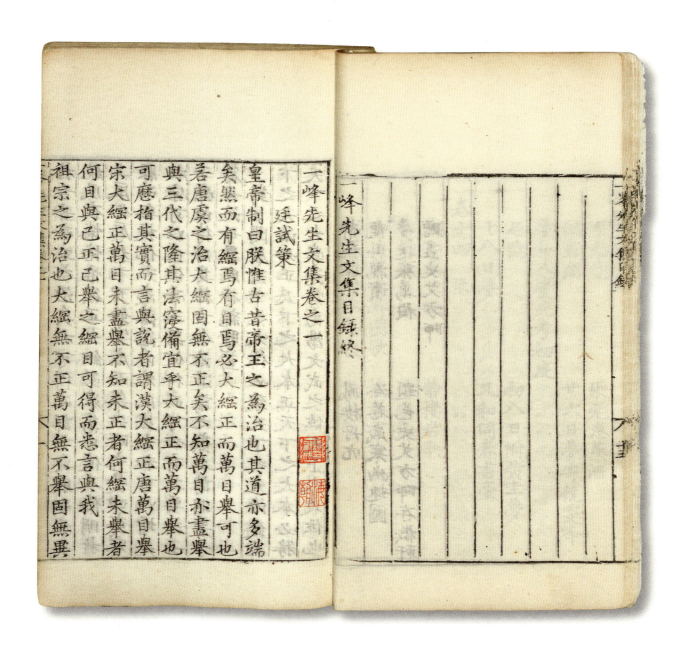

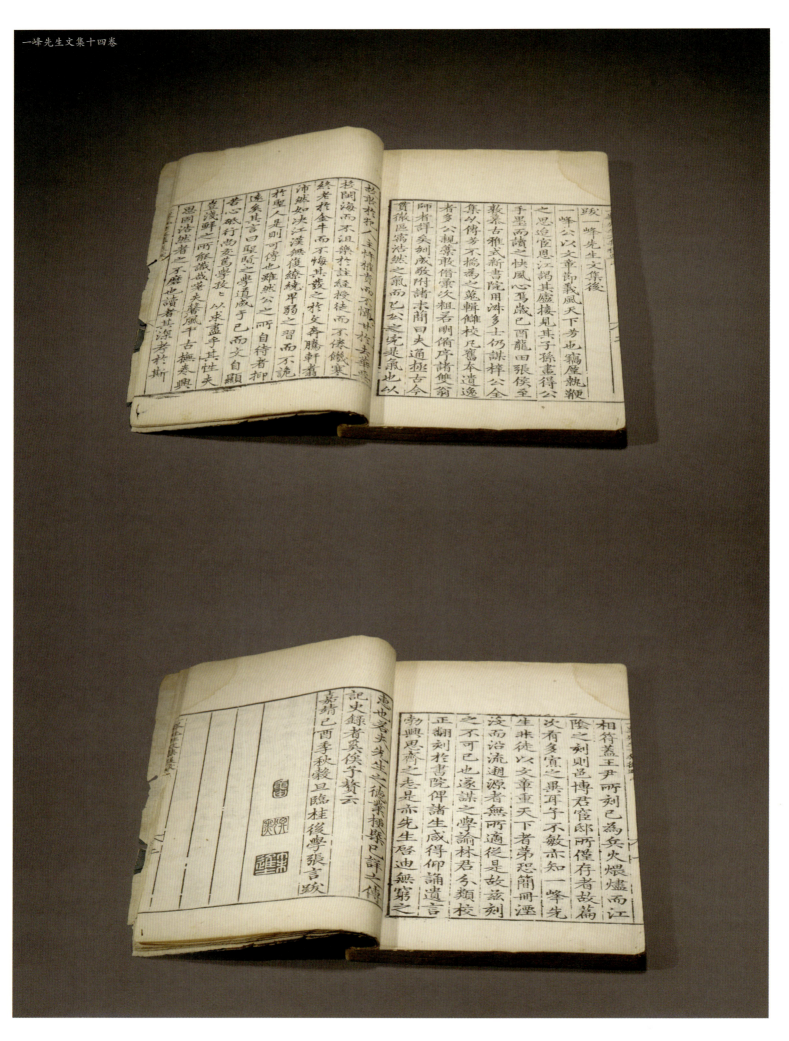

跋一峰先生文集後

一峰公以文章節義風天下芳也寫塵執鞭
之思遲宦思江縣其廳接見其子孫盡得公
手墨而讀之快風心寫歲巳酉龍田張侯至
敷桑古雅式新書院用泍多士仍課梓公全
集以倬芳不攓敢偕秉次之蔑輯雋校巳篤本遺逸
者多公規葉敢敬附諸君末閒曰夫通掫序諸隻
師者評奭刻成敬附諸末閒曰夫通掫古今
贊微區需沽然之兇是兇也以

故聖於斯人主輝稹賣而不懼中於夫華盡
終老於金牛而祖樂於註經授徒而不倦饑寒
沛然如決江漢無復緣鏡甲弱之習而不詭
於壐人是則可傳也難然公之所自待者抑
遠矣其言曰聖賢之學成于已而道成于已而自顯
盡淺軒之所解識哉若夫蕃風平古撫秦興
思閭沽然者之不磨也讀者其深芳於斯

相符蓋王尹所刻巳為兵火燹爐而江
陰之刻則呂博君管邸所僅存者故篇
次有多寅之異耳午不敏亦知一峰先
生平徒以文章重天下者無所通後是故茲刻
沒而沿流遡源者無所通後是故茲刻
之不可巳也逐謀之學論林君分類校
正潮刻於書院俾諸生咸得仰誦遺言
勃興思齊之志是亦先生啓迪無窮之

南也名夫先生之德業橫絜巳評士傳
記史錄者奚俟于贊云

嘉靖巳酉季秋穀旦臨桂後學張言跋

阳明先生文录五卷外集九卷别录十卷

明·嘉靖（1522—1566 年）

高 25.8、宽 16.8 厘米

6 册（存《文录》卷一至卷五、《外集》卷一至卷七）

　　[明]王守仁撰，[明]黄绾编，明嘉靖十四年（1535年）闻人诠刻本。半页十行二十字，白口，左右双边，单白鱼尾。框高19.5、宽14.8厘米。书前有嘉靖十四年黄绾序，总目，嘉靖十五年（1536年）邹守益序。《中国古籍善本书目》集部著录。

　　《阳明先生文录》是王守仁的文集，因筑其室攻学于阳明洞，世称"阳明先生"，故有此名。《阳明先生文录》五卷为讲学明道文章，《外集》九卷收集诗赋，《别录》十卷收录奏折和公文等。据《阳明年谱》载，嘉靖六年（1527年）四月，弟子邹守益录阳明先生文字请刻，王阳明命弟子钱德洪分类排次，由邹守益刻板于广德。王阳明殁后，钱德洪搜猎遗稿，与欧阳德等人汇编成《阳明存稿》数十卷，又与黄省校定为二十四卷，嘉靖十四年由闻人诠初刻于苏州，名曰《阳明先生文录》，世称姑苏版，即此本。

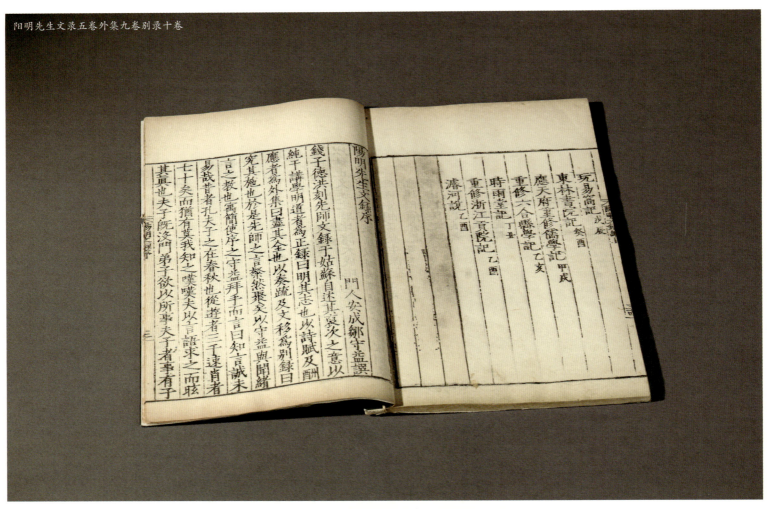

陽明先生文錄序

門人安成鄒守益謹

錢子德洪刻先師文錄于姑蘇自述其裒次之意以
純于講學明道者為正錄曰明其志也以奏疏及文移為別錄
應者為外集曰盡其全也以奏疏及文移為別錄
究其施也於是先師之言粲然聚矣以守盎拜手而言曰知求之
言之教也守益使序之守益盎然而言曰知求之
易戡昔者孔夫子之在春秋世曁遊者三子遠肖未
七十奚而獨有莫我知之歎嗟夫以言語求之而弦
其異也夫夫子沒門弟子欲以所事夫子者事有子

玩易窩簡記 癸酉
東林書院記 甲戌
應天府重修儒學記 乙亥
重修六合縣學記 丁丑
蒔兩堂記 丁丑
重修浙江貢院記 乙酉
瀼河說 乙酉

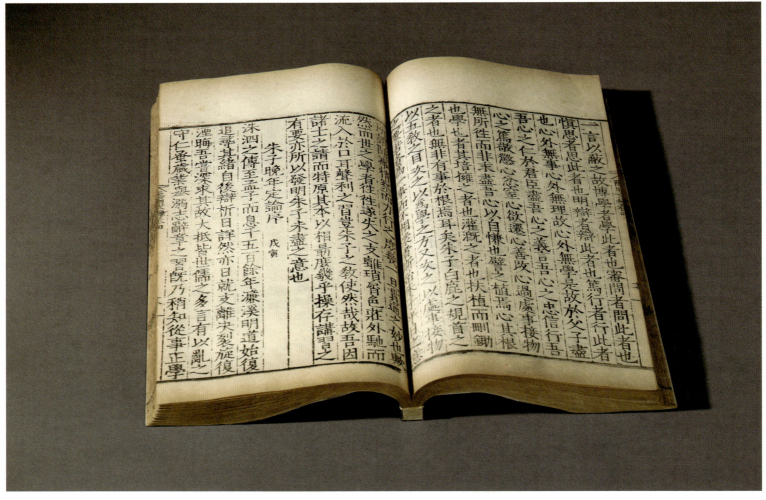

慎思以敷之故博學者此之謂也審問者問此者也
心外無事心外無理故心無不篤行者也篤行者行此者也
也心外無事心外無學是故於父子盡
吾之仁於君臣盡吾之義言忠信行
心篤微懲忿窒慾遷善改過處事接物
無所往而無非有事者也灌漑之者扶植之者也
也學也者無非有事者也扶植而斷鋤
之者也無非有事以為學之方又次以處事接物
以五教之目交之以為學之方又次以處事接物

戊寅

然而世之學者往往遂失之支離瑣屑而莫所
流入於口耳辭利之習曼衍莊胥外馳
諸士之請而特原其本以相曉庶幾乎操存講習之
有要亦所以發明朱子未盡之意也
朱子晚年定論序

沬泗之傳至孟子而息十五百餘年濂溪明道始復
追尋其緒自後辯析日詳然求其故大抵皆世儒之多言有以亂之
瀍晦吾嘗深求其故大抵皆世儒之多言有以亂之
守仁蚤歲業舉溺志辭章之習既乃稍知從事正學

書一　始正德己巳至乙辰

與辰中諸生　己巳

謫居兩年無可與語者歸途乃得諸友何幸何幸方
以爲喜又遠爾別去極怏怏也絕學之餘求道者少
一齊衆楚最易搖奪自非豪傑鮮有卓然不變者諸
友宜相砥礪夾持務期有成近世士夫亦有稍知求
道者皆因實德未成而先揭標榜以來世俗之謗是
以挫抑彫喪無以立反爲斯道之梗諸友宜以是爲鑒
刊落聲華務於切己處著實用力前在寺中所云靜

海刚峰先生文集二卷

清·康熙（1662—1722 年）

高 25.3、宽 15.5 厘米

4 册全

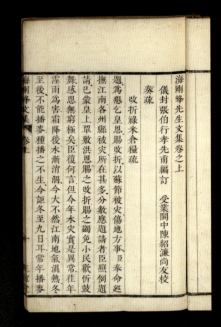

　　[明]海瑞撰，[清]张伯行编订，[清]陈绍濂校，清康熙四十九年（1710年）刻本。半页十行二十二字，白口，四周单边，单黑鱼尾。框高19.5、宽13.8厘米。卷端署"仪封张伯行孝先甫编订，受业闽中陈绍濂尚友校奏疏"。书前有康熙四十九年张伯行序，目录。扉页题："海刚峰先生文集。仪封张大中丞重订。正谊堂藏板。"

　　是书收录海瑞生平文章，初刻于明万历二十二年（1594年），馆藏本为康熙四十九年福州正谊书院刻本。

袁督师事迹一卷

清·道光（1821—1850年）
高 23.7、宽 15 厘米
1 册全

清道光三十年（1850年）刻本。半页九行二十二字，白口，四周双边，单黑鱼尾。框高17.7、宽12.3厘米。首为清嘉庆年间请从祀乡贤呈词奏稿，次为《明史》本传，以下为袁崇焕遗文及其《率性堂诗集》，后附钱家修《白冤疏》、程本直《矶声记》、程更生《漩声记》、余大成《剖肝录》。钤有"罗翼群印"白文方印。

该书记明末袁崇焕事迹，无撰者姓名。

此本经罗翼群收藏。罗翼群（1889—1967年），广东兴宁人。1907年加入同盟会，次年从两广测绘学堂毕业后，在民国时期先后担任多个要职，中华人民共和国成立后曾任全国政协常委、民革广东省常委、广东省文史馆馆员。

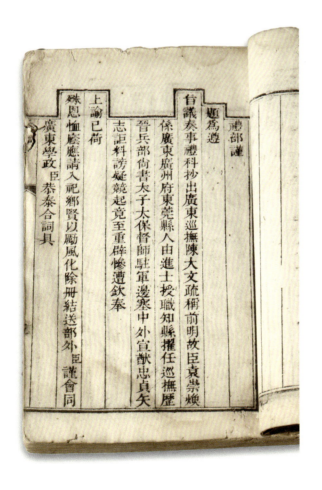
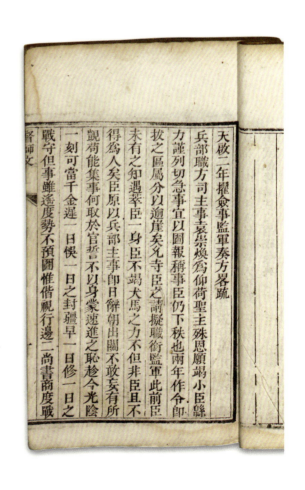

峤雅二卷

清（1644—1911 年）
高 26.9、宽 16.7 厘米
1 册（存卷一）

　　[明]邝露撰，清海雪堂刻本。半页八行十五字，白口，半页双套边。框高18.4、宽13.3厘米。卷端署"明福洞邝露湛若纂"。书前有雾灵山人大字隶书序，小像，自赞，《石巢诗话》一则。扉页题："峤雅。南海邝湛若著。扶南海雪堂藏书。"

　　该书是明末广东著名诗人邝露所著诗集，分上、下两卷，共收诗254首，从乐府始，依次为五言古、七言古、五言排律、五律、七律。该书一度遭到禁毁，后经邝氏后人重刻。馆藏本仅存卷一，含乐府和五言古。

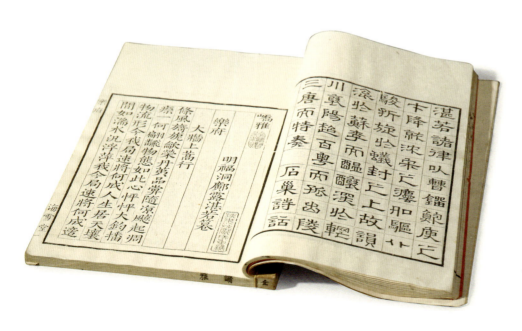

邝海雪集笺十二卷附录一卷

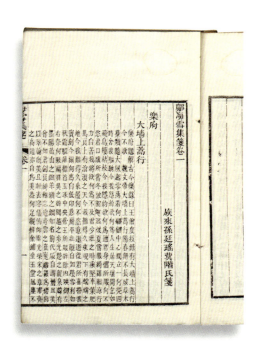

清·咸丰（1851—1861 年）

高 26.8、宽 17.4 厘米

4 册全

　　[明]邝露撰，[清]邝廷瑶笺，清咸丰元年（1851年）南海邝氏刻本。半页十二行二十三字，白口，四周单边，单黑鱼尾。框高18.5、宽14.7厘米。卷端署"族来孙廷瑶蓑阶氏笺"。书前有清道光三十年（1850年）张维屏序。书末有咸丰元年邝廷瑶敬跋，附录《绿绮台记》。扉页题："海雪集笺。南海邝湛若先生撰。绮错楼藏版。"

　　《邝海雪集笺》原命名《峤雅》，因同时期的区怀瑞亦以《峤雅》命名其所辑的粤人诗集，故邝廷瑶笺释时改其名为《邝海雪集》。收录了明末广东著名诗人邝露的众多作品，包括乐府、五言古、七言古、五言排律、五律、七律、文部等。

莲香集五卷

清·乾隆（1736—1795 年）

高 25.2、宽 15.2 厘米

4 册全

[明]张乔等撰，[明]彭日贞辑，清乾隆三十年（1765年）刻本。半页八行十八字，白口，半页单边。框高17.4、宽12厘米。

张乔（1615—1633年），字乔婧，号二乔，番禺（今属广东广州）人。自幼擅操琴、歌舞，工画兰竹，雅好诗词。明末，陈子壮、黎遂球等人结"南园诗社"，张乔作为歌女，每侍于旁，相与唱酬。是书为张乔生平创作遗稿，并收入诸文人为张乔而作的缅怀悼亡之作，初刻于南明隆武元年（1645年），馆藏本为乾隆三十年重刻本。

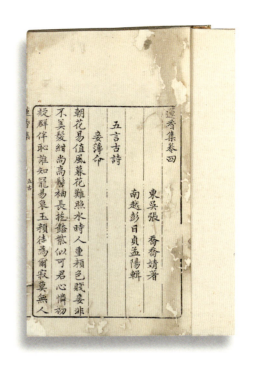

涂鸦集书问二卷

清·康熙（1662—1722 年）

高 28.3、宽 15 厘米

2 册全

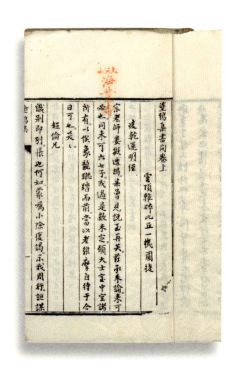

　　[清]释圆捷撰，[清]释成鹙编，清康熙刻后印本。半页九行二十字，白口，四周双边，单黑鱼尾。框高20、宽13.3厘米。书前有清顺治十八年（1661年）传檀越度序，顺治十七年（1660年）释圆捷自序。书末有释成鹙跋。钤有"大洞（峒）山净业寺"朱文印。

　　圆捷，字一机，别号逢场，历主庆云寺、光孝寺。晚年汇其生平诗文著述，自谓"井窥管见，信手文字而已"，故名之为《涂鸦集》，又名《逢场集》。

御製避暑山莊詩目録

板桥集六卷

清（1644—1911 年）

高 24.6、宽 15.1 厘米

3 册全

　　[清]郑燮撰，清刻本。半页十行十九字，白口，左右双边，单黑鱼尾。框高
15.6、宽12.8厘米。卷端署"兴化郑燮克柔氏著"。书前有前刻诗序，后刻诗序，紫
琼崖道人慎郡王题词，目录。扉页题："板桥集。"钤有"熙臣"朱文方印。前刻
诗序云："余诗格卑卑，七律尤多放翁习气，二三知己屡诟病之，好事者又促余付
梓，自度后来亦未必能进，姑从谀而背直。"后刻诗序云："姑更定前稿，复刻数十
首于后，此后更不作矣。"

　　此书为郑板桥作品集，制作精良，刻工为司徒文膏。凡六卷，分别为古今体诗
一百八十八首，古今体诗一百五十一首，词七十七首，道情十首，题画六十五则，家
书十六通。

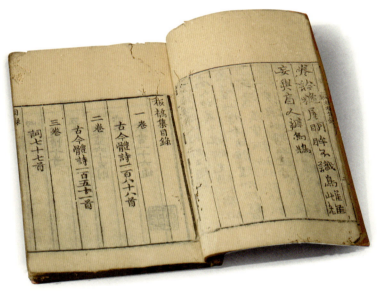

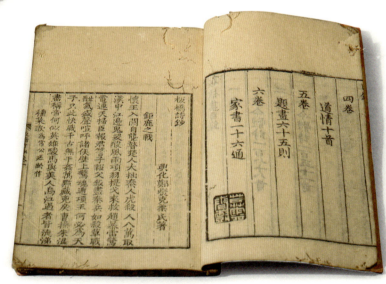

木笔花馆诗钞四卷

清·光绪（1875—1908年）
高 24.9、宽 15.3 厘米
2 册全

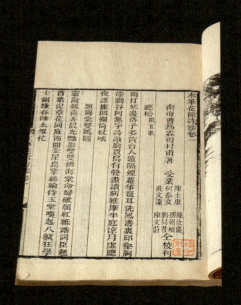

[清]曹为霖撰，清光绪十一年（1885年）刻本。半页十一行二十四字，上下黑口，四周单边，双对黑鱼尾。框高17.4、宽13厘米。卷端署"南海曹为霖雨村甫著、受业陈士康、何泰交、冼文藻、陈汝仪、邓朝桢、刘同书、陈文蔚全校刊"。书前有陈子骥、陈璞、何又雄序，诗目。书末有周炳麟跋。扉页题："木笔花馆诗钞。光绪岁次乙酉。板藏本馆。"钤有"潘新熹印"朱文方印。

《木笔花馆诗钞》是曹为霖诗作合集。曹为霖（1808—1888年），号雨村，广东南海人。清咸丰元年（1851年）举人，中举后不入仕途，专于著述，后主讲羊城书院，从学者众多。该书按时间顺序编排，共收五百零三首诗作，其中与广州相关的诗篇《岭南竹枝词》《九曜石》《镇海楼诗》等传诵范围较广。

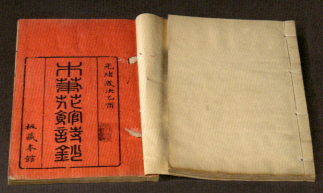

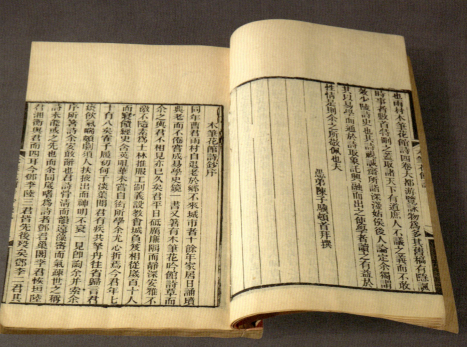

寸心草堂诗钞六卷集外诗二卷补遗一卷

清·光绪（1875—1908 年）

高 28.2、宽 16.3 厘米

3 册全

[清]李欣荣撰，[清]汪曾本辑，[清]潘慈和、潘志和编次，清光绪十六年（1890年）刻本。半页十行二十一字，白口，四周双边，单黑鱼尾。框高18.3、宽13.3厘米。卷端署"南武李欣荣陶邨著，钱唐汪曾本养云辑"。书前有清咸丰四年（1854年）邵灿序，清嘉庆二十四年（1819年）许乃钊序，清道光十四年（1834年）区昌豪序，诗评，题词。书后有潘棨荣跋。扉页题："寸心草堂诗钞。"又一扉页题："寸心草堂集外诗。"牌记："光绪庚寅闰二月开雕版藏海幢经坊。"

李欣荣（1813—？），字陶村，号芎叟，广东南海人，张维屏弟子。是书为其诗集。陈澧评其诗："写景如画而或为画所不能到，言情者如话而或为话所不能该。学古人者，摹拟逼真；出己意者，新奇可喜。"

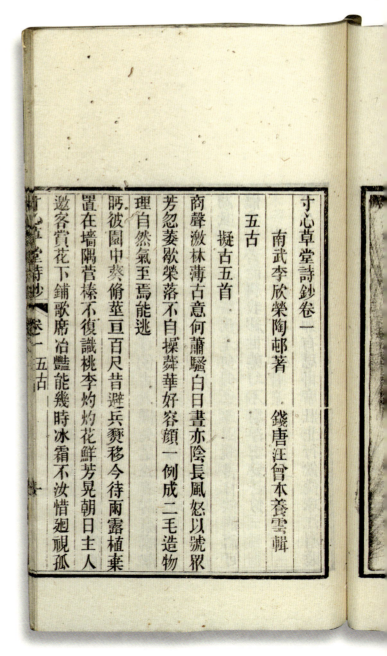

一帘花影楼试律诗一卷律赋一卷

清·光绪（1875—1908 年）
高 29.1、宽 17.5 厘米
1 册全

  [清]朱凤毛撰，清光绪十五年（1889年）刻本。半页十三行二十五字，上下黑口，四周单边，单黑鱼尾。框高20.8、宽14.7厘米。卷端署"义乌朱凤毛竹卿"。《试律诗》《律赋》前均有目录。扉页题："一帘花景（影）楼试帖律赋。"扉页后有牌记："光绪十五年杨锐书首。"

  试律始于唐，士子按照试题以特定格式创作格律诗，但当时并未对此类律诗配以统一的称谓。直至清康熙年间，李因培的《唐诗观澜集》中指出州试、监试、省试中五言六韵的应试诗，可统称为"试律诗"。清乾隆年间试律复用于科举，限以六韵、八韵，亦有称"试帖"等。此书含试律诗一卷、律赋一卷。

人境庐写书一卷

清末民初
高 24.5、宽 16.9 厘米
1 册全

　　[清]黄遵宪撰，清末民初抄本。框高16.3、宽14.8厘米。书末题"中山大学教授叶启芳赠 六一八"。钤有
"叶启芳丁酉年藏书"朱文方印等印。

　　是书为收录黄氏所著杂文的抄本。20世纪30年代，周作人购得《人境庐诗草》四卷抄本，撰文介绍云"竹
纸绿色直格，每半页十三行，中缝刻'人境庐写书'五字"，学界认为是黄氏晚年请人抄写分赠好友之书。馆
藏本式样与之相类，当是同一时期抄成。

棣垞集四卷首一卷

清·光绪（1875—1908 年）
高 26.6、宽 15.3 厘米
1 册全

　　[清]朱启连撰，清光绪年间刻本。半页十一行二十一字，上下黑口，左右双边。框高15.3、宽11.9厘米。

　　《棣垞集》为朱启连的诗文杂编。朱启连（1853—1899年），字跂惠，一字棣垞，朱执信之父。原籍浙江萧山，以先世居粤久，寄籍广东番禺（今属广东广州）。工诗古文，善草隶书，亦能琴。光绪刻本为《棣垞集》唯一刻本，稿本现藏暨南大学图书馆。

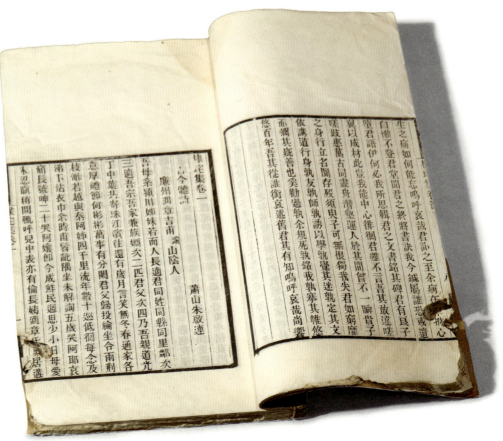

韩柳文一百卷

明·嘉靖（1522—1566年）
高 20、宽 16.6 厘米
12 册（存《柳文》四十八卷）

　　[唐]韩愈撰，明嘉靖三十五年（1556年）莫如士刻本。半页十一行二十二字，白口，左右双边，双顺白鱼尾。框高18.2、宽13.3厘米。卷端署"明巡按直隶监察御史新会莫如士重校"。书前有刘禹锡纂柳文序，柳文目录。钤有"作虞父"朱文方印、"单清益印"白文方印、"冒效鲁印"白文方印、"叔子"朱文方印。馆藏本仅存《柳文》四十八卷。

　　中唐时，韩愈、柳宗元同为古文运动的倡导者，后人并称"韩柳"。《韩柳文》一百卷，为韩愈、柳宗元文集的合刻。嘉靖十六年（1537年），明巡按直隶监察御史游居敬、宁国府知府黎晨等于宁国府刊刻韩柳文。嘉靖三十五年，巡按直隶监察御史莫如士重刻。王重民《中国善本书提要》云："按此本原为嘉靖十六年巡按直隶监察御史游居敬所刻，后十九年，莫如士出按南畿，改换题衔，攘为己刻。"

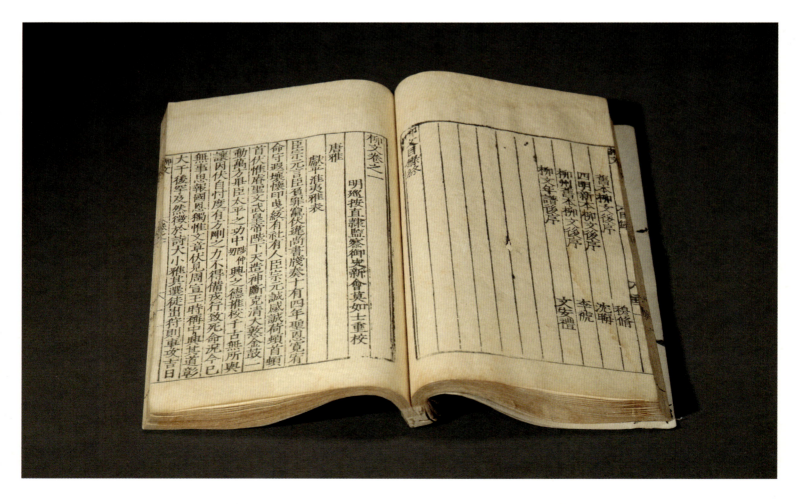

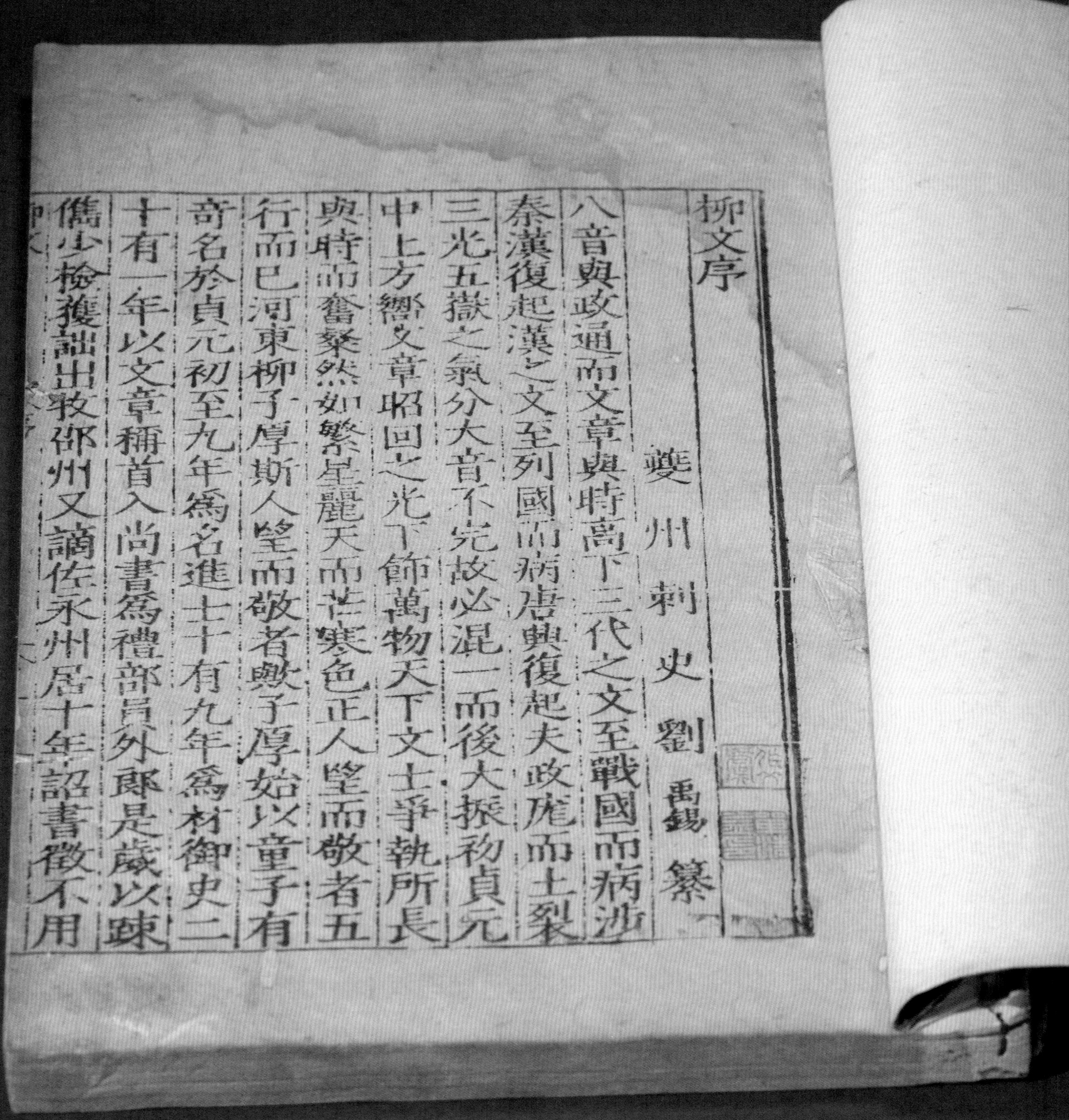

柳文序

夔州刺史劉禹錫纂

八音與政通而文章與時高下三代之文至戰國而病沙

秦漢復起漢之文至列國而病唐與復起夫政龐而土裂

三光五嶽之氣分大音不完故必混一而後大振初貞元

中上方嚮文章昭回之光下飾萬物天下文士爭執所長

奧時而奮粲然如繁星麗天而芒寒色正人望而敬者五

行而巳河東柳子厚斯人望而敬者歟子厚始以童子有

奇名於貞元初至九年為名進士十有九年為材御史二

十有一年以文章稱首入尚書為禮部員外郎是歲以疎

儁少檢獲謫出牧邵州又謫佐永州居十年詔書徵不用

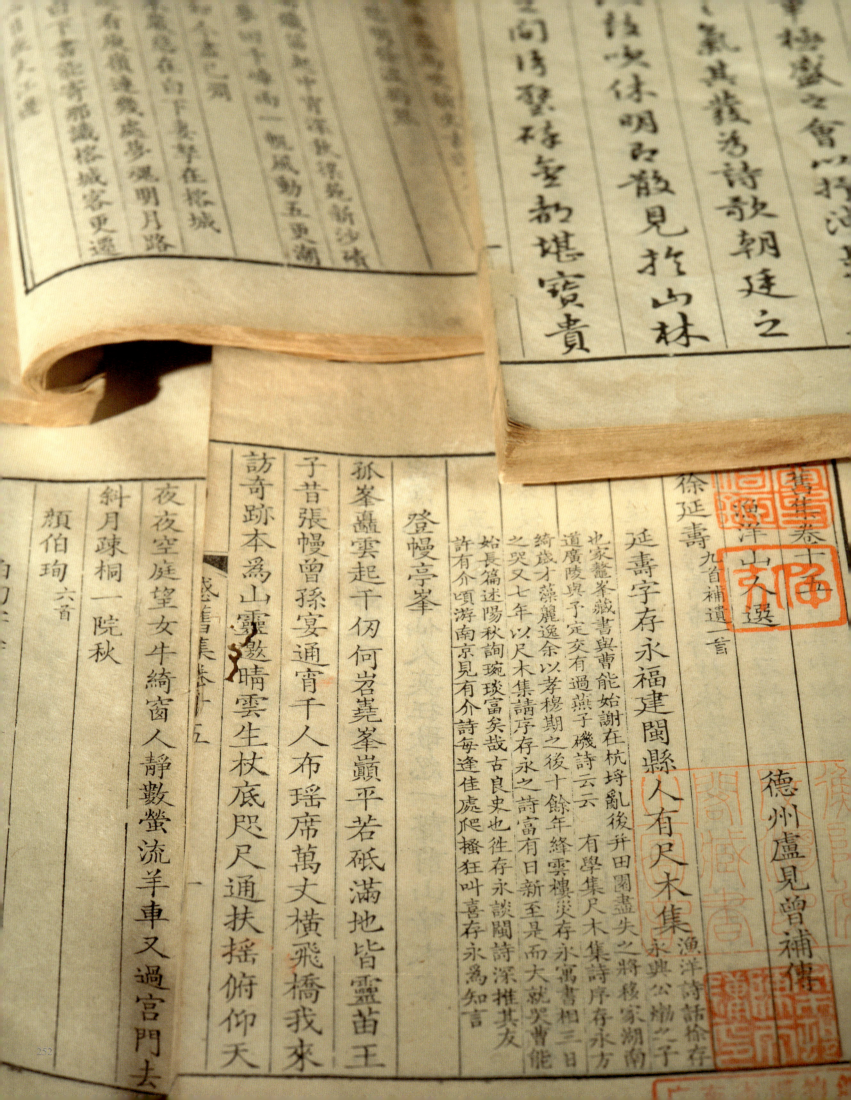

軍極盛之會以將沙
氣其後為詩歌朝廷之
快休明而散見於山林
向時藝林室都堪寶貴

有雲能寄那藏橡城客更通
在前下明月路
四十中青深新沙晴
一帆風動五更潮

徐延壽　九首補遺一首

延壽字存永福建閩縣人有尺木集
也家蕭峯藏書與曹能始在杭埠亂後并田園盡失之將穆家湖南
道廣陵與予定交有過燕子磯詩云
綺藏才藥麗逸余以孝穆期之後十餘年絳雲樓災存永寫書
之哭又七年以尺木集請序存永
始長篇述陽秋詢琬琰富矣哉古良史也徃存永談閩詩深推其友
許有介頃遊南京見有介詩每逢佳處爬搔狂叫喜存永為知言

登幔亭峯

孤峯矗雲起千仞何岧嶤峯巔平若砥滿地皆靈苗王
子昔張幔曾孫宴通宵千人布瑤席萬丈橫飛橋我來
訪奇跡本為山靈憨晴雲生杖底咫尺通扶搖俯仰天

顏伯珣　六音

夜夜空庭望女牛綺窗人靜數螢流羊車又過宮門去
斜月疎桐一院秋

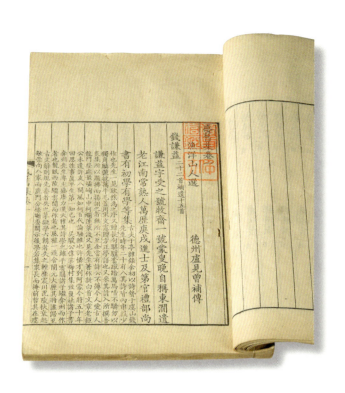

感旧集十六卷

清·乾隆（1736—1795 年）
高 27.5、宽 17.5 厘米
8 册全

[清] 王士禛选，[清] 卢见曾补传，清乾隆十七年（1752年）刻本。半页十一行二十一字，白口，左右双边，单黑鱼尾。框高18.5、宽14.3厘米。卷端署"德州卢见曾补传"。书前有乾隆十七年卢见曾序，自序，朱彝尊原序，凡例，目录。书末有小传补遗，刻感旧集后序。扉页题："渔洋山人感旧集。雅雨山人补传。"馆藏本曾被湖南藏书家常大淳的潭印阁收藏，钤有"衡阳常氏潭印阁藏书之图记"朱文方印、"清逸园章"和"种香耕砚之农"朱文方印。

《感旧集》收录与编者同时代的三百多家诗2572首，基本包含清顺治、康熙两朝诗人之作，然王士禛生前未曾付刻。因原稿为未成之本，编次杂糅，后清代经学家卢见曾加以整理，并补编者小传，于乾隆十七年刊印行世。

中晚唐诗叩弹集十二卷

清·康熙（1662—1722 年）
高 25.6、宽 16.3 厘米
4 册全

　　[清]杜诏、杜庭珠辑，清康熙四十三年（1704年）采山亭刻本。半页十一行二十字，白口，左右双边，单黑鱼尾。框高18.9、宽14.9厘米。卷端署"锡山杜诏紫纶、秀水杜庭珠诒毂集"。书前有阮洽题记，康熙四十三年秦松龄序，杜诏自序，杜庭珠例言，目录。书中有批注。第三册卷首有墨笔题跋，卷末有墨笔题记。扉页题："中晚唐诗叩弹集。锡山杜紫纶、秀水杜诒毂同辑。采山亭藏版。"书前有杜庭珠序，续集目录。此书附有续集一册，续集卷端署"锡山杜诏紫纶、秀水杜庭珠诒毂集"。钤有"阮洽"朱文方印、"思旧阁"白文方印、"叶德辉焕彬甫藏阅书"白文方印、"观古堂"朱文方印、"兼葭楼"朱文方印、"曾钊之印"白文方印、"罗氏四湖"朱文方印、"顺德马宾藏书记"朱文长方印、"蔡语邨"白文方印。《中国古籍善本书目》集部著录。

　　是书又称《唐诗叩弹集》，选录了中晚唐时期白居易等37位诗人的诗作1614篇，所收诗人皆有小传，多引正史所载，诗中典故多以名家笺注释之。书名取自陆机《文赋》中"抱景者咸叩，怀响者毕弹"之句。《四库全书存目》称"其训释考证，亦颇多可采"。

　　杜诏（1666—1736年），字紫纶，号云川，别号浣花词客，江苏无锡人。康熙五十一年（1712年）进士，改翰林院庶吉士，有《云川阁集》。杜庭珠，字诒毂，秀水（今属浙江嘉兴）人，尚书杜臻之子。是书原是两人亲自摘抄，作巾箱吟赏之物，后经采山亭刻印出版。

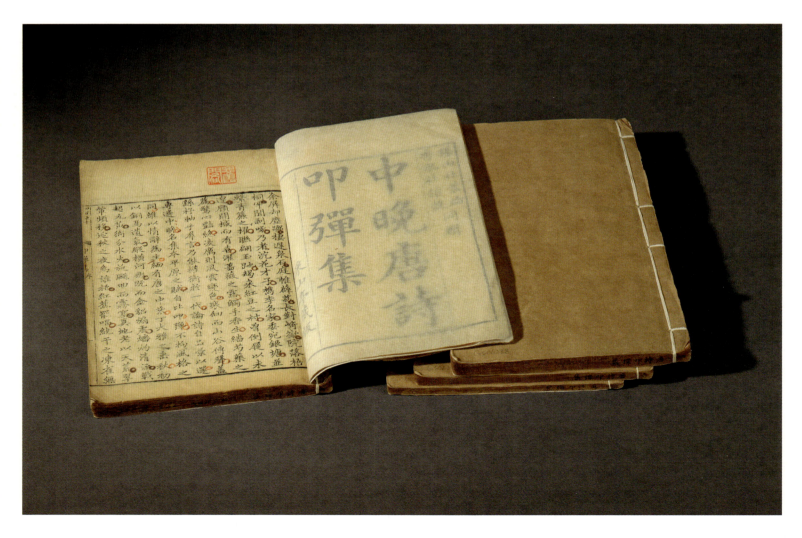

中晚唐詩叩彈集卷第一

錫山杜　詔紫綸　集
秀水杜庭珠詔㲄

白居易 同時劉白齊名世劉以風格勝白以近情勝

字樂天其先太原人徙下邽貞元中擢進士拔萃元和元年對制策乙
等自翰林學士遷左拾遺論執彊鯁凱訐多被聽納帝以其家貧
聽自擇官乃以母京兆戶曹參軍既有言居易浮華無實行出為
州刺史又貶江州司馬從忠州刺史入為司門員外郎主客郎中知
制誥選中書舍人復出為杭州刺史久之以太子右庶子分司東都又
改蘇州刺史文宗立拜刑部侍郎太和初二李黨事起白起與相奪核居
易慮緣黨人進乃移病還東都除太子賓客累遷河南尹會昌初以刑部尚書致
仕年七十五有詩二千八百首名白氏長慶集元和以來學價最盛元
積片其詩謂二十年間禁省觀寺郵候牆壁之上無不書王公妾婦牛童
馬走之口無不道至於繕寫摹勒衒賣於市井或持之以交酒茗者處
處皆是有雜林賈人自云本國宰相每以百金換一篇其甚偽者相輒
能辨之又一女子能誦長恨歌遂索直自萬其為一代驚豔如此

白居易

采山亭

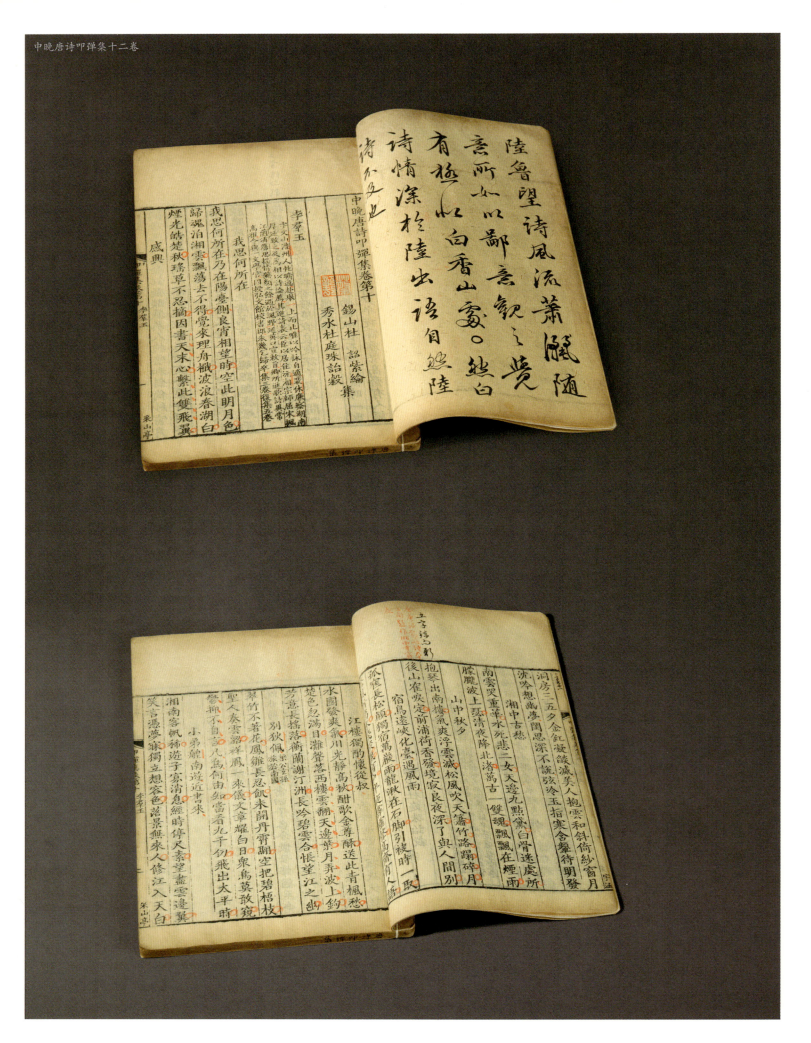

玉台新咏十卷

明·崇祯（1628—1644 年）
高 27、宽 17 厘米
4 册全

　　[南朝陈]徐陵辑，明崇祯六年（1633年）赵均刻本。半页十五行三十字，上下细黑口，左右双边。框高21、宽14厘米。书前有《玉台新咏集并序》。卷端署"陈尚书左仆射太子少傅东海徐陵字孝穆撰"。书内有玉台新咏集跋一张。书末有后叙。钤有"读书乐"白文圆印、"博明弱冠时得"朱文方印、"馀园藏书"白文方印、"雪州许氏怀辛斋图籍"朱文方印、"谭观成印"白文方印、"藏晖书屋"朱文方印、"海朝"朱文方印等印。《中国古籍善本书目》集部著录。

　　是书共收集两汉、三国、晋至南朝梁代诗歌，收录题材以男女闺情为主，其中包括《孔雀东南飞》《陌上桑》等脍炙人口的作品。馆藏本为明末赵均刻本，版面颇具宋风，为同书中的最佳版本。

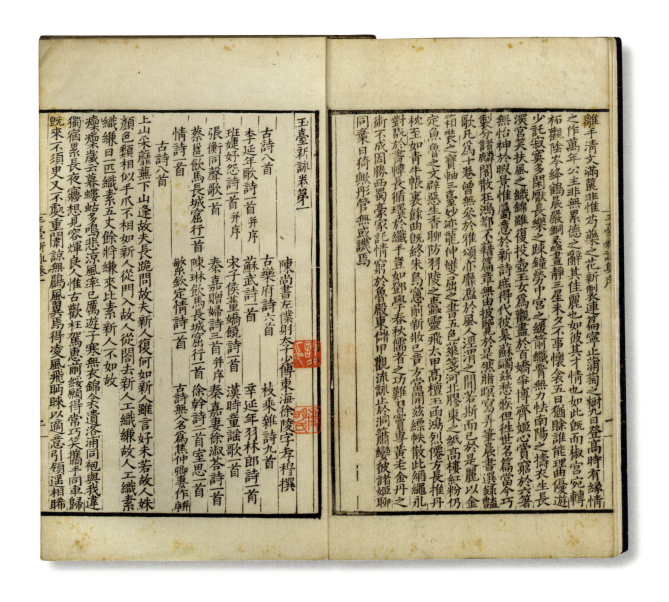

玉臺新詠集并序

陳尚書左僕射太子少傅東海徐陵字孝穆撰

夫凌雲槩日由余之所未窺千門萬戶張衡之所曾賦周王璧臺之上漢帝金
屋之中玉樹以珊瑚作枝珠簾以玳瑁爲押其中有麗人焉其人五陵豪族充
選掖庭四姓良家馳名永巷亦有潁川新市河間觀津本號嬌娥曾名巧笑楚
王宮裏無不推其細腰衛國佳人俱言詩其纖手閱詩敦禮登東隣之自媚婉
約風流異西施之被教牛兄協律生小學歌沙長河陽由來能舞琵琶新曲無
待石崇筐篋雜引非關曹植傳鼓琵琶於楊家得吹簫韻於秦女至若寵聞長樂陳
后知而不平畫出天僊閼氏覽而遙妒至如東隣巧笑來侍寢於更衣西子微
顰得橫陳於甲帳陪遊馺娑驂駕鸞於結風長樂鴛鴦奏新聲於度曲妝鳴蟬
之薄鬢照墮馬之垂鬟及揮金釦橫抽寶樹南都石黛最發雙蛾北地燕支偏
開兩靨南亦有嶺上僊童分瓜魏帝要青中寶鳳授曆軒轅金星將務女爭華麗月
與常娥競爽驚鸞治袖時飄韓椽之香飛燕長裾宜結陳王之珮雖非圖畫入
甘泉不分言異神僊戲陽臺而無別眞可謂傾國傾城無對無雙者也加以
天時開朗逸思雕蔡妙解文章尤工詩賦瑠璃硯匣終日隨身翡翠筆牀無時

佩文斋咏物诗选四百八十六卷

清·康熙（1662—1722 年）

高 22.2、宽 14.1 厘米

64 册全

　　[清]汪霦、张玉书辑，清康熙武英殿刻本。半页十一行二十一字，上下细黑口，左右双边，双对黑鱼尾。框高 16.7、宽11.5厘米。书前有康熙四十五年（1706年）《御制佩文斋咏物诗选序》，康熙四十六年（1707年）高舆《进表》，总目。钤有"羊城潘季子延龄号健庵珍藏书画之印"朱文方印。

　　是书又称《御定佩文斋咏物诗选》，成书于康熙四十五年，经康熙帝御定刊行，是我国内容最丰富的一部咏物诗歌总集，搜采古今各体诗一万四千五百九十首，上起汉魏，下至明代，分四百八十六类，附四十九类，囊括自然及人文事物。馆藏本为康熙年间武英殿刻本，校勘严密，写刻俱佳。

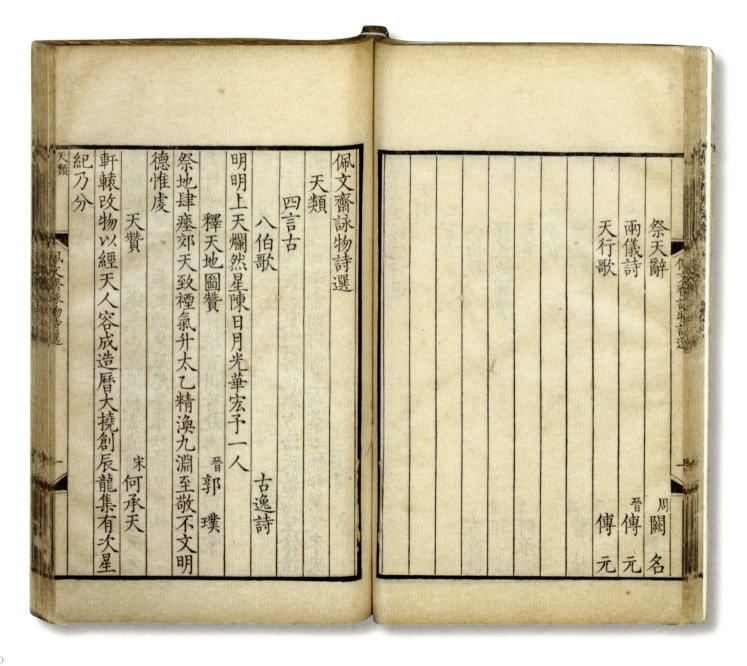

御选唐诗三十二卷

清·康熙（1662—1722年）

高 26.9、宽 15.4 厘米

13 册（存卷一至卷十四、卷二十一至卷三十二、目录卷一至卷三）

　　[清]陈廷敬等编，清康熙五十二年（1713年）内府刻朱墨套印本。半页七行十七字，白口，四周双边，单黑鱼尾。框高19、宽12.5厘米。书前有康熙五十二年御制序，阅纂校写监造官员职名，目录。

　　《御选唐诗》成书于康熙五十二年，是由康熙选目定篇、儒臣依次编注而成的一部官修唐诗选本。康熙序文言，是书取《全唐诗》之精华而成，古风近体，以类相从，虽风格不一，皆以温柔敦厚为宗。馆藏本乃成书当年即刊刻发行的版本，也是该书现存数量最多的版本，书中有诗人小传，亦有笺注，无评语，以软体大字写刻，刻印极精美。另有康熙内府写本、康熙年间北京三益书屋刻本等版本。

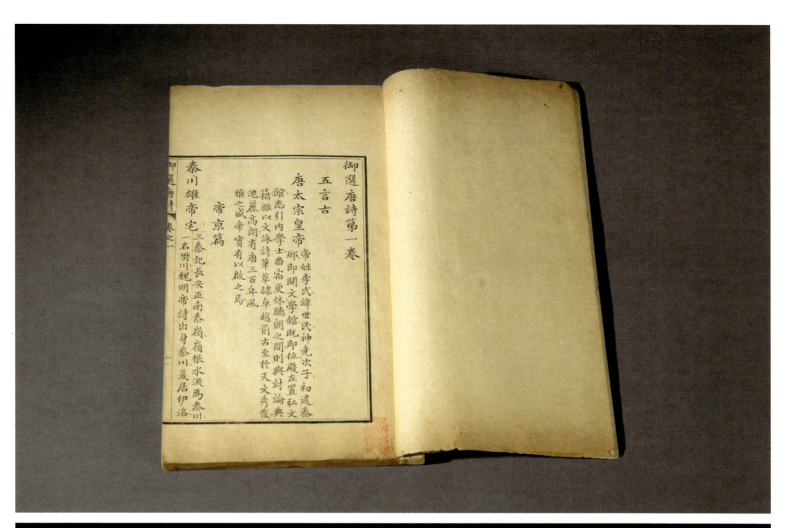

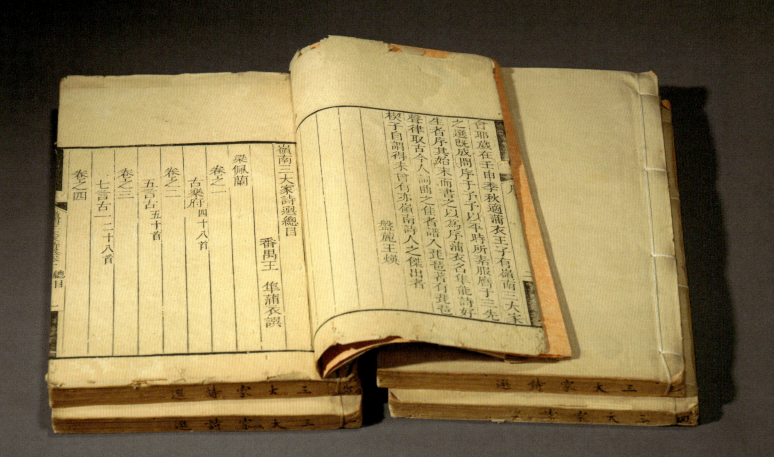

會耶歲在壬申季秋過蒲衣王子有嶺南三大家
之選既成問序于予予以平時所素服膺于三先
生者序其始末而曹之以為序蒲衣名集能詩好
者取古今人詞曲之佳者譜入琵琶苦有琵琶
聲律取古人亦嶺南詩人之傑出者

楔子自謂得未曾有

　　　　　　盤麗王燉

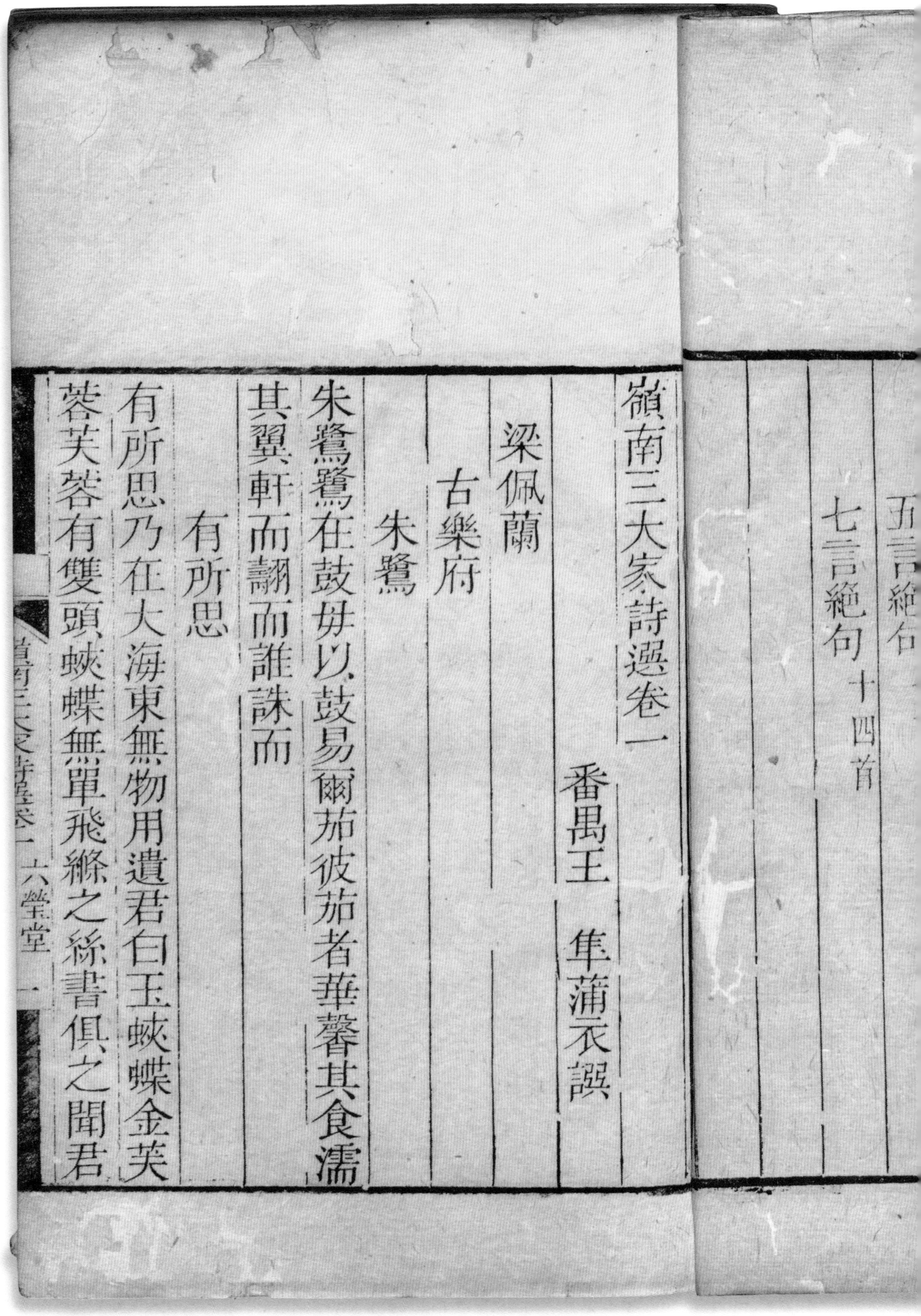

五言絕句
七言絕句 十四首
嶺南三大家詩選卷一
番禺王 隼蒲衣譔
梁佩蘭
古樂府
朱鷺
朱鷺鷺在鼓毋以鼓易爾茄彼茄者華馨其食濡
其翼軒而翿而誰誅而
有所思
有所思乃在大海東無物用遺君白玉蛺蝶金芙
蓉芙蓉有雙頭蛺蝶無單飛緜之絲書俱之聞君
嶺南三大家詩選卷一 六瑩堂 一

岭南群雅初集三卷二集三卷初集补二卷

清·嘉庆（1796—1820 年）

高 26.6、宽 15.4 厘米

7 册全

　　[清]刘彬华辑，清嘉庆十八年（1813年）玉壶山房刻本。半页十二行二十四字，上下细黑口，四周单边，双对黑鱼尾。框高17.5、宽13.7厘米。卷端署"番禺刘彬华藻林辑"。书前有嘉庆十八年刘彬华《岭南群雅序》。扉页题："岭南群雅。嘉庆癸酉镌。玉壶山房藏板。"

　　《岭南群雅》是一部广东诗歌总集，主要辑录清乾隆至嘉庆年间广东地区的诗家创作，全书凡八卷，包括《初集》三卷、《二集》三卷、《初集补》二卷。其基本体例为记载诗人姓名与生平，援引《玉壶山房诗话》评语，辑录诗人作品。此书注意知人论世，论诗并重天资和学力，审美不拘一格。《续修四库全书》收录。

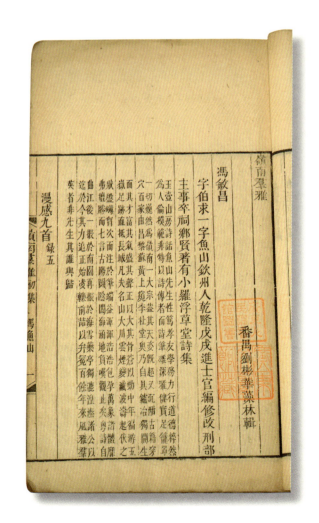

天之生才不數數也況嶺外偏隅哉少陵於張曲江

云粗國生南紀金璞無雷礦昌黎送區宏南歸二野

有象犀水貝璣分散白寶人事稀益深歎海南之才

小也今以詩家論之唐後千年作者寥寥至明而始

有南園前後五先生然其詩無愧於大雅者惟區海

目歐楨伯二子而未季屈翁山鄺湛若庶幾嗣音焉

本朝百餘年來自陳元孝程周量而外亦空罕與於斯

道者今劉樸石大史彙選嶺南羣雅於乾隆嘉慶間

卽得若干人如瑠珠翠羽丹砂石英一時畢獻鳴呼

广东古今名媛诗选二卷

清·乾隆（1736—1795 年）
高 18.1、宽 11 厘米
1 册全

　　[清]胡廷梁编，清乾隆五十一年（1786年）青云书屋刻本。半页十一行二十字，白口，四周双边。框高12.2、宽9.5厘米。书前有梅庄居士《广东古今名媛诗选序》，目录。卷端署"顺德胡廷梁绍元选"。扉页题："历朝广东名媛咏物诗选。乾隆丙午新镌。青云书屋梓。"

　　是书分两卷，收录了自西晋至清代乾隆年间八十多位广东名媛的诗词代表作三百余篇，载录名媛小传一般包括籍贯、父亲或夫婿、生平、诗作特点、著作等。对研究广东名媛诗词的个人风格、区域文化与女性诗词创作的发展等具有重要的文献价值。

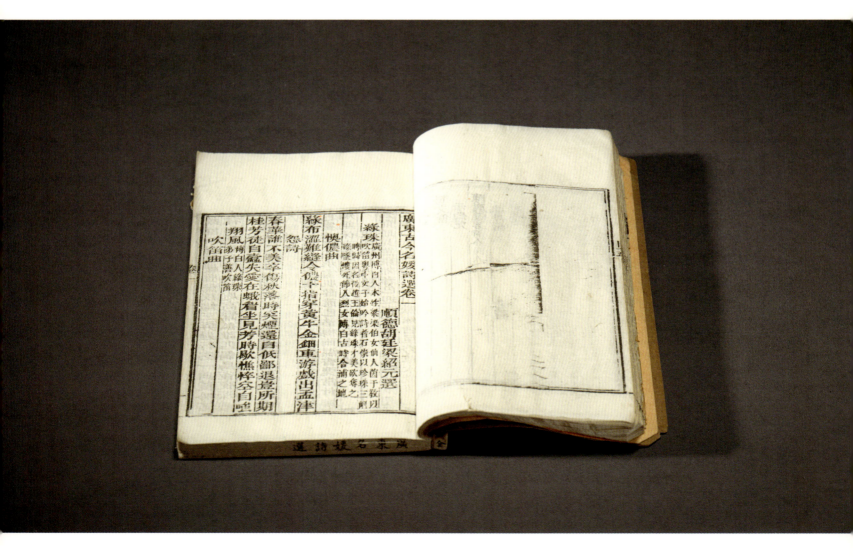

鼎湖山庆云寺外集五卷

清·康熙（1662—1722 年）
高 29.1、宽 17.5 厘米
1 册全

　　[清] 释开沩录，清康熙鼎湖经寮刻本。半页十行二十字，白口，四周单边。框高19.2、宽13.7厘米。卷端署"侍者开沩录"。书前有目录。书末有牌记："鼎湖经寮梓。"

　　鼎湖山位于广东省肇庆市，山中有庆云寺，昔为曹溪六祖高弟智常禅师隐迹之所。明末，云顶和尚于此开山主法，禅、净、律三学并行，其后高僧辈出，成为岭南名刹。

　　全书收录僧俗两界多位名人的诗歌、文章等。卷一启汇、诗汇，卷二寿诗，卷三寿文，卷四尺牍、序，卷五碑铭、赞、志、跋。

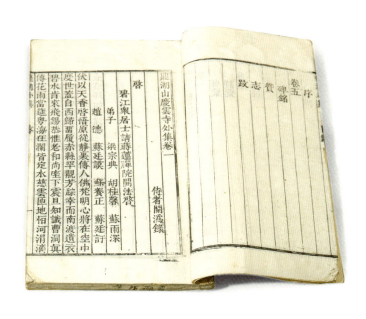

张之洞李鸿章电文

清末期
高 23.1、宽 13.4 厘米
1 册全

　　清末抄本。白口。框高17.2、宽9.6厘米。

　　张之洞、李鸿章均为晚清名臣。张之洞（1837—1909年），
字孝达，号香涛。清光绪年间任两广总督。李鸿章（1823—1901
年），字子黻，号少荃，晚年自号仪叟，清同治年间任两江总
督，后又继曾国藩任直隶总督兼北洋大臣。

　　此册为手抄本，内容是清朝驻英公馆发送和接收的张之洞、
李鸿章电报电文。

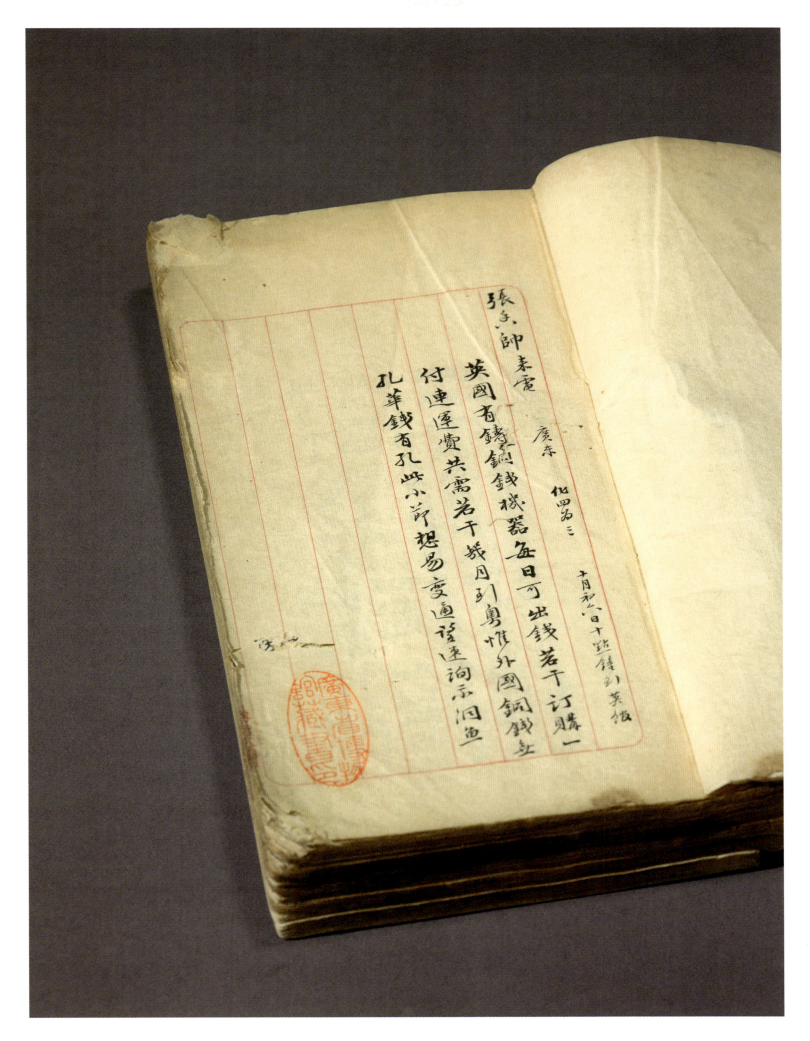

張宮保帥來電

廣東　似四罟三　十月初八日十點鐘到英館

英國者鑄銅錢機器每日可出錢若干訂購一
付連運費共需若干幾月到粵惟外國銅錢無
孔華錢百孔此小節想易變通望速詢示洄魚

玉燕堂四种曲

清·乾隆（1736—1795 年）

高 25、宽 15.2 厘米

4 册（存《梦中缘》四册）

　　[清]张坚撰，清乾隆刻本。半页十行二十字，白口，四周单边，单黑鱼尾。框高19.8、宽13.9厘米。扉页题："玉燕堂四种曲。梦中缘。梅花簪。怀沙记。玉狮坠。"书前有唐英序，金门诏序，张坚自叙，王鲁川跋，题词。

　　张坚是曹雪芹同时代人，一名坚之，字齐元，号漱石，江苏江宁人。四种曲除《怀沙记》写屈原自沉汩罗江外，其他三种《玉狮坠》《梅花簪》《梦中缘》皆写男女爱情故事，时人合称为"梦梅怀玉"。有乾隆年间刊本传世，即此本。

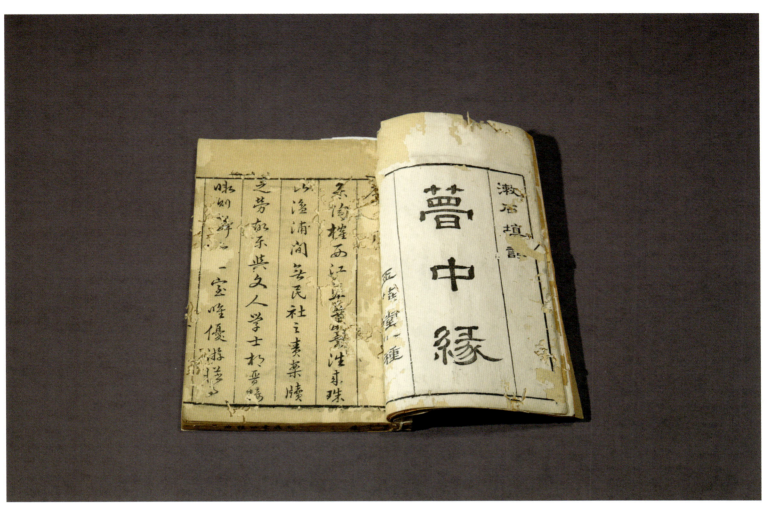

瞽中緣

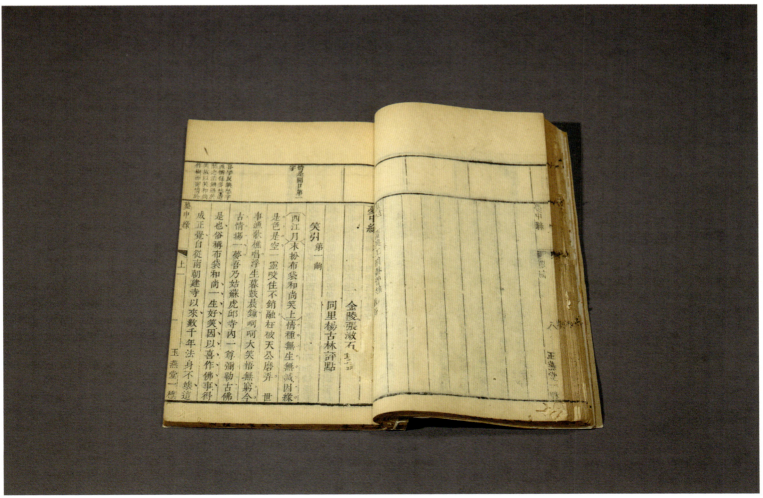

红楼梦一百二十卷

清（1644—1911 年）

高 18.3、宽 11.3 厘米

4 册（存卷四十七至卷五十一、卷五十七至卷六十一、卷八十三至卷八十七）

　　[清] 曹雪芹撰，清刻本。半页十行二十二字，白口，四周双边，单黑鱼尾。框高13.5、宽9.9厘米。书前有目录，读花人戏编《红楼梦论赞》，红楼梦问答，大观园图说，红楼梦题词，王希廉《红楼梦总评》，音释。

　　《红楼梦》自诞生后刊印较多，流传广泛，版本体系复杂繁多。存世版本分抄本与刊本两个系统。抄本多含脂砚斋评语，又称"脂本系统"，一般仅有八十回。刊本系统，乃程伟元、高鹗整理刊印所得，无脂批，共一百二十回，其中便包括馆藏该书的王希廉评本翻刻本。

　　清道光十二年（1832年）双清仙馆开雕《新评绣像红楼梦全传》。该书为王希廉据东观阁本增加评语刊印而成，每回首题"洞庭王希廉雪香评"，末有总评，清光绪年间曾多次刊印，是《红楼梦》早年间流传最广、影响较大的版本之一。馆藏本不全，据内容编排推测属双清仙馆王希廉评本翻刻本。

獸霸王調情遭苦打　　冷郎君懼禍走他鄉

話說王夫人聽見邢夫人來了連忙迎了出去邢夫人猶
不知賈母已知鴛鴦之事正遲又來打聽信息進了院門
早有幾個婆子悄悄的回了他他纔知道待要回去裏面
已知又見王夫人接了出來少不得進來先與賈母請安
賈母一聲兒不言語自己也覺得懊悔鳳姐兒見景不
迴避了鴛鴦也自回房去生氣薛姨媽等王夫人等恐碍著
邢夫人的臉面也都漸漸退了邢夫人見無人之處敬出去賈母

类丛部

事物纪原二十卷

明（1368—1644 年）
高 26.1、宽 15.1 厘米
4 册全

　　[宋]高承辑，明刻本。半页九行二十字，白口，四周双边，双对黑鱼尾。框高21.1、宽12.7厘米。书端署"汉阳府推官建安陈华批点，致仕教谕南平赵弼校正"。书前有明正统九年（1444年）赵弼序和陈华序，目录，历代考注事物纪元书传诸儒姓氏。书末有后序。钤有"友云楼书画印""诒经堂张氏珍藏""小万卷书楼""云思"朱文长方印、"爱日山房"朱文椭圆印、"红豆山房"朱文方印、"五峰朱氏收藏"朱文长方印、"甲"朱文圆印、"吴公世胄"白文方印、"谭观成印"朱文方印等。《中国古籍善本书目》子部著录。

　　此书乃收集事物起源有关记述的类书，由北宋元丰年间高承编纂，最早刻本为南宋庆元三年（1197年）建安余氏刻本，后至明代多次修订增补，今传本记事多达一千七百六十余事，已非宋代原本。内容从"天地生植"的自然之法，到"衣裘带服""什物器用"的日常用品，再有"岁时风俗""吉凶典制"的民俗典制等，共五十五部，每部又分若干类子目。《四库全书简明目录》中记述此书："于一事一物，皆考索古书，求其缘起，虽不必尽确，而多可以资博识。"

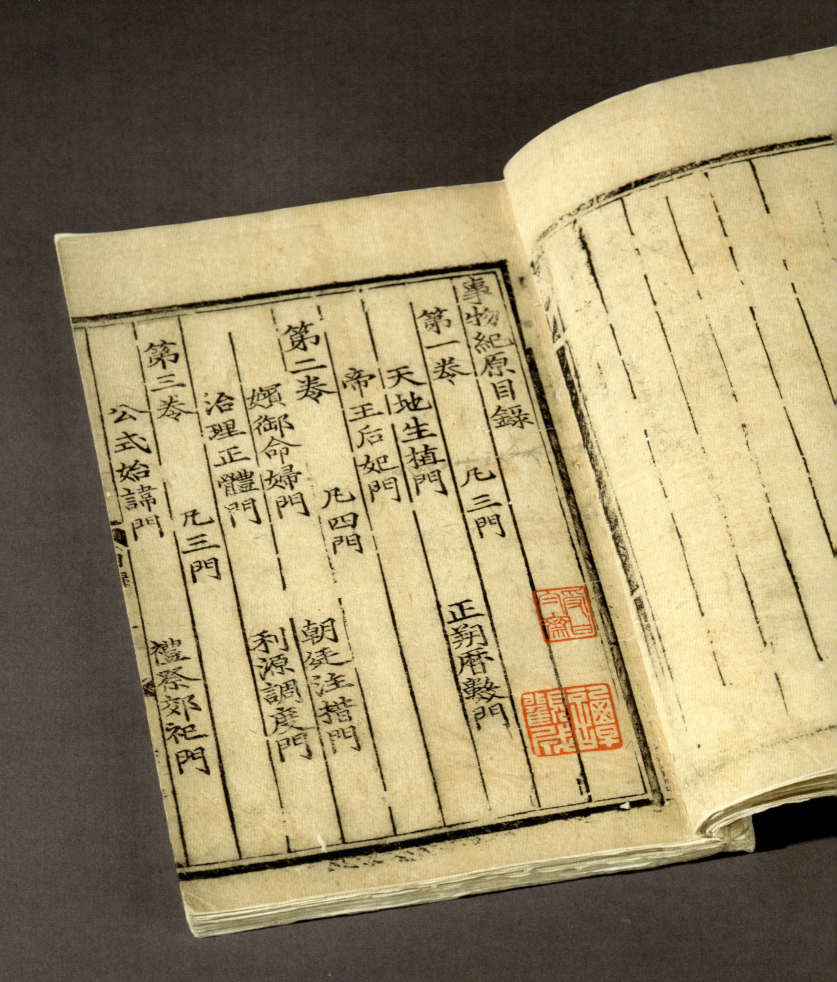

捷徑格物窮理之著龜也學者
斷窻荒速果獵酬對不能無資
於是焉脫有所疑披本一覽不
窮對鏡觀形採囊取物得之不
難炙於戲牛渚犀焚幽怅靡遺
剚山璞剖美玉自呈然則是書
一出舉凡古今事物之理盡在
于是抑亦何事之不可窮歟否

事物紀原卷之一

致仕教諭　漢陽府推官建安陳華批點
　　　　　南平趙獬校正

〔天地生植門〕

〔天地〕

列子曰太易者氣之未見也太初者氣之始也
太始者形之始也太素者質之始而
未離故曰渾淪高氏小史曰太易氣象未分太初
氣象始萌太始氣象初端太素形氣纔質太極形
質已具然則元氣之始自太初也徐整三五曆紀

古今逸史四十二种

明·万历（1573—1620 年）
高 27、宽 17.1 厘米
16 册全

　　[明] 吴琯编，明万历吴琯刻本。半页十行二十字，白口，左右双边，单黑鱼尾。框高20.5、宽13.6厘米。书前有古今逸史自叙，凡例，目录，方言序。钤有"万卷楼"朱文长方印、"五竹居"朱文圆印、"吴芝"白文方印、"平叔"白文方印、"旧山楼"朱文方印、"吴芷"朱文方印、"千休千处得一念一生持"白文长方印、"息卢"朱文长方印、"萍叔"朱文长方印、"五研堂"白文长方印、"独乐园"朱文方印、"谭观成印"朱文方印、"海朝"朱文方印等。

　　吴琯，字仲虚，号中云，明隆庆五年（1571年）进士，任婺源县令六载，政治清明，民甚德之，征为给事中。谢职后定居新安（今属安徽），开西爽堂刻书，成为徽州府重要的坊刻大家之一。其所辑刻的丛书以摭拾宏富、刻工精良著称，《古今逸史》就是其中的精善本。吴琯刻印的《古今逸史》主要行世版本有二十二种、二十六种、四十二种、五十五种四种版本。此本为四十二种本，分"逸志""逸纪"两大类，共收正史以外的重要史籍四十二种一百八十二卷，主要为记风土、地理、宫室的属志类和记人物、史事的传记类。

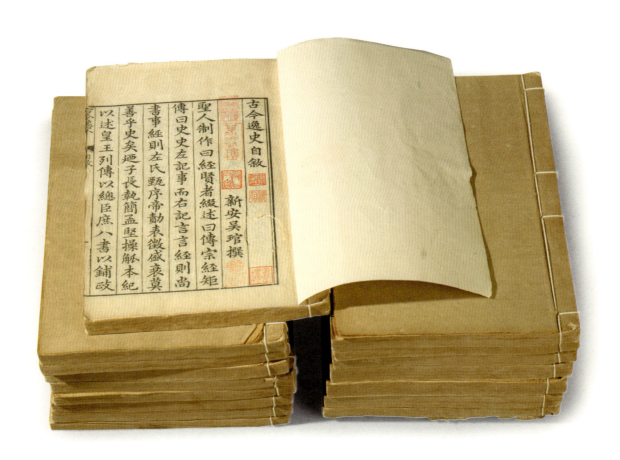

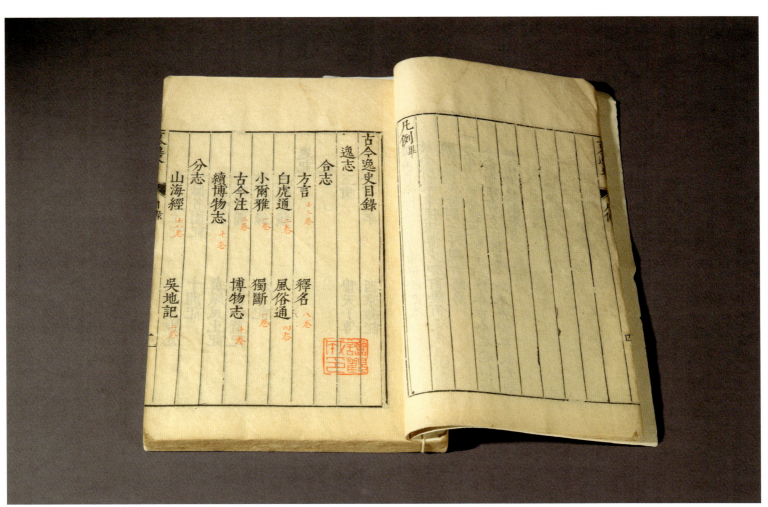

凡例畢

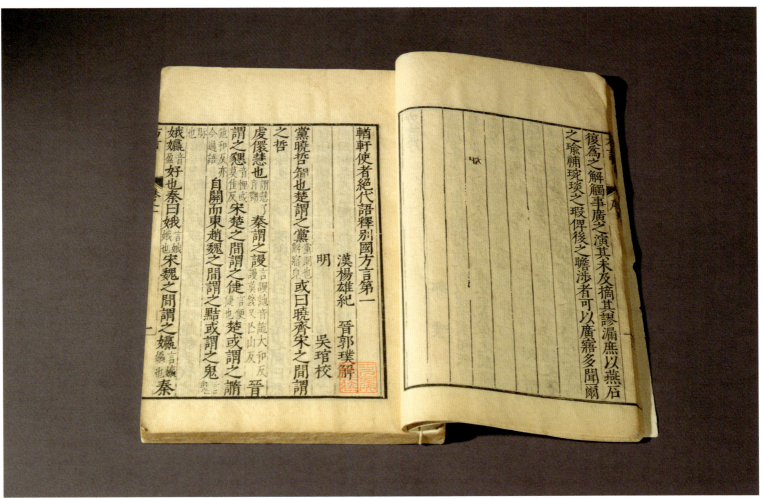

輶軒使者絕代語釋別國方言第一

漢 揚雄 紀
晉 郭璞 解
明 吳琯 校

黨曉哲智也　楚謂之黨　或曰曉齊宋之間謂之哲

虔儇慧也　謂慧了也秦謂之謾　吳楚之間謂之儇　自關而東趙魏之間謂之黠或謂之鬼

娥嬴好也　秦曰娥宋魏之間謂之嬴　秦

新学

万国公报第一百五十七册

清·光绪（1875—1908年）
高26.8、宽17.4厘米
1册

　　清光绪二十八年（1902年）上海美华书馆铅印本。框高22.9、宽14.9厘米。扉页题："万国公报。第壹伯伍拾柒册。光绪二十八年壬寅正月。西历一千九百二年二月。上海美华书馆铸版。"

　　《万国公报》原名《教会新报》，起初为宗教性刊物，1874年9月5日，《教会新报》出至301期时改名为《万国公报》，内容开始演变为非宗教性质。1907年7月，《万国公报》停刊。

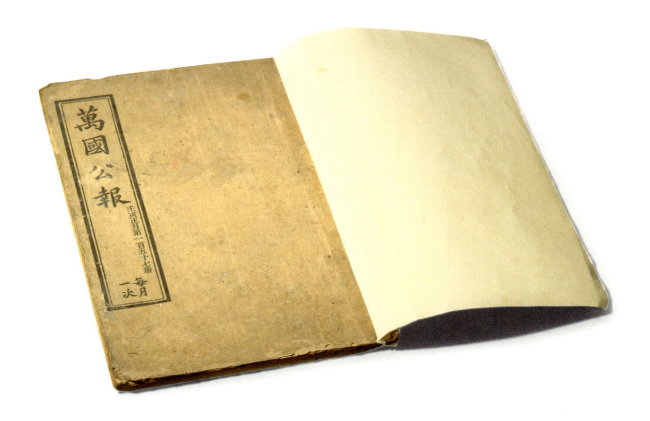

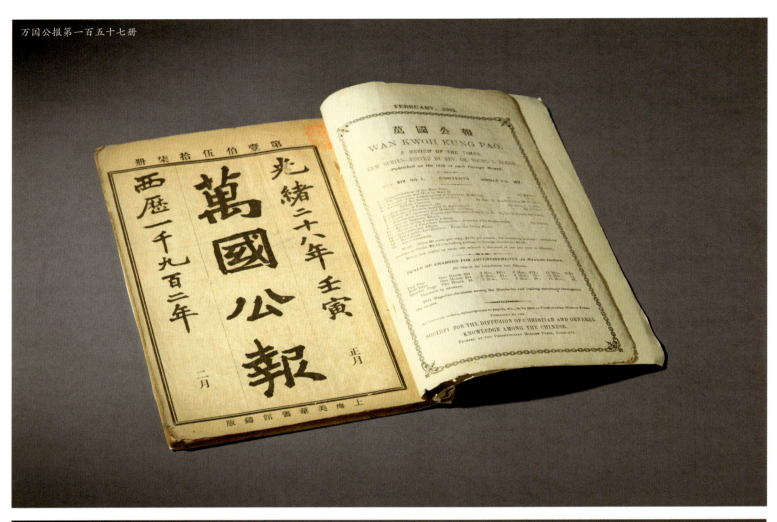

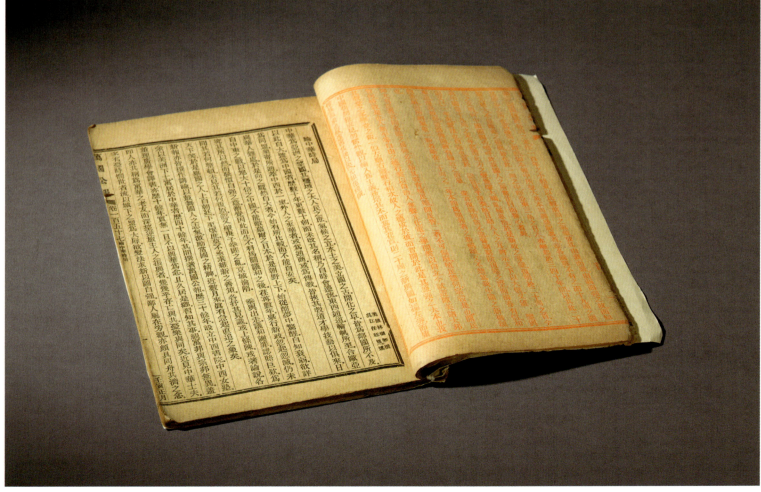

壬寅正月

萬象一新

萬國公報館同人謹頌

第一百五十七卷第一號

各種告白

广州旬报第四期

清·光绪（1875—1908 年）

高 21.5、宽 14.5 厘米

1 册

清光绪三十一年（1905年）铅印本。框高17.9、宽12.1厘米。

《广州旬报》即《美禁华工拒约报》，是1904—1905年中国反美华工禁约运动中在广州出版的爱国反帝刊物，以宣传抵制美货、强烈要求美国政府废除排斥和虐待华工的禁约为宗旨。设有"社说""短评""要闻""事件"等栏目。黄晦闻任总编，主要撰稿人有谢英伯、王君衍、黎起卓、陈树仁等。由于美国领事的多方阻挠和汉奸的破坏，于1905年农历十一月被迫停刊，共出9期。

国粹学报第二年丙午第十三册

清·光绪（1875—1908年）

高 21.1、宽 14.1 厘米

1 册

　　清光绪三十二年（1906年）国粹学报馆铅印本。框高17.5、宽11.7厘米。

　　《国粹学报》是1905年在上海创办的研究国学的学术性刊物，主要撰稿人有章炳麟、刘师培、邓实、黄节、陈去病、黄侃、马叙伦等。《发刊辞》中声明："本报以发明国学、保存国粹为宗旨，不存门户之见，不涉党派之私。"从1905年创刊到1911年武昌起义后停刊，七年共出八十二期，是革命报刊中生命最长的一种，在当时知识界有较大影响。

京报

清·光绪（1875—1908年）
高24、宽9.3厘米
4册

　　清光绪年间活字印本。

　　《京报》于1907年3月28日（清光绪三十三年农历二月十五日）在北京创刊，日出两大张，附刊"上谕条"一纸，随报分送。由立宪党人汪康年主办，其妻汪禾青参与主编。创办宗旨为借言论之权，"通上下之意，平彼此之情"，期以"力纠政府之过失，以弭目前之祸"。刊有《论吾国为无政府之国》《论偷安为贫弱之原因》等文，抨击清政府顽固守旧，鼓吹君主立宪。8月26日，因刊发议立储事触忌，民政部谕令京师巡警总厅就地查封，发行不及五个月即停刊。

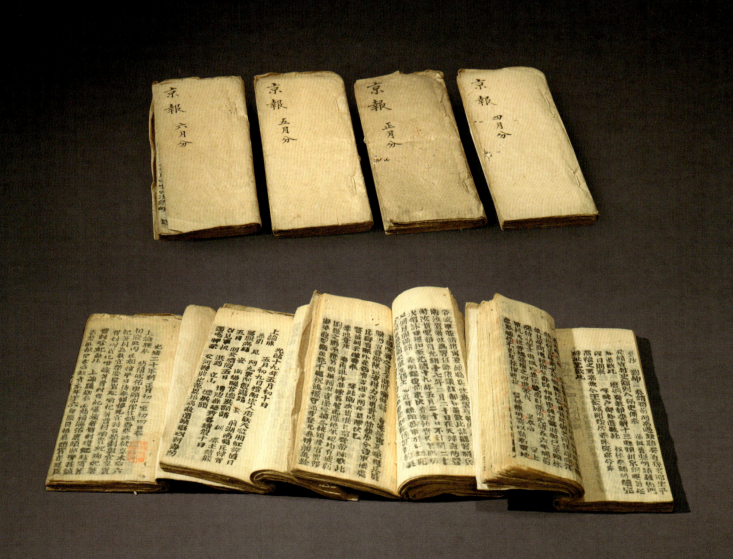

上諭綸

無引見

安服滿請　安

昌服滿請　安

明安續假五月

五月　　　洪鈞

改見章机　立山

交河縣典史范恩培病故遺缺縣以新海防

潘惡卹柔

光緒十九年五月初十日

五月初九日禮部宗人府欽天監開紅旂旗值日

阿克東阿假滿請　安

圍場總管德額請　安

前湖南總兵韓晉

博迪縣延秀各續假十日

德洪額　訓

立山　詧王請假

广东劝业报第九十三期

清·宣统（1909—1911 年）
高 21.4、宽 14.7 厘米
1 册

清宣统二年（1910年）铅印本。

1907年6月21日（清光绪三十三年农历五月十一日），由广东农工商总局主办的《农工商报》旬刊在广州创办，江宝珩、江猷主编。初名《商工旬报》，从第四期起改名《农工商报》。多使用广州方言撰著，以"劝导实业，开通民智"为主旨，提倡发展农工商业，组织农会、工会、商会，传播农工商业新知新法。发行五十四期后，于1908年12月改名《广东劝业报》，赓续原有序号，从第五十五期继续发行，宗旨不变。1910年12月停刊，共发行七十八期（第五十五至一百三十二期）。

清·宣统（1909—1911 年）
高 21.4、宽 14.7 厘米

和刻本

诗集传二十卷

和刻本
高 25.7、宽 17.8 厘米
8 册全

　　[宋]朱熹撰，日本嘉永五年（1852年）出云寺万次郎刻本。半页八行十八字，上下黑口，四周单边，单黑鱼尾。框高20.9、宽14.8厘米。卷端署"朱熹集传"。书前有诗序，南宋淳熙四年（1177年）朱熹《诗传旧序》，目录，诗传纲领。书末牌记："官版书籍发行所东都横山町壹丁目角，御书物师出云寺万次郎。"

　　《诗集传》是朱熹于宋淳熙四年前后撰著的一部《诗经》注本。原本二十卷，明中叶以后刊本并为八卷。《诗集传》现存两部宋刻本，都不全，一部藏中国国家图书馆，另一部原系杭州丁氏八千卷楼藏书，残存八卷。《四部丛刊三编》有影印宋刊本《诗集传》二十卷，尚可见原书面貌。馆藏为和刻本二十卷，与宋刊本卷数相同，可资参考。

诗集传二十卷

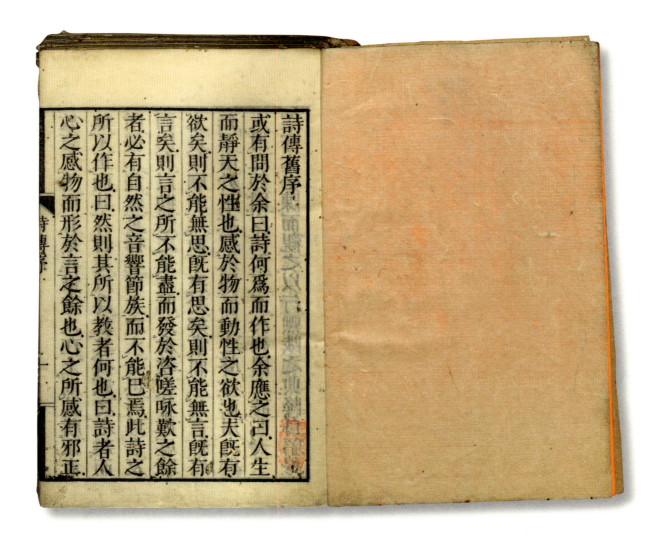

詩傳舊序

或有問於余曰詩何爲而作也余應之曰人生
而靜天之性也感於物而動性之欲也夫既有
欲矣則不能無思既有思矣則不能無言既有
言矣則言之所不能盡而發於咨嗟咏歎之餘
者必有自然之音響節族而不能已焉此詩之
所以作也曰然則其所以教者何也曰詩者人
心之感物而形於言之餘也心之所感有邪正

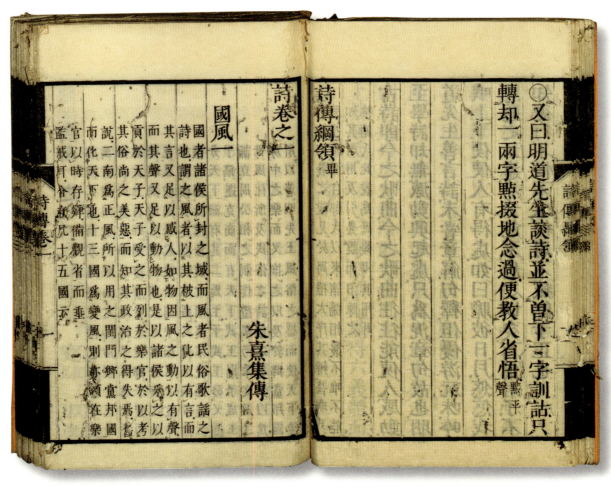

又曰明道先生談詩並不曾下一字訓詁只
轉却一兩字點掇地念過便教人省悟

詩傳綱領畢

詩卷之一

朱熹集傳

國風一

國者諸侯所封之域而風者民俗歌謠之
詩也謂之風者以其被上之化以有言而
其言又足以感人如物因風之動以有聲
而其聲又足以動物也是以諸侯采之以
貢於天子天子受之而列於樂官於以考
其俗尚之美惡而知其政治之得失焉舊
說二南爲正風所以用之閨門鄉黨邦國
而化天下也十三國爲變風則亦領在樂
官以時存肄備觀省而垂戒耳合二十五
國云

蓋先王之澤既熄國之正風變而爲十五

新刻琼琯白先生集十四卷

和刻本
高 22.6、宽 15.1 厘米
6 册全

　　[宋]白玉蟾撰，日本大坂城村上乐平寺天赐园刻本。半页九行十八字，白口，四周单边，单黑鱼尾。框高17.7、宽12.3厘米。卷端署"宋海南白玉蟾著"。书前有明万历二十二年（1594年）何继高序，白玉蟾真人像，白真人事实，目录。书末有万历二十二年林有声后序，牌记中刻"天赐园藏版"，左右两侧有"大坂城村上平乐寺""书铺清三郎监刻"字样。钤有"顾氏鉴藏古经异书"朱文方印。

　　此和刻本依据《新刻琼琯白先生集》十三卷附一卷（闽书林安正堂刘双松刻本）翻刻而成，收录了南宋道教金丹派南宗创始人白玉蟾（号琼琯）的文集，初刻于南宋嘉熙元年（1237年），后几经编校遂成此书。日本翻刻时增加了返点、送假名标志。

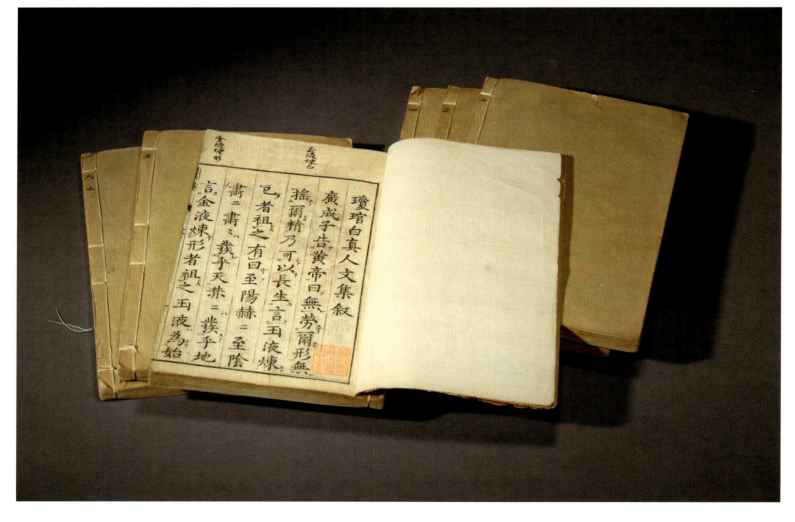

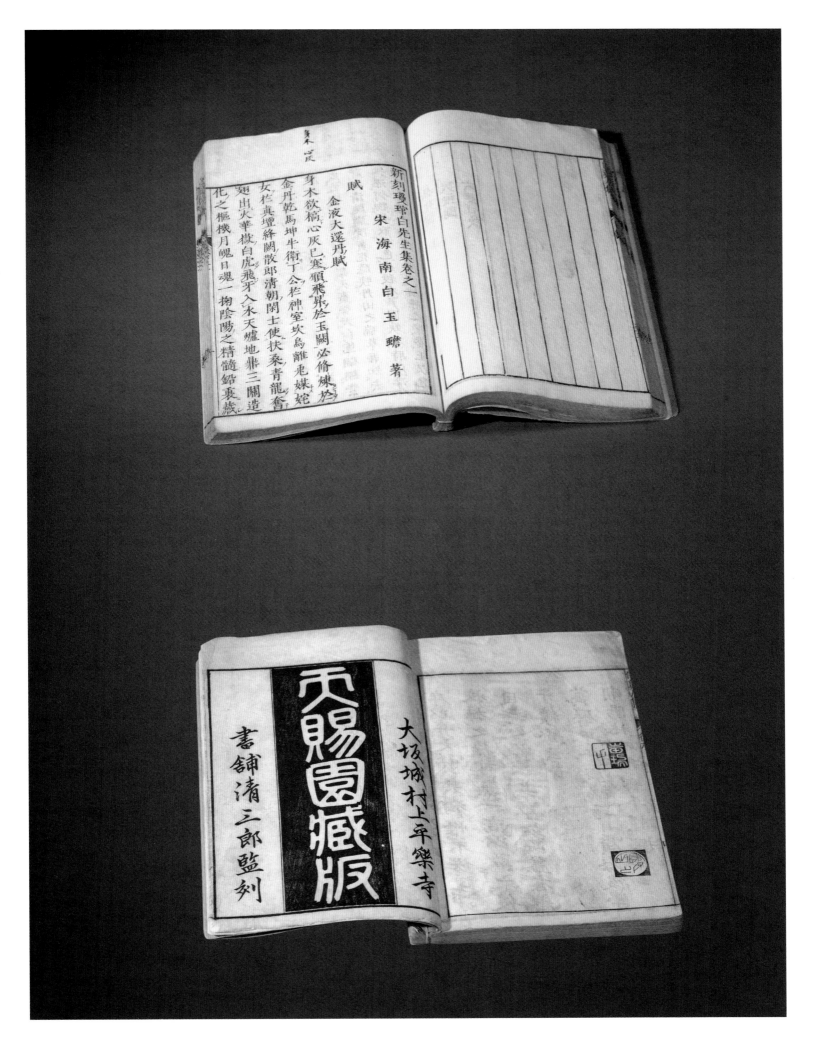

省亭花鸟画谱三卷

和刻本
高 24.5、宽 16.8 厘米
2 册（存第一、二卷）

　　[日]渡边省亭画，日本明治二十三年（1890年）刻多色套
印本。白口，四周双边。框高20.9、宽14.8厘米。书前有明治
二十三年久米干文序。书末版权页印明治廿三年出版。扉页题：
"省亭花鸟画谱。久米干文先生序，渡边省亭先生画。东京大仓
书店藏版。"钤有"大仓书店"朱文方印。

　　随着日本陶器制造和出口的发展，为满足纹样设计的需求，
明治年间大仓书店出版了多部由著名画家渡边省亭主持刊印的花
鸟画谱，即《省亭花鸟画谱》。是书全三卷，各卷分别收录约20
幅花鸟画，第一卷是比较常规的一些花鸟画，第二卷出现了以昆
虫、鲤鱼等为画题的画作，第三卷还出现了一些远景的风景画，
颇具我国明清时期画谱之风格。馆藏本存卷一、卷二。

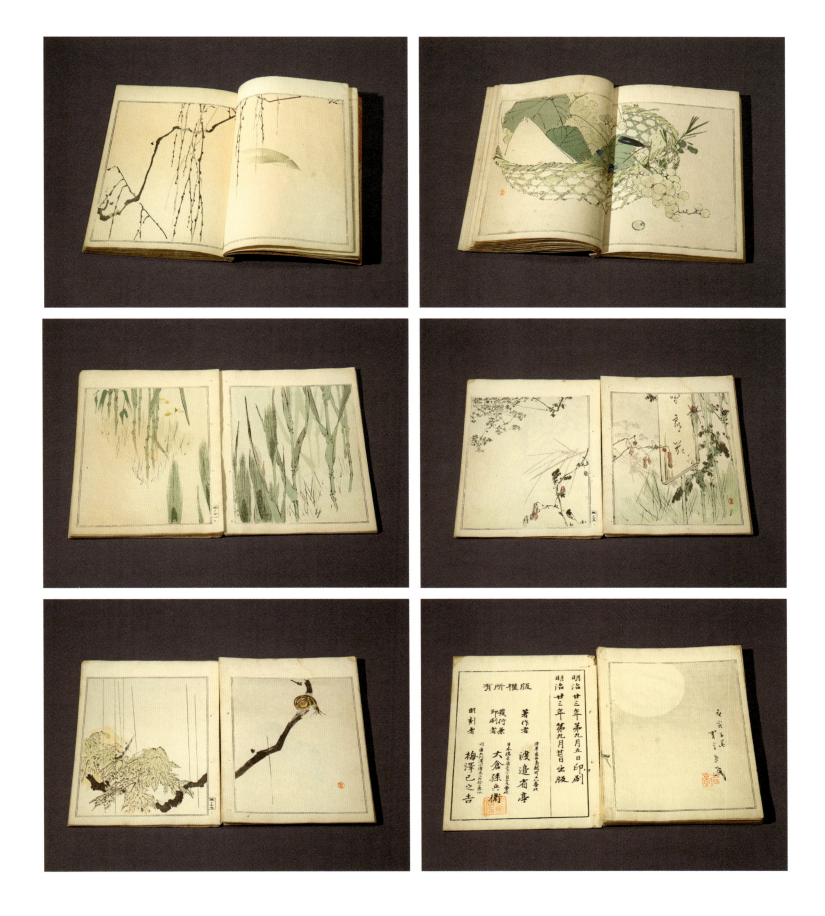

论文

广东省方志馆原馆长、研究馆员　林子雄

广东古代地方志的编纂与流存

古代地方志历史悠久，内容丰富，被誉为地方"百科全书"，是古籍文献一个重要组成部分，其在公藏古籍文献中占有相当比例，从而成为各馆古籍藏书的特色之一，广东省博物馆（以下简称"省博"）也不例外。据《中国地方志联合目录》[1]，省博馆藏古代广东地方志数量位居广东公藏之前列，是广东省古籍重点保护单位。

一、汉唐初创

中国的地方志事业发轫于东汉，来新夏先生说："地方修志的最早记载是在东汉。"[2] 广东地方志亦然，杨孚《南裔异物志》是汉代地方志的代表作。杨孚，字孝元，广东番禺人。汉章帝建初年间（公元76—84年）举贤良对策，入朝任议郎。杨孚编撰的《南裔异物志》内容广泛，记载了古代岭南动物、植物种类和生存、生长情况，以及它们在经济上的利用，在东汉时向中原士人介绍岭南风物，更为后人提供了许多珍贵的史料。如记载水稻"夏冬二熟，农者一岁再种"，记载甘蔗"远近皆有"，"围数寸，长丈余"，记载蕉布制作"取镬煮之，为丝，可纺织"等，表述了汉代岭南农业物产生产的情形。《南裔异物志》文字优雅，采用"赞"体，四字一句，别具一格。"榕树栖栖，长与少殊。高出林表，广荫原丘。孰知初生，葛藟之俦"，这是杨孚关于榕树的精彩描写，"高出林表，广荫原丘"的榕树，至今仍造福粤人心爱的夏日清凉。《广东新语》称："其为《南裔异物赞》，亦诗之流也。然则广东之诗，其始于孚乎？"[3] 在杨孚之后，有三国万震《南州异物志》、吴士燮《交州人物志》、陆胤《广州先贤传》，晋代王范《交广二州记》、黄恭《交广记》、刘欣期《交州记》、范瑗《交州先贤传》、嵇含《南方草木状》、徐衷《南方草木状》、顾微《广州记》、裴渊《广州记》、刘澄之《广州记》、盖泓《珠崖传》，南朝沈怀远《南越志》、邓德明《南越志》，隋代樊子盖《岭南地图》，唐代孟琯《岭南异物志》、房千里《南方异物志》、刘恂《岭表录异》、郑熊《番禺杂记》等，这些岭南早期地方志著作，是广东地方志编纂之滥觞。

1　中国科学院北京天文台主编《中国地方志联合目录》，北京：中华书局，1985年。

2　来新夏：《方志学概论》，福州：福建人民出版社，1984年，第48页。

3　[清] 屈大均：《广东新语》，广州：广东人民出版社，1991年，第309页。

| 二、宋元发展 |

宋代是地方志事业发展的重要时期，宋景德四年（1007 年），朝廷下令编纂图经。"景德四年，诏以四方郡县所上图经，刊修校定为一千五百六十六卷。以大中祥符四年颁下，今皆散亡，馆中仅存九十八卷。余家所有惟苏、越、黄三州刻本耳。"[4] 这说明北宋时期各地官方已普遍编纂雕版印刷图经。据清道光《广东通志》和张国淦《中国古方志考》[5]，宋代广南东、西两路有包括图经在内的地方志书 126 种，其中广南东路 73 种，仅次于四川、浙江、江苏而居第四位。宋代广东有图经 58 种，作者可考的有王中行《广州图经》、李木《南海图经》、赵伯谦《韶州新图经》、余嘉《（惠阳）图经》、常祎《潮州图经》、赵师岌《潮州图经》、陈宗道《（潮州）新图经》、刘索《高州新图经》、赵汝厦《琼管图经》、义太初《高凉图志》、刘伋《陵水图志》和郑坤《桂阳图经》。

在图经之外，宋代广东有各类地方志，如《罗浮山记》一卷，宋郭之美撰。郭之美（1016—1065 年），字君锡，江西庐陵人。宋景祐元年（1034 年）与父同登进士第，历任蕲春、淮阴尉，梧州户参，惠州转运使，南雄州判官，官至尚书屯田员外郎。郭氏"宋皇祐中为惠州掾。博于问学，时诸名公多重之。尝作《罗浮山记序》，见重于时"[6]。宋皇祐三年（1051 年），郭之美在广东刻印《罗浮山记》一卷[7]。近人黄慈博说："广东椠本之可考者，余所见以此为最先。"[8]

《广东会要》四卷，宋王靖纂修。王靖（1036—1081 年），字詹叔，大名莘县人。宋治平年间（1064—1067 年）任广东经略安抚使、广州知州。《玉海》引《中兴馆阁书目》："《广东会要》四卷，治平中知广州王靖撰，载十六郡四十一县地里事实。"[9]

《罗浮志》十卷，宋谭粹辑，宋元符三年（1100 年）刻本。谭粹，广东始兴人，宋皇祐四年（1052 年）进士谭侁之子。历任广东循州、韶州、惠州知州。宋元符三年，因郭之美编纂的《罗浮山记》书版无存，谭粹撰《罗浮集序》云："今年春被命东来，寻访《山记》，已无板刻。因命博搜，裒为全集，命工刻镂，责付宝积禅刹系历管载，庶几传于绵永，而览之者披文悟景，神惊心得，宁不歔欹。

4　[宋]陈振孙：《直斋书录解题》，上海古籍出版社，1987 年，第 245 页。

5　张国淦：《中国古方志考》，北京：中华书局，1962 年。

6　[明]郭棐：《粤大记》，广州：中山大学出版社，1998 年，第 370 页。

7　[宋]陈振孙：《直斋书录解题》，第 264 页。

8　黄慈博：《广东宋元经籍椠本纪略》，《广东文物》，上海书店，1990 年，第 861 页。

9　[宋]王应麟：《玉海》卷 15，元至元六年（1269 年）刻本，第 21 页。

元符三年八月望日，知郡凌江谭粹序。"[10]

《清远县志》，宋林勋纂修。宋建炎三年（1129 年），广州教授林勋任清远知县，纂修《清远县志》。《黎公恕旧志叙略》："宋建炎三年己酉，广州教授林公勋来署县事，手笔作志，其封域建置之毕陈，山川人物之具载，而志始肇焉。"[11]

《增江志》四卷，宋王中行纂修。宋淳熙年间（1174—1189 年），王中行任东莞知县。《宋史·地理志》载东莞"开宝五年废，入增城，六年复置"[12]。"盖增城东莞之间，河流惟增江最大，故中行令东莞，志其山川人物，仍以增江名志。"[13]

此外还有《晋康志》、虞大中《临封志》、翁韶《循阳志》、赵汝厦《程江志》、刘奕《陵水志》、林会《（钦州）宁越志》、陈岘《南海志》、孙峗《保昌志》、周端朝《桂阳志》、方大琮《南海志》、张宋卿《（肇庆）崧台志》、苏思恭《曲江志》、黄以宁《惠阳志》、曾恕《保昌志》、杨彦为《保昌志》、李宗谔《（高要）郡谱》、杨备《恩平郡谱》、廖演《新昌志》等。

元代广东地方志，今可考者有十种，大德年间（1297—1307 年）《南海志》《临高县记》，皇庆年间（1312—1313 年）《宝安志》《三阳志》，天历、至顺年间（1328—1333 年）《韶州志》，元统年间（1333—1335 年）《新兴县志》《惠州路志》《南雄路志》《琼海方舆志》，至正年间（1341—1368 年）《三阳图志》《肇庆路志》。宋元方志存者则一，即《南海志》二十卷，元陈大震纂修，元大德年间刻本，今藏中国国家图书馆，是现存广东最早的地方志和元代唯一广东雕版印刷品，弥足珍贵。

｜三、明代完善｜

明朝十分重视方志编纂，在编纂体例方面，永乐十年（1412 年）和十六年（1418 年），朝廷两次公布《纂修志书凡例》，对志书中建置沿革、分野、疆域、城池、山川、坊郭镇市、土产、贡赋、风俗、户口、学校、军卫、郡县廨舍、寺观、祠庙、桥梁、古迹、宦迹、人物、仙释、杂志、诗文的编纂，均提出具体要求。这是现存最早的关于地方志编纂的政府条令。明代广东府州县奉诏

10　［明］陈琏：《罗浮山志》卷7，清道光年间（1821—1850 年）刻本，第 2~3 页。

11　广东省人民政府地方志办公室：《广东历代方志序跋集》，广州：广东人民出版社，2014 年，第 433 页。

12　［元］脱脱：《宋史》，杭州：浙江古籍出版社，1998 年，第 259 页。

13　饶锷、饶宗颐：《潮州艺文志》，上海古籍出版社，1994 年，第 132 页。

或督抚宪檄纂修或征取志书，可考者十三次：洪武十四年（1381 年）、永乐六年（1408 年）、永乐十六年（1418 年）、宣德五年（1430 年）、景泰五年（1454 年）、天顺五年（1461 年）、成化年间（1465—1487 年）、正德十一年（1516 年）、嘉靖十四年（1535 年）、嘉靖二十年（1541 年）、万历十三年（1585 年）、万历四十一年（1613 年）、崇祯十四年（1641 年）[14]。

明洪武二年（1369 年），朝廷改广东道为广东等处行中书省，广东成为明朝的十三行省之一。"终明之世，广东设 10 府 1 直隶州，统辖 7 州 75 县。"[15] 编纂地方志即以省、府、州、县为单位，分别纂修通志、府志、州志和县志，此做法自明代开始，一直延续至中华民国。明代广东各地修志频繁，以潮州府为例，据明郭子章《潮中杂记·艺文志》，明万历以前，潮州府先后于永乐、正统、景泰、天顺、成化、弘治、嘉靖年间纂修府书。此外，"《东莞县志》，正统、天顺、弘治、嘉靖、万历、崇祯年间均有纂修。又如《南雄府志》，永乐、正统、成化、正德、嘉靖、万历、天启年间均有纂修"[16]。但或因未经付梓，流布不广，或因年时久远，刻本失传，广东志书中大部分均未能留传至今，如《潮州府志》，虽明代曾经历 7 次编纂，现仅存明嘉靖二十六年（1547 年）郭春震纂修的一种，其余均失传。时至今日，存明代广东通志 3 种、府志 15 种、州县志 30 种，其中包括《永乐大典》本的《广州府志》《潮州府志》。

地方志，无论通志、府志、县志，大都为"官书"，用今天的话来说，它们是政府出版物。明代地方官员甫上任即搜集旧志，采访耆老。明嘉靖十四年（1535 年），广东巡按监察御史戴璟来粤，他说："维是偏州下邑，匹马驰驱过荒郊，每见田夫野叟，率改容咨诹，爰辑按广事宜，具载闾阎疾棘，以敷我胃肠，以为民述矣。寻以赋役弗均，时方觏瘝，复更定赋役文册以辰告。顾通志先年屡纂不成，虚糜数百金，士民相与嗟曰：'及今不宣乃心，以贻盛典，不啬蠹财，将来文献不其或稽。'"[17] 戴璟力争在自己离任之前完成编纂，他废寝忘餐，搜逸芟芜，博采文献，亲订凡例及撰写序言论赞，仅用三个月编成广东首部通志。尔后，嘉靖四十年（1561 年）出版的《广东通志》，据书前黄佐序言，共有 33 位不同级别的官员组织过问修志事宜，他们分别担任工部尚书、两广总督、巡按御史和广东参政、参议、提举及广州知府等职，政府官员的参与，一定程度上促进了地方志书的编纂。

14　李默：《广东方志发展考略》，《广东方志要录》，广州：岭南美术出版社，2016 年，第 10~11 页。

15　蒋祖缘、方志钦主编《简明广东史》，广州：广东人民出版社，1993 年，第 205 页。

16　李默：《广东方志发展考略》，《广东方志要录》，第 11 页。

17　[明] 戴璟：《新编广东通志初稿序》，广东省人民政府地方志办公室编《广东历代方志序跋集》，广州：广东人民出版社，2014 年，第 6 页。

"明代修志，从正德起逐渐增多，到了嘉靖，掀起一个高潮。"[18] 明成化九年（1473 年），现存最早的明代广东志书——《广州志》刊行，先后两任广州知府吴中、高橙主持修志，由肇庆府学教授王文凤负责编纂。是志今藏中国国家图书馆，原书二十卷，仅存五卷。虽然残缺，但在人物、寺观、艺文、杂志、外番等方面提供了珍贵的史料。其版式字体颇受元时影响，明初广东刻书风格明显。

嘉靖年间，黄佐编纂的《广东通志》（简称"黄志"）最负盛名。黄佐，字才伯，号泰泉，广东香山人。明正德十六年（1521 年）进士，历任江西佥事、广西学督、南京国子监祭酒等职，编纂《香山县志》《广州志》《广西通志》。黄志体例渊雅，堪称完备，其中艺文志分上、下两卷，卷上按经、史、子、集四类记录广东文献的书名、卷数、作者、存佚及序文情况，不少图书刊载序言全文，收录文献书目的同时，还注明版本（刻书者），为后人研究刻书（出版史）提供了一手资料。卷下为碑刻，共收入《汉桂阳太守周府君碑》至《潘季驯定安令鄢先生清潭碑》共四十篇广东历代碑文，保存了大量的地方文献。黄志这一做法为后人所仿效，如清代阮元编纂的《广东通志》即设置有艺文略、金石略。

此外，明万历年间广东还编辑出版了综合记述广东地方历史沿革，以及军事、经济和人物事迹的《粤大记》三十二卷；明万历九年（1581 年）广东布政司出版《苍梧总督军门志》三十四卷，这是一部在全国为数不多反映明代两广军政情况、边疆布防及剿匪行动的军事专志；明万历十三年（1585 年）潮州府出版反映潮汕地区政治、军事、文化的《潮中杂纪》十二卷。

四、清代全盛

清代是广东地方志事业的鼎盛时期。康熙二年（1663 年），广东、广西各设总督，两广分治。至康熙四年（1665 年）复置两广总督制，下设布政司、按察司以及各部门。清代广东属下有广州、韶州、南雄、潮州、惠州、肇庆、高州、廉州、雷州、琼州府，属下有县（州）87 个，除编纂有通志、府志、州志、县志及厅志外，还有乡志、镇志、卫所志等。

清顺治年间（1644—1661 年），广东局势不稳，出版志书两部，即顺治十五年（1658 年）的《阳山县志》和顺治十八年（1661 年）的《潮州府志》。康熙十四年（1675 年），在两广总督金光祖主持下，广东恩平人士莫庆元等开始编纂清代第一部《广东通志》。次年却出现"总督金光祖、巡抚佟养钜、

18　朱士嘉：《天一阁藏明代地方志考录序》，《山东图书馆季刊》1983 年第 1 期。

陈洪明俱降贼"[19] 的不利局面。由于战乱，该志无法刊行，直至康熙三十六年（1697 年）才得以出版。此时从金光祖算起，两广总督已更换了三人，由此足见当时广东社会的不稳定以及战乱对地方志编纂出版事业的影响。清代首部《广州府志》约于康熙九年（1670 年）开始纂修，康熙十二年（1673 年）完成，但因兵事连年始终未能刊刻，仅有抄本流传至今。

康熙二十二年（1683 年），朝廷在平定三藩的基础上，实现了对台湾的统一，并于同年十月宣布开放海禁，实行展界。随着清朝统治全国大局已定，各地社会经济迅速发展，出现了"康乾盛世"的繁荣局面。"据不完全统计：现存清代地方志 5587 种，占现存全国地方志总数 8100 多种的70%。这是封建王朝修志的全盛时期，而康熙、乾隆时期分别修过 1372 种和 1100 种，为清王朝修志的旺盛时期。这与康雍乾三个时期政局的稳定，工农业生产的发展，科学文化的进步，修志诏令的频繁，地方人士的响应，劳动人民的支持，都有密切联系的。"[20] 康雍乾时期的广东各地也普遍编纂志书，据资料显示，康熙年间（1662—1722 年）广东连续出版志书两次或以上的县有 22 个，分别是增城、龙门、清远、曲江、乐昌、乳源、三水、顺德、高明、新宁、阳江、石城、吴川、徐闻、长乐、四会、新兴、东安、西宁、开建、乐会、澄迈县，其中出版县志达三次者为石城、四会、西宁三县。此外，在康熙年间两次出版志书的还有韶州府和琼州府以及化州。康熙年间，广东编纂地方志数量最多，"清代广东修志 441 种，康熙朝就修了 177 种，占 40%，是修志最多最频繁的一朝"[21]。

乾隆年间（1736—1795 年），广东编纂地方志的数量仅次于康熙朝，府志 7 种、州志 4 种、县志 51 种，共 62 种。乾隆二十三年（1758 年），广东粮驿道金烈和广州知府张嗣衍，主持纂修《广州府志》，时任粤秀书院山长的沈廷芳云："二公慨然以修辑自任，于是延硕学之士，开局讲院，搜采编葺而斟酌损益，二公实董其成，阅数月而告竣。"[22] 省博所藏粤志，以乾隆版最多，其馆藏有上述《广州府志》（见本书第 66 页图版），以及乾隆六年（1741 年）《南海县志》（见本书第 70 页图版），乾隆十年（1745 年）《陆丰县志》（见本书第 76 页图版）、《普宁县志》（见本书第78 页图版），乾隆十九年（1754 年）《佛山忠义乡志》（见本书第 68 页图版），乾隆二十八年（1763 年）《博罗县志》，乾隆四十四年（1779 年）《揭阳县志》（见本书第 80 页图版），乾隆四十八年（1783 年）《南澳志》等，依照《中国古籍善本书目》收录范围，上述志书可入馆藏善本之列。

19　广东省地方史志编委会办公室编《清实录广东史料》（一），广州：广东省地图出版社，1995 年，第 132~133 页。

20　朱士嘉：《清代地方志的史料价值》，《文史知识》1983 年第 3 期。

21　李默：《广东方志发展考略》，《广东方志要录》，广州：岭南美术出版社，2016 年，第 12 页。

22　李默：《广东方志发展考略》，《广东方志要录》，第 12 页。

嘉庆二十二年（1817 年），阮元任两广总督。次年，他奏请开局编纂《广东通志》，经历近五年，即道光二年（1822 年），是志出版。道光《广东通志》"阅书颇博，考古较旧加详，而沿革、选举、人物、前事、艺文、金石各门亦皆详核"[23]。此外，从清嘉庆至宣统，广东地方官署出版府志 11 部、州志 7 部、县志 152 部。嘉庆以后出版的志书，省博馆藏本不多，馆藏目录中一本为《开平乡土志稿》（见本书第 82 页图版）的抄本值得注意。

光绪三十一年（1905 年），时任编书局监督的黄绍箕编订的《乡土志例目》，由光绪皇帝下旨颁发，通行全国。宣统元年（1909 年），开平县令冯秉经聘请张启琛编写《开平乡土志》，即此稿。张启琛，字葩初，广东开平人。副贡生。宣统二年（1910 年）赴京应举，签分江西知县。编著有《三大家经义前模》。是书行款 9 行 25 字，无格。书前有图两幅，一为县境图，其东南西北分别与鹤山、新宁、恩平、新兴为界。另一为县城图，展示开平县城门东名紫来，西名开平，以及南门、北门。城中主要道路，由东往南为东街道、十字中街、西街道。图中有"前清"二字，或为民国初年所绘。书中内容分历史、政绩、兵事、人类、户口、氏族（捕属附）、宗教、实业、地理、山脉、水道（潮汐附）、道路、物产等十三门，每门篇幅长短不一，字数多者为历史篇，约 18000 字；较简者为人类篇，800 余字。该书每册书根有"开平县志稿"五字。

今中国科学院文献情报中心藏有一抄本《开平县乡土志》，内容与《开平乡土志稿》大致相同，但该志有书名、编纂者名单及例言等，为我们认识了解《开平县志稿》提供了帮助。是书封面有大字"开平县乡土志"。编辑人员为："知开平县事冯秉经鉴定，编辑员副贡张启琛，编查员禀生周兆龄，编查员附生关慕召，编查员监生张翼洲，管理员附生谢荫光。"[24]《例言》末有"宣统元年四月二十日，编辑员张启琛谨识"。全书较《开平乡土志稿》多出"耆旧""商务"两门，篇目与《乡土志例目》基本一致，记事至光绪三十二年（1906 年）。《例言》首页有一"广东省解来官书"印章，或系当年广东呈奉京城志稿，以后入藏中国科学院图书馆（今中国科学院文献情报中心）之物。

23 ［清］阮元：《广东通志序》，《广东通志》，上海古籍出版社，1988 年，第 3 页。
24 中国科学院文献情报中心编《中国科学院文献情报中心藏稀见方志丛刊》第 81 册，北京：国家图书馆出版社，2014 年，第 2~3 页。

| 五、结语 |

在全世界范围内，唯中国有地方志编纂事业，地方志作为传承中华文化的重要载体，主要有着存史、资政、育人等功能。1999 年 12 月 20 日，澳门回归之日，中华人民共和国文化部在北京、澳门两地举行"澳门回归祖国"大型展览，展品中有明嘉靖《广东通志》1 册，该志卷六六《外志》云："佛朗机国在爪哇南，古无可考，素不通中国。正德十二年，驾大舶至广州澳口，炮声如雷以进贡。" [25] 这是记载葡萄牙船舶最早在澳门一带活动的文献，它作为一件重要展品，见证了历史。经历数百年的沧桑变化，包括地方志在内的古籍文献能够保存至今，实属不易。如宋版书，"自隆兴元年（1163 年）以至淳熙十六年（1189 年）二十七年间锓板之书，总凡二百零八种，惟原椠之存于今者十之一而已" [26]。广东地属亚热带，受潮湿气温高、虫害多发等因素影响，古籍的贮藏保存难度较内陆地区要大得多，古籍文献及古代地方志，哪怕是清末刻本，都应该好好地珍惜和保护。2007 年，汇集元代至中华民国年间广东全省地方志的《广东历代方志集成》问世，该书收入通志、府（州、厅）志和县志 433 种，合共 277 册，以影印方式再版地方志，方便读者阅览研究的同时，还发挥着保存和流通的作用。

25　[明]黄佐：《广东通志》，广东省地方史志办公室，1997 年，第 1716~1717 页。

26　张秀民：《宋孝宗时代刻书述略》，《图书馆学季刊》1936 年第 10 卷第 3 期。

徐润与中国近代新式出版业

广东省立中山图书馆研究馆员 倪俊明

在中国近代出版史上，有两位香山籍的重要人物，一位是大名鼎鼎的商务印书馆总经理王云五，关于其生平和业绩的研究成果，可谓汗牛充栋。另一位代表人物就是徐润。徐氏是近代史上的风云人物，其更多的是像唐廷枢一样，作为近代著名的买办、企业家而为人们所熟知，关于徐氏在晚清的出版活动，却鲜为人知。在诸多的出版史论著中，对其出版活动虽多有涉及，但系统论述似略显不足。近年有学者以同文书局为中心，对徐润的出版活动进行比较系统的研究，代表性的研究成果有沈俊平的《晚清同文书局的兴衰起落与经营方略》[1]。本文拟在前人研究的基础上，对徐润创办同文书局、广百宋斋书局，采用西方新式的石印和铅印技术，大量出版传统典籍，及其出版活动的特点，做进一步的梳理和论述，以祈有助于对徐润生平、近代香山买办群体、晚清出版史的了解和认识。

一、徐润与同文书局的创办

19 世纪初，随着西方传教士的来华，他们在传播宗教和西学的同时，也给澳门、广州等沿海地区带来以铅活字印刷和石印技术为代表的西方新式印刷技术。鸦片战争后，外国人以上海为中心，设立墨海书馆、美华书馆、土山湾印书馆、点石斋印书局等新式印刷出版机构，凭借高效而经济的技术和成本优势，逐渐取代传统雕版印刷技术，成为晚清上海图书出版的主力。

作为晚清新式印刷技术形式的石印技术，虽然发明时间和传入中国时间均比铅活字印刷术晚，但它后来居上，快速而广泛地运用于图书印刷出版业。1796 年，捷克人塞内菲尔德在德国慕尼黑发明了手工石印术。1826 年，英国伦敦会传教士马礼逊带着石印机来到澳门，印制传教传单、中国山水画和图书，成为引介石印到中国的第一人。1832 年，英国伦敦会传教士麦都思，先后在澳门、广州设立印刷所，石印传教传单、中文书刊；1843 年，麦都思在上海设立墨海书馆，在雕版和铅字印刷的同时，也石印了《祈祷式文》等少量中文书刊。不过，由于技术及设备诸方面的原因，早期中文石印所造成的社会影响极为有限。1852 年，法国人勒梅尔西埃发明了"照相石印术"，即先以照相湿版摄制阴图，落样于特制的化学胶纸，再经专门设备转写于石版。这种方法在保留原稿的完整性、清晰度和准确率上，较铅印和雕版更有优势，能满足读者对古籍版本或内容的追求，是一种更能保护古代书籍传统性的印刷技术；而且它解决了反书上石的困难，能任意将图文放大缩小，制版方便

1　沈俊平：《晚清同文书局的兴衰起落与经营方略》，（台湾）《汉学研究》2015 年第 33 卷第 1 期。

灵活；尤其是用工省，出书快，效率高，故很快普及开来，广受欢迎[2]。

　　晚清著名版本目录学家叶德辉在《书林余话》中指出："海通而后，远西石印之法，流入中原。好事者取一二宋本书，照印流传，形神逼真，较之影写付刻者，既不费校雠之日力，尤不致摹刻之迟延，艺术之能事，未有过于此者。"[3] 石印技术具有的优势使其很快被应用于商业性图书生产，而将石印术推广到商业领域并产生社会影响的，是曾创办《申报》馆的英国商人美查。他于清光绪四年（1878年）成立了点石斋书局，采用石印技术印刷"古今名家法书、楹联、琴条"，以及《圣谕详解》《御制耕织图》《康熙字典》等书籍。其中《康熙字典》十分畅销，在不到一年的时间内销量达到数十万册，获利颇丰。姚公鹤在《上海闲话》中记载："石印书籍之开始，以点石斋为最先，在南京路泥城桥北堍。闻点石斋第一获利之书为《康熙字典》，第一批印四万部，不数月而售罄；第二批印六万部，适某科举子北上会试，道出沪上，率购五六部，以作自用及赠友之需，故又不数月而售罄。"[4]

　　点石斋通过印刷《康熙字典》获得厚利，吸引众多商家的关注，设立石印书局逐步成为沪上出版业的时尚。而率先投入巨资，从事民族石印出版业，并取得卓越成效的就是徐润。徐润，又名以璋，字润立，号雨之，别号愚斋，清道光十八年（1838年）出生于广东香山北岭村，宣统三年（1911年）病逝于上海。咸丰二年（1852年），徐润15岁时到上海宝顺洋行当学徒，后独自经营丝、茶、棉花、鸦片等生意，又涉足地产，获利丰盈，成为上海富商。同治十二年（1873年）被李鸿章委派为上海轮船招商局会办，曾与唐廷枢等创办仁和水险公司、济和水火险公司，光绪七年（1881年）被委兼任开平矿务局会办。徐润在经营房地产、煤矿、纺织、金融等行业的同时，也投资于全新的出版行业，与其堂弟共同创办了同文书局。据其自叙年谱载，光绪八年（1882年）"从弟秋畦、宏甫集股创办同文书局，余力赞成，并附股焉"[5]。同文书局设于上海虹口西华德路，书局的机构设置相当完备："其屋皆仿西式，坚牢巩固，四面缭以围墙，中有账房、提调房、校对房、描字房、书栈房、照相房、

2　杨丽莹：《清末民初的石印术与石印本研究——以上海地区为中心》，上海古籍出版社，2018年，第22~27页；张伟：《晚清上海石印业的发端与拓展》，《历史文献》第18辑，上海古籍出版社，2014年，第577~578页。

3　[清]叶德辉：《书林清话》附《书林余话》，李庆西标点，上海：复旦大学出版社，2008年，第288~289页。

4　姚公鹤：《上海闲话》，上海古籍出版社，1989年，第12页。

5　[清]徐润：《徐愚斋自叙年谱》，香山徐氏民国十六年（1927年）铅印本，第31页。关于同文书局创办的时间，贺圣鼎称1881年（《三十五年来中国之印刷术》，张静庐辑注《中国近代出版史料初编》，上海群联出版社，1954年，第270页）；许静波根据《申报》的广告，认为上海的醉经堂、恒泰钟表号在1882年已经开始从事石印业务，而同文书局则于1883年才开始在《申报》刊登出版广告，"完成正式的开业告白"，并称"国人投资石印出版和石印印刷的时间，都比徐润开设的同文书局要早一些"。（《石头记——上海近代石印书业研究 1843—1956》，苏州大学出版社，2014年，第46~47页）但实际上，同文书局早在1882年已经出版了《尔雅音图》和《碧血录》。杨丽莹也称同文书局与拜石山房均创办于清光绪八年（1882年）（《清末民初的石印术与石印本研究——以上海地区为中心》，第165页）。

落石房、药水房、印书房、火机房，秩然井然，有条不紊。"[6] 书局内"购备石印机十二架，雇佣职工五百名，专事翻印古之善本，《二十四史》《康熙字典》及《佩文斋书画谱》等书尤其著者"[7]。

徐润投资创办同文书局的缘由，首先是基于对图书的喜爱和对石印出版技术的了解和欣赏，他虽"不儒而贾，然酷嗜图籍，宜雅宜风"，"藏书富有，而以宝铭斋开化纸《图书集成》万卷，殿版初印《二十四史》全帙，尤为稀世珍。其他海外图书亦多善本"[8]。他"以尚友为志，读古人书，必欲知其为人"[9]。在其自叙年谱中提到，1882 年"查石印书籍始于英商点石斋，用机器将原书摄影石上，字迹清晰，与原书无毫发爽，缩小放大，悉随人意，心窃慕之。乃集股创办同文书局，建厂购机，搜罗书籍，以为样本"[10]。嗣后，他在《申报》刊登《同文书局小启》，更对石印出版做了详细介绍："书籍之有木刻，由来尚矣，寖而至于铜板、磁板、铅板、沙板，辅木刻以兼行，为艺林所宝贵。然皆有工巨费繁之虑，且有旷日持久之嫌，要未若今日石印之巧且速者也。石之为物，其质顽矣，其色滞矣。自泰西人以药水淬之，以机器磨之，遂使顽者生光，滞者转润，妍如儿面，刚于兼金。于是陈书于旁，列镜以对，既影形之毕肖，复芒杪之无讹。移诸赫蹄，敷以丹药，字已露于石上，墨不离乎简中。"[11] 其次，从商人的角度，主要是基于对石印出版效率和赢利的乐观预期，他认为："虽其费其工，似亦甚重，然书成之后，较之木刻，不啻三倍之利焉，而且不疾而速，化行若神。其照书如白日之过隙中，其印书如大风之发水上，原书无一毫之损，所印可万本之多，三日为期，诸务毕举，木刻迟缓之不足言矣。"[12] 时人也认为石印书籍，"英人所设点石斋，独擅其利已四五年。近则宁人拜石山房，粤人之同文书局与之鼎足而三。甚矣利之所在，人争趋之也"[13]。此外，也与其谋求多元化经营以降低企业风险，发挥亲族团结辅助精神，以及试图改变自身买办社会地位，塑造文化形象有关[14]。

---

6 《书局火灾》，《申报》1893 年 6 月 29 日，第 3 版。

7 贺圣鼎：《三十五年来中国之印刷术》，张静庐辑注《中国近代出版史料初编》，上海群联出版社，1954 年，第 270 页。

8 [清]徐润：《徐愚斋自叙年谱》，香山徐氏民国十六年（1927 年）铅印本，第 94 页。

9 [清]何镛：《详注聊斋志异图咏》序，[清]蒲松龄撰、[清]吕湛恩注、[清]徐润编《详注聊斋志异图咏》16 卷首 1 卷，同文书局石印本，1886 年，卷首第 1 页。

10 [清]徐润：《徐愚斋自叙年谱》，第 31 页。

11 香山徐润雨之氏：《同文书局小启》，《申报》1883 年 6 月 26 日，第 5 版；7 月 11 日，第 6 版。

12 香山徐润雨之氏：《同文书局小启》，《申报》1883 年 7 月 11 日，第 6 版。

13 畹香留梦室主编《淞南梦影录》，上海新文化书社，1934 年，第 14 页。

14 沈俊平：《晚清同文书局的兴衰起落与经营方略》，（台湾）《汉学研究》2015 年第 33 卷第 1 期。

二、同文书局的出版概况

同文书局成立第一年出版了《尔雅音图》《碧血录》两种经、史著作，第二年出版了热销一时的《康熙字典》和《钦定篆文六经四书》《毛诗稽古编》《许氏说文解字双声叠韵谱》《切韵指掌图》等经部图书，以及史部的《御批历代通鉴辑览》、子部的《佩文斋书画谱》和集部的《愚荃敝帚》《小试金丹》等图书，还有《同文书局石印古今图书集成及二十四史样本》。同时，还"特取名人墨迹，用活影法照样印出"《成亲王墨迹》《刘文清公墨迹》《赵文敏公墨迹》《铁保将军墨迹》《何子贞太史墨迹》等法帖[15]。这批书籍和碑帖、字画，很快运销全国各地，"兹已印就各种书籍，在上海美租界西华路中本局发兑，各埠招商局、中国电报局及有名书坊亦皆寄售"[16]（图 1）。

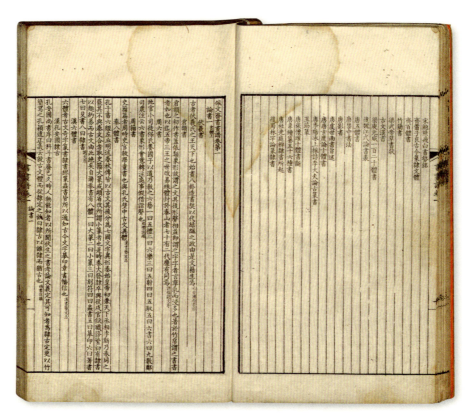

图 1　广东省博物馆藏同文书局版《佩文斋书画谱》

15　《新印各帖出售》，《申报》1883 年 3 月 7 日，第 6 版。

16　香山徐润雨之氏：《同文书局小启》，《申报》1883 年 6 月 26 日，第 5 版。

1884 年 2—6 月，同文书局在上海《申报》连续刊登书帖价目和新书广告，从中可以了解书局早期出版的进度。从 2 月刊登的《上海同文书局书帖价目》可知，书局已出版的图书以经部为主，有《钦定篆文四书六经》《尔雅图》《毛诗稽古编》《加批四书味根录》《宋本切韵指掌图》，包括热销一时的《康熙字典》；还有史部《碧血录》、子部《佩文斋书画谱》、集部《宋本唐人合集》等 9 种；以及《管夫人金刚经墨迹》《戴文节公墨迹》等法帖[17]。5—6 月，该书局又多次刊登广告，除推出《御批通鉴辑览》《愚荃敝帚》《子史精华》《增广诗句题解汇编》《韵史》《孔子家语》《三礼图》《萧选韵系》等外，还重点推出招股印刷出版的大型古籍《古今图书集成目录》和《二十四史》中的《陈书》《史记》[18]。

与此同时，同文书局开办后，注重引进专业印刷人才，"本书局向年选学徒学成西法，因置斯局"[19]。并"延聘通才及翰苑之士抄写书底及校对"[20]。同时面向社会招收专门抄书人员，采取两轮考核的方法，有 24 人、24 人和 21 人三批共 69 人收到面试通知[21]。此外，为配合大型古籍的出版，也招聘照相专门人才，称："本局开办《图书集成》《廿四史》，刻下添造影房，加置影镜人手，尚未足用，如有向操影相，并能变通影书，艺精法熟者，即同殷实保人来局面议。"[22]

由上可见，同文书局创办初期，一方面刊印常用的经史著作、工具书、科举用书和法帖、字画，并广为发行；另一方面招股筹备印制大部头的《二十四史》和《古今图书集成》，还不断招聘充实石印技术人员，营运顺利。并于 1886 年 7 月扩办业务，设立同文新局[23]。

据 1885 年同文书局石印的《同文书局石印书目》记载，开业三年间，同文书局已石印有 61 种图书，其中经部 12 种、史部 18 种、子部 21 种、集部 10 种，以及书帖、字画 33 种。而据《上海同文书局石印书画图帖》[24]统计，约至 1889 年[25]，同文书局已出版图书 123 种，其中，经部 29 种、史部 22 种、子部 43 种、集部 29 种，以及书画、楹联 46 种。

17 《上海同文书局书帖价目》，《申报》1884 年 2 月 7 日，第 7 版。

18 《同文书局新出书籍四种》，《申报》1884 年 5 月 14 日，第 6 版；《同文书局新出书籍七种》，《申报》1884 年 6 月 13 日，第 5 版。

19 香山徐润雨之氏：《同文书局小启》，《申报》1883 年 6 月 26 日，第 5 版。

20 《书业历史》，上海档案馆《行业历史沿革》，上海书业同业公会档，S313-3-1。转引自许静波：《石头记——上海近代石印业研究1843—1956》，苏州大学出版社，2014 年，第 282 页。

21 同文书局谨启：《布知描字友》，《申报》1883 年 10 月 2 日，第 5 版。

22 《同文书局招人照影》，《申报》1884 年 2 月 24 日，第 6 版。

23 《分设同文新局》，《申报》1886 年 7 月 21 日，第 4 版。

24 周振鹤编《晚清营业书目》，上海书店出版社，2005 年，第 401~409 页。

25 以其中《中西算学大成》最晚出版于 1889 年为依据。

上述两份书目，是了解同文书局出版规模的重要参考，但该书目著录信息简单，无著录出版时间，仅反映书局静态的出版数量。为摸清同文书局历年出版图书的动态状况，笔者以上述《同文书局石印书目》和《上海同文书局石印书画图帖》为基础，参考《申报》的相关报道，以及多家图书馆的馆藏目录和古籍书目数据库，比较系统地收集了该书局知见逐年出版图书目录，编成《上海同文书局历年知见石印书目》（见附录一）。并以该表为基础，编制同文书局历年石印图书数量统计图（图2）和同文书局石印图书分类图（图3）。

从图2可见，同文书局初期业务开展顺利，出版规模逐年扩大。从1882年的2种，1883年的12种，到1884年上升到近62种，特别是《二十四史》的出版，实现了出版数量和质量的突破。1885—1887年，每年均维持出版三四十种的规模。1888年下降到22种。此后，或因为集中人力物力筹备印刷《古今图书集成》，连续几年每年出版数量锐减，年出版量均在15种以下，直到1894年完成石印本《古今图书集成》的出版，又达到另一高峰。此后，从1895年到1898年书局停办，除1896年仅见1种外，似未查见该书局其他出版图书的记录。

从图3可见，同文书局历年出版的图书中，五部兼备，而以史部最多，其次是子部，再次是经部和集部，丛部最少。

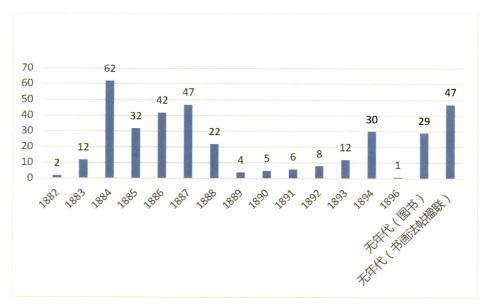

图2　同文书局历年石印图书数量统计图

就内容与用途而言，其中以科举用书占最大比例。有学者以当年上海扫叶山房、飞鸿阁、十万卷楼、鸿宝斋等多家石印书局的"发兑书籍"目录统计发现，直接面向科举考试的科举文选、应试指南等书籍占各石印书局出版图书的四分之一到三分之一不等[26]。同文书局也不

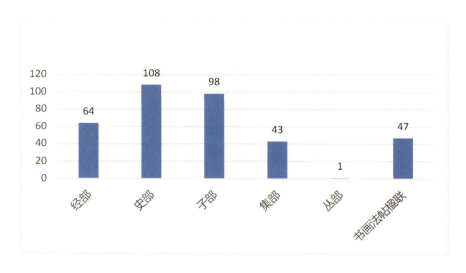

图3　同文书局石印图书分类图

例外，将科举用书作为出版的重要内容。据 1885 年的《同文书局石印书目》，其所列石印古籍除《古今图书集成》《二十四史》以外，共计 60 种，其中如《各省课艺汇海》之类的科举用书 32 种，占总印量一半之多；另据《上海同文书局石印书画图帖》统计共收书 123 种，其中科举用书 49 种，约占 40%。而据《同文书局历年知见石印书目》的大致统计，在历年出版的 314 种图书（不含书画法帖楹联）中，科举用书约 60 种（包括重版），约占 20%，如《小试金丹》《四书题镜》《四书味根录》《四书典林》《五经类典囊括》《典林琅嬛》《十三经策案》《文料大成》《诗韵合璧》《策学渊萃》《各省课艺汇海》《临文便览》《策府统宗》等。同文书局历年自己编辑、出版的图书中，也以科举用书为主，如 1884 年的《增广诗句题解汇编》和《试帖玉芙蓉集》、1885 年的《大题文府》和《经艺宏括》、1886 年的《小题文府》、1888 年的《大题三万选》和 1893 年的《四书古注群义汇解九种》等，其中有的连续三四年重版印行。

科举用书的大量出版，是与当时的社会环境相一致的。据张仲礼的研究统计，太平天国运动以后，全国的生员约达 64 万[27]。这一数量庞大的生员群体乃是科举考试用书的基本读者群。当时的报纸指出，生员"平日所孜孜以求之者，不过三场程序、八股声调、历科试卷、高头讲章，以是为利禄之资，功名之券"[28]。而"石印术翻印之古本，文字原形，不爽毫厘，书版尺寸又可随意缩小，蝇头小字，

26　徐雁平：《石印出版与晚清的科举、文化》，《古典文献研究》第 17 辑上卷，南京：凤凰出版社，2014 年，第 38 页。

27　张仲礼：《中国绅士——关于其在 19 世纪中国社会中作用的研究》，上海社会科学院出版社，1991 年，第 150 页。

28　《延师说》，《申报》1890 年 4 月 2 日，第 4 版。

笔划清楚，在科举时代，颇得考生之欢迎"[29]。因而，科举用书成为当时石印书局极力争抢的出版资源，也是书局获利的重要来源。

相比数量庞大的科举用书，传统通俗小说占同文书局出版物的比例非常有限。据大致统计，同文书局历年出版的子部小说类图书仅 16 种（包括再版），约占总出版量的 5%。小说作为通俗文学的一种，因其雅俗共赏的特性，在晚清时期同样广受社会各阶层的欢迎，因而也为当时上海各大石印书局所关注。徐润在用常规的石印方式，出版《花甲闲谈》《剑侠传》《京尘杂录》《埋忧集》《牡丹亭还魂记》《山海经》等小说的同时，还充分利用照相石印术的技术优势，以石印翻印加配图的形式，出版了多种明清以来广受大众喜爱的传统章回小说。如 1884 年同文书局出版了《增评补图石头记》《增评补像全图金玉缘》《四大奇书第一种（三国演义）》《陈章侯水浒画像》，1885 年出版《绣像三国志演义》，1886 年出版《评注图像水浒传》（160 幅）、《详注聊斋志异图咏》（445 幅），1889 年再版《增评补像全图金玉缘》等。这些图文并茂、雅俗共赏的小说，虽然占同文书局出版图书的比例非常有限，然而它却是同文书局出版物中颇具特色的门类。

同文书局最早石印出版的图像小说是《红楼梦》。由于晚清政府对该书的封禁，当时各出版社均将书名改头换面，以避检查。1882 年，由点石斋石印出版的《增刻红楼梦图咏》，是《红楼梦》绣像史上第一部石印本。1884 年，同文书局后来居上，铅排石印了王希廉、姚燮合评的"两家合评本"《增评补图石头记》。"光绪十年，同文书局用铅字排了《增评补图石头记》，后来用照相制版方法，制版于石头上，用石印法使之面世。"该书牌记印有"光绪十年甲申孟冬上海同文书局用石影印"。这部石印《红楼梦》，也反映了西方印刷技术传入我国后，早期的铅印、石印混用的印刷历史[30]。该书前附"绣像共青埂峰石绛珠仙草、通灵宝玉、辟邪金锁、警幻仙子等十九页，前图后赞"[31]。该版本一经问世，便备受青睐，发行量、翻印量都十分可观。嗣后清光绪至中华民国间出版的近十种《红楼梦》重刊本，包括刻本（如 1892 年古越诵芬阁刊本）、铅印本（如 1886 年《增评绘图大观琐录》、1905 年日本铅印本、1930 年商务印书馆《万有文库》本、1933 年《国学基本丛书》本和铸记书局铅印本）和石印本（如 1898 年上海石印本、1900 年石印本）等均据该版本翻印，堪称《红楼梦》传播史上一部具有划时代意义的版本[32]。中华民国红学研究学者吴克岐撰《忏玉楼丛书提要》对该书

29 贺圣鼐：《三十五年来中国之印刷术》，张静庐辑注《中国近代出版史料初编》，上海群联出版社，1954 年，第 270 页。

30 杜春耕：《增评补像全图金玉缘》序，[清] 王希廉、张新之、姚燮合评《增评补像全图金玉缘》，北京图书馆出版社，2002 年，第 4~7 页。

31 一粟：《红楼梦书录》，上海古籍出版社，1981 年，第 57 页。

32 曹立波：《〈增评补图石头记〉的传播盛况述评》，《红楼梦学刊》2004 年第 1 期。

的版本论述虽略有出入，但对该书曾给予高度的评价，称是书"纸墨精良，校对详审，世颇称之。后书贾仿印改名《大观琐录》，脱误甚多，考《红楼梦》最流行世代，初为程小泉本，继则王雪香评本，逮此本出现而诸本几废矣"[33]。

同年仲冬，同文书局又石印出版王希廉、张新之、姚燮合评的"三家合评本"《增评补像全图金玉缘》，前附"绣像共绛珠仙草通灵宝石、跛道人疯僧、宝玉、黛玉、贾母一百二十页，是《红楼梦》刻印本中绣像最多的版本"[34]。吴克岐撰《忏玉楼丛书提要》也予该书以好评，称此"石印本与徐氏排印本（指徐氏广百宋斋铅印本）同时出现，然风行海内，究不敌徐氏本也。卷首绣像一百二十幅，系临王云阶本，题咏亦仍之"[35]。清光绪十五年（1889年），同文书局又重新石印再版《增评补像全图金玉缘》，只是将绣像改为42页。由上可见，在晚清《红楼梦》出版史上，同文书局也曾占有较为重要的地位。

与此同时，同文书局推出绣像《三国演义》和《聊斋志异》，也名噪一时。据1886年1月4日《申报》刊载同文书局《增像三国全图演义》的出售广告，称"印成《增像三国全图演义》，原书计一百二十回，画成二百四十图。卷首又增加书中名人画像，为一百四十四幅。每幅俱加题赞。画法精美，纸张洁白，远胜应时画图三国之上"[36]。获得成功之后，同文书局又推出《详注聊斋志异图咏》。同年5月3日《申报》刊载的售书广告称："本斋前印《三国演义全图》增卷首绣像，如袁绍、陈宫、大乔、小乔之类一百四十余幅，为从来所未有。并《海上名人画稿》，内中胡公寿真迹甚多。此二书图绘之精，摹印之妙，有目共赏。兹又将《聊斋志异》一书请各名家每幅画成一图，题以七绝一首。其中事迹，穷形尽相，无美不臻。书用端楷抄成，并将吕氏原注移系逐句之下。俾览者一目了然，不但无一差字，即破体俗字亦皆悉心勘正，尤为出色。"[37]

在同文书局各种石印图像小说中，《详注聊斋志异图咏》尤其出色。广百宋斋主人徐润在其撰写的《详注聊斋志异图咏》例言中指出："《聊斋》原书，计四百三十一篇。兹将每篇事迹，各画一图，分订每卷之前。其中二则三则者，亦并图之，共得四百四十四图。不惮笔墨之劳，务餍阅者之意。""图画荟萃近时名手而成。其中楼阁山水，人物鸟兽，各尽其长。每图俱就篇中最扼要处着笔，嬉笑怒骂，

33 吴克岐：《忏玉楼丛书提要》，北京图书馆出版社，2002年，第32页。

34 一粟：《红楼梦书录》，上海古籍出版社，1981年，第57页。

35 吴克岐：《忏玉楼丛书提要》，第34~35页。

36 同文书局：《增像三国全图演义》广告，《申报》1886年1月4日，第5版。

37 同文书局：《详注聊斋志异图咏》广告，《申报》1886年5月3日，第4版。

确肖神情。小有未惬，无不再三更改，以求至当。故所画各图，无一幅可以移至他篇者。每图题七绝一首，以当款字，风华简朴，各肖题情；并以篇名之字，篆为各式小印，钤之图中，尤为新隽可喜。"[38]

作为目前已知材料可推断的《聊斋志异》图像传播的起点，同文版《详注聊斋志异图咏》甫一出版，即颇受好评。《点石斋画报》刊登的该书销售广告言"阅者无不惬心"[39]。阿英在《小说三谈》中称同文本《详注聊斋志异图咏》为"《聊斋》插图本之最善者"[40]。而业界也纷纷仿效，清末民初的知不足斋、鸿宝斋、蜚英书局、商务印书馆、中华书局等40余家出版机构均出版了图像版的《聊斋志异》，其中绝大多数的插图，从立意、取材，到大的格局，均直接因袭同文版，有的甚至直接拿来翻印[41]。可见其影响力之大，客观上对推动传统文学的大众化、普及文学知识，也起着积极作用。

此外，同文书局还出版了《康熙字典》《说文解字》《许氏说文解字双声叠韵谱》《四库全书总目》《佩文韵府》《御定骈字类编》《御定渊鉴类函》《字典考证》《切韵指掌图》等一批畅销市场的工具书。其中，以《康熙字典》最为畅销，先后重印了八版。1883年，同文书局首次翻印武英殿本《康熙字典》，"它印制的《康熙字典》是将殿本逐行剪开后拼接的，这样才能使页码减少，每页容量增大，不像点石斋仅按原页缩小。此后其他各家影印《康熙字典》，包括近年中华书局影印都直接用同文版再翻印"[42]（图4）。

如果说，编辑、出版、发行科举用书、绣像小说和工具书，是同文书局瞄准图书销售市场，追求经济效益的成功举措，更多地体现徐润作为商人的本能，那么，石印殿版《二十四史》和《古今图书集成》等大型古籍，则反映了徐润兼顾经济效益与社会效益的近代出版家的眼光和胆色，也可视为同文书局最为重要的出版成果。

《二十四史》是中国古代各朝撰写的二十四部纪传体史书，起于《史记》《汉书》，终于《元史》《明史》。清乾隆四年（1739年）武英殿汇辑刊刻《二十二史》，旋增加《旧唐书》。至乾隆四十年（1775年）又从《永乐大典》中补辑薛居正的《旧五代史》，汇成完整的《二十四史》。该书刊印精美，时称殿版《二十四史》，"欲窥全史者非殿版不可"[43]，颇为学界和藏家所重。

38 ［清］蒲松龄撰、［清］吕湛恩注、［清］徐润编《详注聊斋志异图咏》16卷首1卷，同文书局石印本，1886年，卷首第10页。

39 《〈聊斋图咏〉出售》，《点石斋画报》癸集一，1887年3月；转引自潘建国：《西洋照相石印术与中国古典图像本的近代复兴》，《学术研究》2013年第6期。

40 阿英：《小说三谈》，上海古籍出版社，1979年，第136页。

41 孙大海：《〈聊斋志异〉的图像传播——以〈详注聊斋志异图咏〉的刊行及其传拓插图演变为中心》，《〈聊斋志异〉研究》2018年第2期。

42 汪家熔：《二十四史250年版本史》，汪家熔：《商务印书馆史及其他——汪家熔出版史研究文集》，北京：中国书籍出版社，1998年，第250页。

43 《股印二十四史启》，宋原放编、汪家熔辑注《中国出版史料》（近代部分）第二卷，武汉：湖北教育出版社，2011年，第618页。

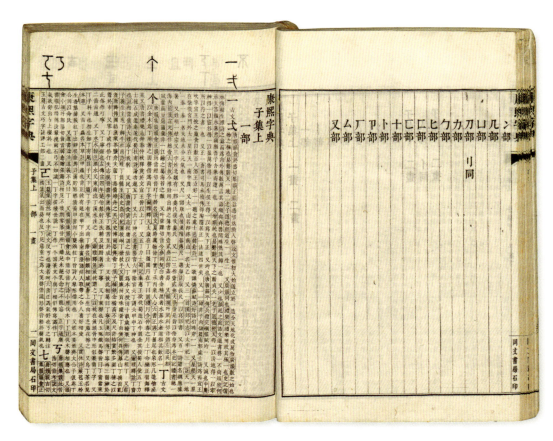

图 4　广东省博物馆藏同文书局版《康熙字典》

　　徐润在其年谱光绪八年（1882 年）中写道："旋于京师宝文斋觅得殿版白纸《二十四史》全部、《图书集成》全部。"[44] 并于同年招股开印，在同文书局《股印二十四史启》中称："道光以前，累世承平，人文蔚起，通都大邑，必有庋藏全史，以备大雅观摩者。兵燹而后，斯文浩劫，志学之士欲求全史而读之，盖有登天之难焉。本局现以二千八百五十金购得乾隆初印开化纸全史一部，计七百十一本，不敢私为己有，愿与同好共之，拟用石印，较原版略缩，本数则仍其旧。"[45] 光绪十年（1884 年），同文书局石印《二十四史附考证》正式出版，全书 24 种，711 册，3292 卷，书前牌记题"光绪十年甲申仲春上海同文书局用石影印"。

　　该书出版后，虽有学者质疑其存在疏漏，如汪康年称粤之徐氏首创同文书局，"最著名者为复印殿本《二十四史》，皆全张付印，绝不割裂合并，当无误矣。然览之，误字乃甚多。盖所得之本

44　［清］徐润：《徐愚斋自叙年谱》，香山徐氏民国十六年（1927 年）铅印本，第 31 页。

45　《股印二十四史启》，宋原放编、汪家熔辑注《中国出版史料》（近代部分）第二卷，武汉：湖北教育出版社，2011 年，第 618 页。

并非初印，字迹多漫漶，乃延人描使明显，便于付印。此辈文理多未通顺，遇字不可解者辄擅改之，致错误百出"。且误著录《旧五代史》的版本时间。但他也承认该版本"较之他石印本及铅字本，似尚胜一筹云"[46]。客观而言，无论是刚刚出版的当时，还是后来的中华民国时期，乃至现当代，同文版《二十四史》还是颇受市场和学界欢迎的。

1890 年 7 月 9 日《申报》刊登的广告指出，同文书局版《二十四史》"照殿版原本石印，每部计七百十一本。板口整齐，纸张洁白，印刷精美，装仿袖珍尤便携览"[47]。1903 年 11 月，五洲同文书局重印《二十四史》时，曾在《申报》刊登《钦定〈二十四史〉殿本开印招股启》，称："上海同文书局始以殿本石印行世，士林珍之。当时所印不多，旋即售罄。迄今悬倍价于市，未易得此书矣。坊肆所售，皆用同文之书为底本并叶并行。"[48]20 世纪 40 年代上海《大公报》也曾刊文指出同文书局"用极清晰的石印印了《二十四史》等书，行款装订，全很古雅，于是仿行者踵起"。并称"同文版的《二十四史》，如今也要卖到几百万，那是以乾隆四年殿本为底子的，开明的《二十五史》，即照此版"[49]。由此可见同文版《二十四史》从晚清至中华民国，颇受市场和学界的青睐。

在同文书局历年出版的图书中，影响最大的无疑当推《古今图书集成》。《古今图书集成》是我国现存规模最大的一部类书，清康熙、雍正年间由陈梦雷编纂，雍正四年（1726 年）用铜活字排印成书。该书正文 10000 卷，目录 40 卷，共 5020 册，522 函。按内容分为 6 编，32 典，6117 部。每部又细分为汇考、总论、艺文、选句、纪事、杂录、外编等项。康有为指出："《古今图书集成》为清朝第一大书，将以轶宋之《册府元龟》《太平御览》《文苑英华》，而与明之《永乐大典》竞宏富者……诚中国之瑰宝也。"[50]

但《古今图书集成》当时仅印制 64 部[51]，到了清光绪年间，已传世日稀。同文书局成立初期，徐润就从京师宝文斋觅得殿版白纸《古今图书集成》一部，策划招股重印。光绪九年（1883 年），同文书局就先后在《申报》登载招股石印的广告[52]。在《股印〈古今图书集成〉启》中，称该书"汇

46　《同文版〈二十四史〉》，汪康年著，匡树红编选、点校《穰卿随笔》，北京：中共中央党校出版社，1998 年，第 262 页。后人多有引用汪氏观点，诟病同文版《二十四史》，但也有学者表示存疑，见汪家熔：《不要迷信名家》，《出版发行研究》2002 年第 4 期。

47　《廿四史出售》，《申报》1890 年 7 月 9 日，第 11 版。

48　《钦定〈二十四史〉殿本开印招股启》，《申报》1903 年 11 月 28 日，第 4 版。

49　王奇：《排印·影印·翻印》，上海《大公报》1947 年 10 月 2 日，第 9 版。

50　康有为：《古今图书集成》跋，北京：中华书局，1934 年缩印本，第六册目录后。

51　袁同礼：《关于〈图书集成〉之文献》，《图书馆学季刊》1932 年第 6 卷第 3 期，第 403 页；曹红军：《〈古今图书集成〉版本研究》，《故宫博物院院刊》2007 年第 5 期。

52　《上海同文书局石印书画图轴价目》，《申报》1883 年 6 月 18 日，第 6 版；6 月 26 日，第 5 版。

千百文臣所手录，洵千秋之至宝，亦六合之奇观矣。恭闻是书初成，以活字铜版排印不逾百部，当时惟亲王大臣及总裁是书者各赐一部，余皆藏之内府；其后乾隆中叶，诏于扬州、镇江、杭州三阁，各以一部分贮；又海内之献书较多者范氏、鲍氏、汪氏、马氏四家，亦各赐一部，他无闻矣。兵燹以来，四家之书半多散佚，而三阁所藏则荡然无一存者，由是士林之欲见是书也难矣。本局现以万余金购得白纸者一部，用以缩印；又以六千金购得竹纸者一部，用以备校。约两年为期，其工可竣。去年曾经启知，以招印一千五百股为额，并呈书样四式，嗣蒙诸大雅示复，皆以字大行疏，每部三百六十两者为最。本局谨遵众论，即照三百六十两样本开办"[53]。并开始印刷样书、目录等，惜因定价偏高，应者寥寥，招股印刷未能实施[54]。但此次实实在在的筹备经过，却无意间为六年后的一次机会埋下伏笔。

光绪十六年（1890 年）六月，清政府鉴于《古今图书集成》存世日稀，而照相石印技术又广为应用，乃面谕总理各国事务衙门酌拟办法，石印该书，既可"为颁赏文臣之用"[55]，也可用于宫中、各级衙门、各地学堂和图书馆等收藏，还可作为外交手段，向各国大使馆和学校赠送，以广流传。十月十四日，总理衙门奏遵旨石印书籍酌拟办法折称："本年六月间，臣等面奉谕旨：著照殿板式样石印《图书集成》。臣等查石印书籍，以上海商人办理最为熟悉，当即电知上海道聂缉椝就近饬商估计，详细声复，以凭办理。"而采用新兴的石印出版方式，不用铅印或雕版印刷，主要是经费和时间的考虑，"用款亦不致多费，较之木刻、摆印，实属事半功倍"。聂缉椝接令后，即寻找书商筹划商议，明确"价值之增减，以印书之多寡、纸张之大小为断"[56]。为体现公正廉洁，聂缉椝还组织了公开招标，后由同文书局和鸿文书局进入最后竞争。同文书局虽报价高于对方约 16%，但综合生产能力、设备新旧、技术高低、人脉关系，加上上面提到几年前曾经周密的准备，最后同文书局拿下了这一大项目[57]。聂缉椝随后与同文书局核实估计，"议用料半开三纸，照殿板原式印一百部，每部计价规平银三千五百余两。惟料半纸出于安徽，常年制造为数无多。此书卷帙浩繁，必须添造，约计须以三年为期，方能供用。议即立限三年，令其印齐。先行购买殿板原书一部，以为描润照印底本，另给价

53 《股印〈古今图书集成〉启》，宋原放编、汪家熔辑注《中国出版史料（近代部分）》第二卷，武汉：湖北教育出版社，2011 年，第 617~618 页。

54 裴芹：《古今图书集成研究》，北京图书馆出版社，2001 年，第 197~198 页。

55 陈伯熙：《上海轶事大观》，上海书店出版社，2000 年，第 177 页。

56 袁同礼：《关于〈图书集成〉之文献》，《图书馆学季刊》1936 年第 6 卷第 3 期，第 405~406 页。

57 张伟：《晚清上海石印业的发端与拓展》，《历史文献》第 18 辑，上海古籍出版社，2014 年，第 590~594 页；陈伯熙：《上海轶事大观》，第 177 页。

银一万三千两，事竣仍将原书呈缴。并于一百部之外报效黄绫本一部，不给价值"。并由两江总督"遴派正途出身、精细勤慎之员前往驻局，逐篇详校，以臻完善"[58]。

关于同文书局承印《古今图书集成》的时间，徐润在《徐愚斋自叙年谱》中回忆"迨光绪十七年辛卯内廷传办石印图书集成 100 部，即由同文书局承印，壬辰年开办，甲午年全集告竣进呈，从此声誉益隆"[59]。又总理各国事务衙门于光绪十七年（1891 年）六月奏称"现在石印《图书集成》"。光绪二十年（1894 年）十一月又奏称："石印《图书集成》解京，请旨进呈，得旨《图书集成》十一部，著于本年十二月初三日，由福华门一律交进，由懋勤殿首领太监接收。"[60]光绪二十七年（1901 年）刘坤一"请将《图书集成》颁发各省片"。也称"前由总理衙门奏办石印《图书集成》一百部，于光绪二十年间工竣"[61]。由上可见，同文书局应于光绪十六年（1890 年）承接石印《古今图书集成》100 部的订单，次年开印，至光绪二十年全部石印竣工。

同文版《古今图书集成》虽以雍正铜活字版为蓝本，但实际上做了大量细致的修整、描润，除将雍正以后六位皇帝的名讳涂白改写外，书中"虫蚀圆眼，则粘补平复。铜版墨色深浅不匀，均用墨笔描润。开花纸年久即有黄色斑点，以粉笔饰之。字画不清之处，以粉笔钩之"[62]。"书中不仅将每页不清晰的框线、栏线重新勾画，而且对不清晰的字，如字形尚好就即直接用墨笔描黑，字形不好的字则先用白粉涂白，然后再用墨笔重新写好。"[63]因此，石印的同文版字迹清晰，墨色鲜明，版面光洁，堪称佳本。此外，石印本还增加龙继栋所撰《考证》24 卷，故册数由原来 522 函 5020 册，增为 528 函 5044 册。《考证》核对《古今图书集成》原书，详加校订，旁征博引，订正原书引文错讹脱漏之处约 2 万条，并附全书之后，故同文版的文献价值更优于铜活字版。民国著名藏书家、刻书家陶湘称："同文书局石印本尺寸大小与铜版一律，字朗体整，又有考证，是为最善者。"[64]

同文书局石印成书的百部《古今图书集成》的流传去向，诸多文献记载均称大半毁于火厄。实

58　袁同礼：《关于〈图书集成〉之文献》，《图书馆学季刊》1936 年第 6 卷第 3 期。

59　[清] 徐润：《徐愚斋自叙年谱》，香山徐氏民国十六年（1927 年）铅印本，第 31 页。

60　《清实录·大清德宗景皇帝实录》卷 298，第 8 页；卷 353，第 27~28 页。

61　中国科学院历史研究所第三所编《刘坤一遗集》，北京：中华书局，1959 年，第 1313 页。

62　陶湘编《故宫殿本书库现存目》，故宫博物院图书馆，1933 年，卷中类书第 4 页。

63　宋建昃：《描润本〈古今图书集成〉述介》，《文献》1997 年第 3 期。

64　陶湘编《故宫殿本书库现存目》，卷中类书第 5 页。另陈伯熙称"其版图字样，按照原式放大十分之一"（见陈伯熙：《上海轶事大观》，上海书店出版社，2000 年，第 177 页），不确。关于同文局本尺寸大小和描润，参见冯立昇：《略论〈古今图书集成〉的描润本与石印本》，程焕文等主编《2016 年中文古籍整理与版本目录学国际学术研讨会论文集》，桂林：广西师范大学出版社，2018 年，第 731~732 页；宋建昃：《描润本〈古今图书集成〉述介》，《文献》1997 年第 3 期。

际上并非如此，该书不仅进呈北京宫中、嘉赏大臣，还存藏各级衙门、各省学堂和图书馆。具体流向分别是：第一批进呈宫中 10 部，加黄绫本 1 部；各省和两江总督衙门购领 11 部。第二批进呈宫中 20 部；赏赐庆亲王奕劻，大学士荣禄、王文韶，户部尚书鹿传霖，外务部尚书瞿鸿禨各 1 部，共 5 部；颁赏顺天中学堂、京师大学堂、上海实业学堂、高等巡警学堂、唐山路矿学堂等各式学堂 33 部；赏给外务部、大理院、都察院、资政院等各部院 10 部；赏给直隶图书馆、江宁图书馆和山西图书馆 3 部。此外，还有 8 部作为外交礼品，走出国门，存藏于美国哥伦比亚大学图书馆、美国国会图书馆、日本天皇、日本文部省、槟榔屿中华学校、英国伦敦中国会（后存放剑桥大学图书馆）、清朝驻日使馆藏书楼和驻荷兰使馆藏书楼等海外机构。由此可见，同文书局石印的百部《古今图书集成》均各有去处[65]。特别是中华民国时期，该丛书通过各种渠道，陆续进入京师图书馆、浙江省立图书馆、安徽省立图书馆、福建省立图书馆、云南省立图书馆、湖南省立中山图书馆、陕西省立图书馆、黑龙江省立图书馆、广东省立图书馆、浙江省黄岩县立九峰图书馆等公共图书馆，以及故宫博物院图书馆、国民政府文官处图书馆、教育部图书馆、交通部图书馆等专门图书馆[66]，对该丛书的传播使用，发挥了重要作用。

石印《古今图书集成》，是同文书局的最重要出版成果，也是徐润出版生涯的顶峰。他自称"从此声誉益隆"[67]。但是，《古今图书集成》为徐润带来荣光的同时，也埋下其事业隐患的伏笔。从经济效益考虑，徐润承接石印《古今图书集成》，并没有给同文书局带来丰厚的利润，书局"初领内帑三十八万两，订造一百零一部。……此书历三载始竣，工料浩大，亏蚀不资，几中辍。幸托有力者向府说，加津贴十万，始得举事"[68]。而面对众多兴起的石印同行，同文书局诸多出版物讲究底本，追求质量，虽赢得了口碑，却输掉了市场。有学者以当时的同文书局与飞鸿阁同时出版的《五经合纂大成》《试帖玉芙蓉》等 14 种畅销书的定价做了比较，同一种书同文书局比飞鸿阁最高的多了 6.67 倍，最低的也高出 1.33 倍，平均高出 4.36 倍[69]，高企的定价，自然影响图书的销售。而 1893 年 6 月，也正是同文书局全力以赴编印《古今图书集成》的时候，书局遭遇严重火灾，"印书机器

65 何玲：《光绪朝石印〈古今图书集成〉的流传与分布》，《中国典籍与文化》2015 年第 4 期；冯立昇：《清末〈古今图书集成〉的影印出版及其流传与影响》，《印刷文化（中英文）》2020 年第 1 期。

66 张鉴：《〈古今图书集成〉再考》，《新中华杂志》1936 年第 4 卷第 4 期；国立北平图书馆编《国立北平图书馆概况》，编者铅印本，1929 年，第 2 页；茅谦编《广东图书馆藏书目录》，广东图书馆刻本，1915 年，第 25 页。

67 ［清］徐润：《徐愚斋自叙年谱》，香山徐氏民国十六年（1927 年）铅印本，第 31 页。

68 陈荣广：《老上海》，上海泰东印书局，1919 年，第 20 页。

69 沈俊平：《晚清同文书局的兴衰起落与经营方略》，（台湾）《汉学研究》2015 年第 33 卷第 1 期。

十余架及印书□石均已损毁不堪，药水亦烧毁无存"[70]，使书局元气大伤。再加上书局拖欠英商蔚霞抵押金和利息，而引起官司。多重压力之下，书局不得不宣布歇业[71]。正如当年王韬给盛宣怀的信札中所说："沪上书局太多，石印已有七八家，所印书籍实难消售。同文书局码价积有九十一万，又复他局印者，日有所出，聚而不散，必有受其病者。"[72] 徐润晚年在其年谱中也回忆称，书局在经营"十余年后，印书既多，压本愈重，知难而退，遂于光绪二十四年戊戌停办"[73]。

三、徐润与广百宋斋

徐润在经营以石印为主业的同文书局的同时，也从拓展新式出版市场考虑，创办以新式铅印为主业的广百宋斋。西方铅活字印刷技术于 15 世纪 30—40 年代由德国的谷登堡发明，引发欧洲印刷史上的一场革命。随后，新式的铅印技术由传教士带到远东。1588 年，铅印技术始由耶稣会士传入中国，并在澳门印刷了三本拉丁文书籍。而目前可考最早的近代用铅活字印刷的中文书籍，则是 1813 年英国浸礼会传教士马士曼等在印度塞兰坡印刷所印刷的《若翰所书之福音》。此后，该所又先后铅印马士曼和在广州的英国传教士马礼逊用英文撰写的研究汉语语法的著作《中国言法》和《通用汉言之法》，以及全套汉语《圣经》，对铅印技术在中国的推广起着积极的影响[74]。1814 年，英国东印度公司设立澳门印刷所，铸造了中国境内最早的一套铅活字，1823 年铅印出版马礼逊编的《华英字典》[75]。1844 年美国基督教长老会在澳门又开设花华圣经书房。鸦片战争后，随着上海的开埠，中文铅字印刷中心逐步从澳门迁移到上海。1843 年英国传教士麦都思在上海创办中国大陆地区最早设立的出版机构墨海书馆；1860 年美国传教士姜别利将原设于澳门，后迁宁波的花华圣经书房，迁到上海成立美华书馆，改良电镀字模与排字架；1867 年天主教系统的土山湾印书馆开办，并专门成立铅字部[76]。1872 年，英国商人美查在上海创办《申报》，以铅印技术印刷报纸，以及一些中国传

70　《书局火灾》，《申报》1893 年 6 月 29 日，第 3 版。

71　沈俊平：《晚清同文书局的兴衰起落与经营方略》，（台湾）《汉学研究》2015 年第 33 卷第 1 期。

72　《王韬致盛宣怀》（1887 年 8 月 22 日），王尔敏、陈善伟编《近代名人手札真迹：盛宣怀珍藏书牍初编》第 8 册，香港中文大学出版社，1987 年，第 3398~3399 页。

73　[清] 徐润：《徐愚斋自叙年谱》，香山徐氏民国十六年（1927 年）铅印本，第 31 页。

74　马敏：《马士曼与近代最早的铅印中文书籍》，《近代史研究》2019 年第 6 期。

75　谭树林：《英国东印度公司与中西文化交流——以在华出版活动为中心》，《江苏社会科学》2008 年第 5 期。

76　章宏伟：《上海开埠与中国出版新格局的确立》，《中国出版史研究》2016 年第 2 期。

统书籍。1884 年又开办以铅印为主业的图书集成印书局。此后，以上海为中心的铅印技术在中国逐渐流传开来。

就技术而言，铅印术实则早于石印传入中国，但它并没有像石印技术一样很快普及开来。原因在于西方活字铅印技术的中国化过程十分困难，中文活字铸造不便，早期铅活字印刷铅字数量有限，难以应付字量巨大的大型古籍；对于机器、动力、投资成本及技术要求也较高，因而，众多华资书局也持观望态度，并没有对此新技术进行尝试。倒是刚刚进入新式石印行业，创办同文书局的徐润，再次凭借雄厚资本，应时而动，创办了以铅印为主业的广百宋斋[77]。关于广百宋斋的创办时间，上海档案馆藏的 20 世纪 50 年代回忆资料《书业历史》称，同文书局创办后，"股东徐雨之又在苏州河北开办铅板印刷局，曰广百宋斋，印的《洪奏对笔记》《廷训格言》《曾国藩家书》《西游记》《封神榜》《七侠五义》等书，均二号大字本"[78]。没有说明具体时间。也有称"1887 年创办，主人徐雨之，以铅印为主"[79]。而实际上，早在光绪十年（1884 年），该书局已铅印出版了《东华录》《东华续录》《皇清开国方略》，说明在同文书局创办至迟两年后，徐润已石印、铅印兼营，开办了广百宋斋。该书局曾编印的《广百宋斋书目》称："本斋创设上海英租界二马路中礼拜堂北，首挑选顶上纸张墨料，自造各种铜模铅字，精铸点锡铜版书画、图帖，兼售石印各书。墨中并不和油，历久不泛黄色。代客承印各种大部书籍。惟期见赏士林，不敢顾惜工本。凡绅商欲排印铸版者，请至本斋面议可也。兹将已成各书，并各种石印书画、图帖开列于后。"[80] 对该书局的业务作了介绍。《广百宋斋书目》分经部类 55 种、史部类 45 种、子部类 12 种、集部类 22 种、制义类 154 种、策论类 27 种、古学类附算学 85 种、图画类附书法 147 种、禀牍类附杂览 27 种，合共 574 种。其中大部分是代售同文书局等的石印图书、字画目录，更多的是反映其发行的规模。因为出版和发行的书目混杂，从中无从了解书局出版的概况。徐润在其年谱中对该书局的出版业务曾有一段记载："广百宋斋经理王哲夫先生并朱岳生、许幼庄以铜版、铅版选辑《朱批雍正上谕》《九朝圣训》《四书味根录》《四书文富》《绘图三国演义》《聊斋》《水浒》《石头记》，及缩本《康熙字典》分售于上海，并托抱芳阁寄售。"[81] 从中可略窥书局的管理和出版简况。为更全面了解该书局的出版情况，笔者从相关

77　许静波：《何以代刻——上海近代书业技术革新多元因素考察》，《中国出版史研究》2018 年第 3 期。

78　许静波：《石头记——上海近代石印书业研究 1843—1956》，苏州大学出版社，2014 年，第 282 页。

79　杨丽莹：《清末民初的石印术与石印本研究——以上海地区为中心》，上海古籍出版社，2018 年，第 177 页。

80　上海广百宋斋主人：《广百宋斋书目》小启，广百宋斋编《广百宋斋书目》，光绪间铅印本，书前。

81　[清] 徐润：《徐愚斋自叙年谱》，香山徐氏民国十六年（1927 年）铅印本，第 41 页。

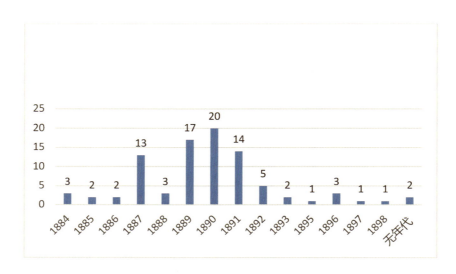

图 5　广百宋斋历年出版图书数量统计图

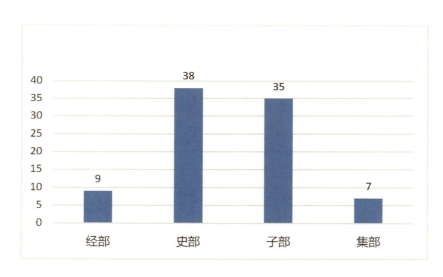

图 6　广百宋斋出版图书分类统计图

书目和数据库收集了相关书目 89 种，按版本时间，分类编排，编成《上海广百宋斋知见出版书目》
（见附录二），并以该表为基础，编制上海广百宋斋历年出版图书数量统计图（图 5）和上海广百
宋斋出版图书分类统计图（图 6）。

　　从图 5 可知，广百宋斋最早的出版记录是 1884 年，前三年每年出版图书非常有限，1887 年后
出版图书逐步递增，到 1890 年出版 20 种，达到一个小高峰。此后，逐年减少，到 1898 年后，未
见再有图书出版。

从图 6 可知，广百宋斋历年出版的图书内容与同文书局相仿，四部兼备，而以史部最多，其次是子部，再次是经部和集部。史部中以颇具文献价值的清代史料为主，如编年体清代史料长编的《东华录》《东华续录》，以及《皇清开国方略》《国朝先正事略》《通商章程成案汇编》《皇清经世文编》《皇清经世文续编》等。子部除清代志怪小说《谐铎》、通俗小说《廿四史纲鉴通俗演义》等之外，多为明清传统章回小说，如《绘图增像第五才子书水浒传》《绘图增像西游记》《聊斋志异新评》《七侠五义》《绣像封神演义》《三国志演义》《绘图镜花缘》，以及续编的《小五义传》《续小五义》《绣像三国演义续编》。其中有的颇受市场欢迎，如光绪十六年（1890 年）广百宋斋铅印出版俞樾重编的《七侠五义》，风靡一时，由此引发一场小说续书编印的热潮。石庵《忏空室随笔》（1909 年）称："自《七侠五义》一书出现后，世之效颦学步者不下百十种，《小五义》也，《续小五义》也，《再续、三续、四续小五义》也。更有《施公案》《彭公案》《济公》《海公案》，亦再续、重续、三续、四续之不止。"[82] 助推传统小说在民间的广泛传播（图 7）。

广百宋斋开始经营不错，"除开销外，所有盈余清还资本，其余书籍与各书庄相通对调"。光绪十一年（1885 年）秋，"金陵乡试，又托抱芳阁鲍叔衡设分局于南京代售各书籍。七月中到宁，开市二十天，各书均已销尽，颇得利息"[83]。正如当时的《申报》所报道的一样，由于"校雠精详，字迹清晰"，上海曾经一度出现"竞尚铅板，每值书出，无不争相购置"的现象[84]。广百宋斋的发展轨迹，大致与同文书局相似，1893 年后，出版图书数量锐减，目前能见最后出版的书目是 1898 年铅印出版的《十一朝东华录》。导致广百宋斋歇业的原因，与同文书局一样，也与天灾人祸有关。徐润在其年谱中曾回忆称："十三夜为灯火所误，以致失慎，全肆俱付一炬，荡然无存。时运之否，莫此为甚，得意不宜再往，不然又何至亏蚀耶。"[85]

四、徐润出版活动的特点

徐润自 1882 年创办同文书局、1884 年创办广百宋斋，一直到 1898 年两间书局分别歇业，前后历时 16 年。如上所述，徐润不但在投资入股、决策规划和营运管理等宏观层面进行把控，而且策

---

82 潘建国：《铅石印刷术与明清通俗小说的近代传播——以上海（1874—1911）为考察中心》，《文学遗产》2006 年第 6 期。

83 ［清］徐润：《徐愚斋自叙年谱》，香山徐氏民国十六年（1927 年）铅印本，第 41 页。

84 《精一阁告白》，《申报》1881 年 2 月 28 日，第 6 版。

85 ［清］徐润：《徐愚斋自叙年谱》，香山徐氏民国十六年（1927 年）铅印本，第 41 页。"十三夜"的具体年份不详，此段文字虽然放在年谱的光绪十一年（1885 年），但实际发生时间应该不是当年。

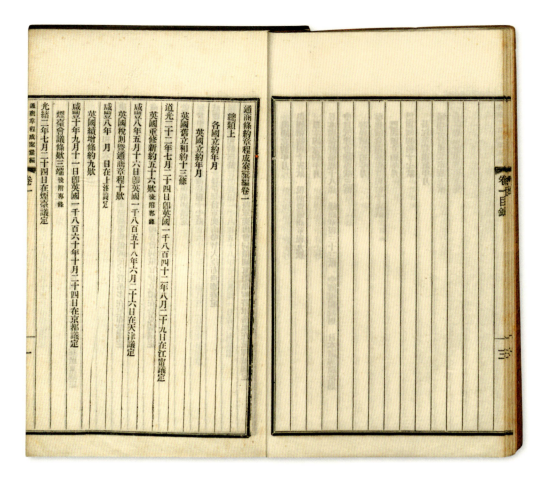

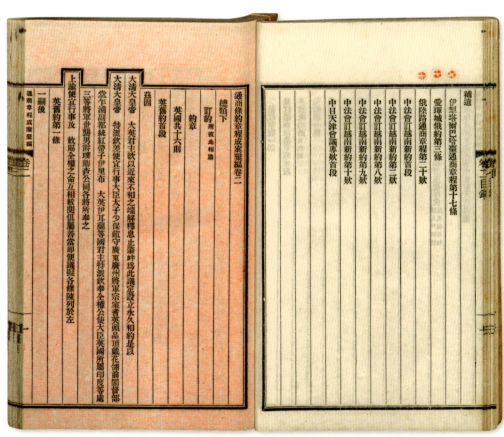

图7　广东省博物馆藏广百宋斋版《通商章程成案汇编》

划选题，聘请名家绘画插图（见何镛《详注聊斋志异图咏》序），亲自撰写广告（如《同文书局小启》）、序言（如《纲鉴易知录》序）、编例（如《详注聊斋志异图咏》例言）等，在营销推广、编辑出版等具体业务方面，也多亲力亲为。其出版活动特色鲜明、影响广泛，在中国近代早期新式出版史上留下浓重的一笔。

其一，规模宏大。1882 年徐润开始进入出版行业时，已经是一名成功的商人，有资料显示，其在 1883 年时以股票形式在 19 家近代公司企业中的投资总额已高达白银 120 余万两[86]，雄厚的资金实力，使徐润创办同文书局时能有高的起点。首先，在硬件上，他建立起包括校对、描字、书写、照相、落石、药水和印刷等专业用房，以及财务、调度和消防等配套用房的机构设置相当完备的厂房，秩序井然，有条不紊[87]。并购置先进的石印机 12 架，雇佣职工 500 名，专事石印古籍善本[88]。而据《北华捷报》1889 年 5 月 25 日报道，当时多数书局规模并不大，"现在每一个印刷局都雇佣着一百或二百人"[89]。可见，无论是厂房机器，还是人员配置，其规模已领先当时的许多石印书局。同时，为了全面拓展新式出版业，徐润还开办了铅印书局广百宋斋，也在业界颇具知名度。其次，在印刷出版能力方面，同文书局也遥遥领先。据大致统计，同文书局历年共石印图书 314 种、书画法帖楹联 47 种，逾 20 多万册[90]，而同时期上海主要的石印书局石印图书的数量分别是点石斋 67 种、上海书局 67 种、鸿文书局 176 种、上海会文堂书局 100 种、文瑞楼 121 种[91]。同文书局还出版《古今图书集成》《二十四史》等大型古籍，徐润同时创办的以铅印为主要业务的广百宋斋出版图书约 89 种。由此可见徐润经营的出版业务规模远超同时代的同行。

清代学者、藏书家姚觐元在述及同文书局时说："历观全局用西法，而仍以墨印，较之点石斋胜多多矣。"[92]1905 年中国书业有限公司成立时，曾称"往者同文书局之设，影印精良，规模宏达，中外推重"[93]。《民国上海县志》也对徐润的出版活动给予高度的评价，称其"以欧西石印法于文化

86　张忠民：《艰难的变迁：近代中国公司制度研究》，上海社会科学院出版社，2002 年，第 148 页。

87　《书局火灾》，《申报》1893 年 6 月 29 日，第 3 版。

88　贺圣鼐：《三十五年来中国之印刷术》，张静庐辑注《中国近代出版史料初编》，上海群联出版社，1954 年，第 270 页。

89　孙毓棠编《中国近代工业史资料》第一辑（下册），北京：科学出版社，1957 年，第 1009 页。

90　[清] 徐润：《徐愚斋自叙年谱》，香山徐氏民国十六年（1927 年）铅印本，第 31 页。

91　杨丽莹：《清末民初的石印术与石印本研究——以上海地区为中心》，上海古籍出版社，2018 年，第 203~226 页。

92　《清代日记汇抄》，上海人民出版社，1982 年，第 341 页。

93　《中国书业有限公司缘起》（1905 年 7 月），上海市档案馆编《上海档案史料丛编·旧中国的股份制 1872—1949 年》，北京：中国档案出版社，1996 年，第 91 页。

事业裨益颇多，创同文书局，影印《图书集成》，及广百宋斋铅版书局，印刷书籍，艺林诧为创举。凡所规划，皆为中国所未见，而事事足与欧美竞争"[94]。这种较大的规模，不仅使我国的民族出版业在与外商的竞争中站稳脚跟，而且也推动印刷技术的改进。我国后来印刷技术的不断提升，整个民族出版业的逐步发展，到 20 世纪初取代教会出版业和官办出版业而成为出版业的主流，与此关系密切[95]。

其二，质量精良。与普通的书局作坊不同，徐润创办的同文书局，不仅出版图书数量大，而且以精细著称，在选择底本、内容修订和印刷工艺上不惜工本，十分注重刊印图书的质量。他晚年不无自得地声称同文书局出版的 20 余万部古籍和法帖等"莫不唯妙唯肖，精美绝伦，咸推为石印之冠"。揆诸事实，参照时人的评论，徐氏此论，似非自夸之辞。

就同文书局出版的大型古籍而言，最有代表性的当推《古今图书集成》，该书以雍正内府铜活字开化纸印本为底本，无论是修整描润、勾栏画线，还是纸张油墨、印刷装订，乃至内容考订，无不精益求精，堪称完美。"同文局本尺寸大小，既全依铜版，复字朗体整，新增考证，在本子上不媿为最善。"[96]就常用的工具书而论，则以《康熙字典》为典型。该书同文书局前后再版 8 次，颇受市场欢迎，在近代古旧书店售书目录中不乏时人对"同文版"之赞誉之词，如 1908 年上海南洋官书局翻印同文版《康熙字典》的广告中称该书"字画明晰，纸墨精良，为石印字典中首屈一指"[97]。1916 年上海文盛书局在《申报》刊登预购同文版《康熙字典》时指出该版"字体巨而笔画极明，校对精详毫无讹谬与脱落之病，检阅便易，诚字典中之精本也"[98]。

而其他通俗小说，乃至科举读物、法帖字画，同文书局也一丝不苟。同文书局运用新式石印技术，先后出版了《增评补图石头记》《增评补像全图金玉缘》《增像三国全图演义》《详注聊斋志异图咏》等一批图像小说，引领晚清绣像小说大众普及的风气。这批作品图文并茂，印制精美，风靡一时。作为范本，在晚清以至民国时期被诸多书局据之仿制翻印。周瘦鹃在石印本《小说名画大观》的序文中说："昔时同文、点石所印说部，吴友如辈类能体贴著者心理，摹想神情，绘为精美之图画，使读者身临其境，亲见其人，是小说之得名画而益彰者也。"[99]在内容文字的编纂上，也注重校勘和

94 吴馨、江家嵋修，姚文枬纂《民国上海县志》卷 17，铅印本，1936 年，第 5~6 页。

95 陈昌文编《都市化进程中的上海出版业 1843—1949》，上海人民出版社，2012 年，第 89 页。

96 张鉴：《〈古今图书集成〉再考》，《新中华杂志》1936 年第 4 卷第 4 期，第 22 页。

97 《同文书局殿版〈康熙字典〉》，《申报》1908 年 5 月 23 日，第 6 版。

98 《同文书局原版精印〈康熙字典〉》，《申报》1916 年 11 月 12 日，第 18 版。

99 胡寄尘编《小说名画大观》，北京：书目文献出版社影印本，1996 年，第 5 页。

编排的科学。徐润在为其编印的《详注聊斋志异图咏》写的例言中称："是书照莱阳赵氏所刻本端楷钞成，精妙无比，校对尤为详慎，不但无一误字，即破体俗字，亦皆悉心刊正。""各家注释以文登吕氏为详，惟摘列篇后，检查犹嫌费事。兹移系逐句之下，庶几一目了然。"[100]

即使是科举用书，同文书局也讲究质量，以1885年出版的《诗韵合璧》为例，当时的报纸刊登的广告称："《诗韵》一书陆续增辑，至《合璧》出，而始臻于美。一时远近争购，纸贵洛阳。向之服膺集成、渔古轩各本者，无不舍而从事于《合璧》焉。顾咸丰间其书初出，号称铜板，颇为明晰，嗣后展（辗）转翻刻，总不如前，学者病之。今浼上海同文书局付诸石印，其字迹虽细如散发，而点画仍朗若列眉，洵可宝贵，不特胜于寻常刊本，即于东洋板相较，同一清澈。"除印刷质量精良外，校勘编辑也精细，"取原板初印，广延名宿，汇集群书，逐细核准，故无一伪字"[101]。1893年同文书局石印的《皇朝五经汇解》，特请著名的文学家、经学家、书法家俞樾，金石学家、书法家杨岘和书画家杨计春分别为之隶书、行楷和隶书序言，名家文章和书法增添了图书的雅致和品位。而其印制的法帖字画，也以精美称誉，"其中环肥燕瘦，毫发不差；飞白硬黄，精神酷肖。所谓双钩响搨，玉刻金镂者，俱不如也"[102]。至于以铅印为主业的广百宋斋，其出版物也有良好的口碑，如上所述的光绪十六年（1890年）出版的俞樾重编的《七侠五义》，就因精致的编印质量，而广受社会追捧，并引发一场小说续书编印的热潮。

胡怀琛在《上海学艺概要》中称同文书局"先后翻印大宗旧书，如《二十四史》《图书集成》《资治通鉴》《通鉴纲目》《通鉴辑览》《佩文韵府》《佩文斋书画谱》《渊鉴类函》《骈字类编》《全唐诗》等巨帙，皆有翻印本。其他小部书籍，难以书计。而印刷清楚，校订精审，尤为学界所称道"[103]。陈荣广在《老上海》中也说："石印法之输入中国，最先为点石斋，继起者为拜石山房、同文书局，一时鼎足而立……而校刊印刷，以同文为最精。今日得同文板者，尚可求善价也。"[104]

其三，影响广泛。徐润凭借雄厚的资金实力，先后创办同文书局和广百宋斋，出版的图书数量和质量居业界前列，具有广泛而深远的影响力。同文书局石印的大型古籍《古今图书集成》，作为代表皇家的出版物，"或供奉在大臣家中，以炫皇恩；或存放于学堂之中，以启民智；或安放在政

100　[清]蒲松龄撰、[清]吕湛恩注、[清]徐润编《详注聊斋志异图咏》16卷首1卷，同文书局石印本，1886年，卷首第10页。

101　《石印精本〈诗韵合璧〉出售》，《申报》1885年8月26日，第4版。

102　《新印各帖出售》，《申报》1883年3月7日，第6版。

103　胡怀琛：《上海学艺概要》，《上海市通志馆期刊》1933年第2期。

104　陈荣广：《老上海》，上海泰东印书局，1919年，第19页。

府机构，以备参考；或走出国门，充当文化使者"[105]，享誉海内外。其据殿版影印的《二十四史》，从问世至今，被后来众多的出版机构据为底本不断翻印，影响持久。近有学者就晚清至今《二十四史》翻印出版情况做了统计，指出："自光绪中叶竹简斋至建国前开明书店印《二十五史》，共有14个出版者出版16个《二十四史》；改革开放后有十七八个影印版《二十四史》，除4个翻印商务版百衲本外，其余都直接或间接用同文版作母本；上世纪六七十年代中华书局标点《二十四史》中，有好几史也用同文版作底本。"[106]

作为晚清绣像小说出版的先行者，同文书局出版图像传统章回小说也风靡一时。如同文版的《增评补图石头记》《详注聊斋志异图咏》刚一出版，即颇受好评，不但当时畅销，而且影响持续到民国时期和海外，有近十种图像版《红楼梦》重刊本均据《增评补图石头记》为底本翻印，其中包括著名的商务印书馆《万有文库》本、《国学基本丛书》本，以及1905年日本的铅印本；有商务印书馆、中华书局等40余家出版社出版的图像版《聊斋志异》均直接因袭或翻印同文版《详注聊斋志异图咏》，同文书局堪称晚清民国时期《红楼梦》《聊斋志异》等传统章回小说传播的助推器[107]。而作为同文书局发行量最大，再版次数最多的《康熙字典》也因严谨的编辑、精美的印刷，成为晚清高质量工具书的代名词，影响着其他出版社《康熙字典》的营销。当时报纸上各出版社的广告中，诸如"真正老同文书局印。……光绪丁亥真同文精石印，顶好。……光绪丁亥老同文书局用殿版精印，白纸，字朗，悦目。此书字音正确，无改窜之弊，奉送真红木夹板，六本，实六元，书品清爽。……也是老同文书局精石印，白纸。学者应当择善本而藏，此书照殿版影印，所注字音正确，现在时尚所售报纸本字音有误脱之处"等，比比皆是，虽有做广告的成分，但也反映同文版《康熙字典》质量的精良和影响的广泛[108]。同文书局"小字剪拼的《康熙字典》，百余年来大家用作翻印母本，未曾听说发现有剪拼错误，极难得"[109]。

至于其他工具书和科举用书，也多为其他出版机构据为底本多次翻印。如光绪十二年（1886年）五月三十日，抱芳阁在《申报》刊登石印殿版善本广告中称，所出《骈字类编》《佩文韵府》等书"原编流传尤罕，致价值愈昂，求购匪易。本庄并得佳本，不秘奇珍，选洁纸名墨，就同文书局石印式，

---

105 何玲：《光绪朝石印〈古今图书集成〉的流传与分布》，《中国典籍与文化》2015年第4期。

106 汪家熔：《不要迷信名家》，《出版发行研究》2002年第4期。

107 曹立波：《〈增评补图石头记〉的传播盛况述评》，《红楼梦学刊》2004年第1期；孙大海：《〈聊斋志异〉的图像传播——以〈详注聊斋志异图咏〉的刊行及其传拓插图演变为中心》，《〈聊斋志异〉研究》2018年第2期。

108 杨瑞芳：《1949年以前沪刊〈康熙字典〉考论》，《汉字文化》2014年第5期。

109 汪家熔：《不要迷信名家》，《出版发行研究》2002年第4期。

仍其旧，书则新"。1900 年 5 月始，有署名"商务印书馆巴德立"的洋商持续在《申报》上刊登"四次重印同文原底《皇朝五经汇解》"的广告，声明"将同文原书底再付石印……兹已开印，不日出书"[110]。

有学者指出："同文书局为 19 世纪最后 20 年国内最有影响的出版者，它的产品不仅数量大，而且以精细著称。"其"所印书籍，石印业无与匹敌，泽延至今，所印殿版《二十四史》及剪拼版《康熙字典》直至今天，一直为此后所有影印该两书的母本"。"抗战前中华书局缩印《古今图书集成》，20 世纪 80 年代四川与中华重印，也是同文版。可见同文书局出版物的后劲。"[111]

其四，营销灵活。作为纵横商界多年的企业家，徐润深谙营销之道，他采取多种渠道，为其出版物宣传推销。一是广布销售网点。徐润除了依托上海同文书局总店和分店外，还在"京都琉璃厂，四川成都府、重庆府，广东双门底，其余金陵、浙江、福建、江西、广西、湖南、湖北、云南、贵州、陕西、河南、山东、山西各省均有分局发兑"[112]。形成覆盖全国十多个省区的销售网络。同时也委托如协记、文玉山房、长顺晋、抱芳阁、文海堂等上海本地的书店，以及汉口万和栈、镇江启茂洋行等外地书局和洋行，代销同文书局出版物，以扩大销售范围[113]。广百宋斋则瞄准读书人最集中的地方——贡院，在广东、福建、山东、山西、湖南、湖北、广西、江西、浙江、江宁、河南、陕西和四川等各省城贡院左近设立分铺[114]。二是印制派发书目。同文书局先后印刷《同文书局石印书目》和《上海同文书局石印书画图帖》，广为派送。《同文书局石印书目》1884 年孟秋初版，1885 年孟春再版，共收涵盖经、史、子、集四部古籍 61 种，另有书帖字画 33 种，详列每种图书的册数、函数及价格，还附有《股印〈古今图书集成〉启》《股印〈二十四史〉启》；约 1889 年印行的《上海同文书局石印书画图帖》，收经、史、子、集四部古籍 169 种，以及书画、楹联 46 种，标注各书册数和价格。广百宋斋也编印《广百宋斋书目》，收广百宋斋、同文书局等出版的各类古籍、书画等 574 种，均详列每种册数和价格。这些书目简明扼要、一目了然，便于读者按图索骥。三是刊登广告。徐润从同文书局的开始草创，到后来出版各种新书，均利用上海的《申报》《字林沪报》等报纸刊登广告，为书局出版的图书宣传推广，如《新印各帖出售》《同文书局小启》《上海同文书

110 商务印书馆巴德立：《四次重印同文原底〈皇朝五经汇解〉》，《申报》1900 年 5 月 20 日，第 4 版。

111 汪家熔：《不要迷信名家》，《出版发行研究》2002 年第 4 期。

112 《上海同文书局石印书画图帖》，周振鹤编《晚清营业书目》，上海书店出版社，2005 年，第 401 页。

113 沈俊平：《晚清同文书局的兴衰起落与经营方略》，（台湾）《汉学研究》2015 年第 33 卷第 1 期；许静波：《何以代刻——上海近代书业技术革新多元因素考察》，《中国出版史研究》2018 年第 3 期。

114 广百宋斋编《广百宋斋书目》，光绪年间铅印本，卷首。

局书帖价目》《同文书局新出书籍四种》《同文书局新出书籍七种》[115]，以及《同文书局石印书籍》等[116]。近代报纸由于受众多、传播范围广，对图书的营销起到了良好的效果。四是与点石斋首推"股印制"。所谓股印，并非"招股合印"，而是出版者许以比定价优惠得多的价格，招人预订。"对出版者来说，籍此可解决流动资金，又可判断具体印数，从而减少出版风险；对读者来说，可用较低的价格，获得自己想要的书籍。双方有利，因而这种方法，很快在出版界推广开来。"[117]1883 年，同文书局和点石斋为出版《古今图书集成》，几乎同时在《申报》刊登股印该书的广告，在业界首先推出"股印制"。1884、1887 年同文书局采用"股印制"的办法，出版了《二十四史》和《经训堂丛书》等大部头的古籍[118]。"股印制"出版的做法很快为出版业同行所效法，如 1886 年诚德堂石印《资治通鉴》，1887 年蜚英馆石印《大清一统志》、鸿文书局石印《东华录》、大同书局石印《经训堂丛书》，1888 年蜚英馆石印与慎记书庄石印《二十四史》等，都是通过"股印制"方式出版的[119]。此后，这种方法不仅应用于大部丛书，一般书也用，出版者借此解决流动资金问题，成为后来民国时期图书预约出版的先例。

其五，搭建西学东渐和东学西传的桥梁。甲午战争前后西学东渐风气日盛，翻译出版西学著作成为出版界的时尚，其中很多是用新式的石印或铅印出版。徐润创办的同文书局和广百宋斋也出版了一些西学著作，同文书局出版的有 1884 年驻德公使李凤苞翻译的德国康贝撰写的《陆操新义》、1886 年陈兆桐和李节齐编绘的《万国舆图》《新增万国总说》、1888 年陈大概撰的《德国什好厂鱼雷船图记》、1889 年驻法使馆参赞刘启彤译述的最早介绍西欧铁路的《星轺考辙》和陈维琪撰的反映晚清中西方数学主要内容的《中西算学大成》、1890 年洪文卿订译的《中俄交界全图》等，广百宋斋也出版有刘启彤译述的最早全面系统介绍西欧政体及其风貌的《英法政概》等。从出版的数量规模上看，占其总出版量的比例非常低，与后来其他出版社石印的大型西学丛书如《西政大全》《格致丛书》《西学时务总纂大成》等，也不能比拟。但作为最早创办的民族资本的新式出版企业，这些著作为后来的洋务运动、维新变法带来启蒙的先声，具有特殊的历史价值和思想价值。此外，

115　《申报》1883 年 3 月 7 日，第 6 版；1883 年 6 月 26 日，第 5 版；1884 年 2 月 7 日，第 7 版；1884 年 5 月 14 日，第 6 版；1884 年 6 月 13 日，第 5 版。

116　《字林西报》1889 年 9 月 23 日，第 1 版。

117　汪家熔：《近代翻印殿版〈二十四史〉一览》，宋原放编、汪家熔辑注《中国出版史料（近代部分）》第二卷，武汉：湖北教育出版社，2011 年，第 629 页；吴永贵：《论清末民营出版业的崛起及其意义》，《陕西师范大学学报》2008 年第 5 期。

118　裴芹：《古今图书集成研究》，北京图书馆出版社，2001 年，第 191~193 页；汪家熔：《近代翻印殿版〈二十四史〉一览》，宋原放编、汪家熔辑注《中国出版史料（近代部分）》第二卷，第 629 页。

119　徐雁平：《石印出版与晚清的科举、文化》，《古典文献研究》第 17 辑上卷，2014 年，第 33 页。

徐润从事新式出版活动在西学东渐中的作用，还体现在通过技术引进、出版经营、宣传营销，推动西式印刷技术在中国的应用。其实，就石印技术而言，其本身就是一种西学，在许多翻印的古籍的版权页上都写有"仿泰西法石印"，这在无形中亦起到传播西学的作用。而石印的技术细则，石印技术流程之中使用了许多的印刷机械和各种化学辅料，均涉及近代的物理学、化学知识，这无异于将一个庞大的西学系统逐渐显现在晚清人的面前。1882年同文书局创办后购买了英资麦利洋行的"许士耿博"厂制造的石印书画机器，以及印刷油墨、照相药水等辅料，用于石印书籍的生产；同文书局招收的抄书人、校书人虽多是兼职，从事的亦非原创性的文字工作，但由此开始，文人们通过石印书业进入近代印刷产业之中，熟悉西方印刷技术和商业运作模式，逐渐形成了和"报刊主笔"并行的"书局编辑"，为近代出版业播撒下职业出版人的种子；而持续广泛的广告营销，更是石印技术对全社会的普及和宣传。在1882年同文书局创办后的四五年时间里，除抱芳阁、文海堂、长顺晋等书局代售同文书局石印书籍，甚少见华人石印书局的开办。直到1887年，扫叶山房、文瑞楼、醉六堂、抱芳阁、文玉山房、千顷堂等传统雕版书局始增设石印业务，蜚英馆、鸿文书局、石仓书局、清华书局、龙文石印书局等石印书局相继开设。就像当时报纸报道的："上海本市舶所萃，经商者多、读书者少，故市中书肆向来落落如晨星。曾有美华书馆铅字之设，而生意殊不见佳。自申报馆启，少觉流通。迄点石斋石印之法，因而同文书局兴焉，且更分为同文新局。踵此而启者，则曰积山书局、鸿文书局、蜚英书局、大同书局、大文书局、石仓书局、多文书局、清华书局、修文书局、广百宋斋书局。纷纷扰扰，举国若狂。若售书之肆，则更纷如林立，灿若繁星。"[120] 这客观上缘于技术的进步、新动力的应用、较容易获得的设备与原材料等因素，但与同文书局早期与点石斋等的相互竞争，及其经营过程、宣传作用，对新式技术的示范引领不无关系，从某种意义上说，也是"西学东渐"的过程[121]。

与此同时，徐润通过同文书局、广百宋斋出版图书向海外的流播，客观上也助推了东学西传。如前所述，由同文书局石印的大型类书《古今图书集成》，就先后流传到欧美、日本和南洋。民国初年，留学哥伦比亚大学的胡适，在图书馆里面看到"那部辉煌的巨著《古今图书集成》便陈列在该馆首要位置，看来真令人耳目一新"[122]。各国学者为便于学者使用，还陆续编制出版该书的目录索引，英国翟理斯编辑出版了《钦定古今图书集成索引》，日本文部省编辑出版了《古今图书集成分类目录》，

120　仓山旧主（袁祖志）：《论车书之盛》，《申报》1887年9月21日，第1版。

121　许静波：《石头记——上海近代石印书业研究1843—1956》，苏州大学出版社，2014年，第48、108、156、257~258页。

122　胡适：《胡适口述自传》，桂林：广西师范大学出版社，2005年，第92页。

文献丰赡的《古今图书集成》成了国外汉学界使用的重要资料宝库；而同文书局、广百宋斋出版的诸多其他文史书籍，也通过不同的途径流传到了海外，这些对中华文化在海外的广泛传播和海外汉学的发展，都产生了重要的影响。

1882—1898 年 16 年的时间里，徐润与其亲友先后创办中国近代最早的新式民族出版企业同文书局和广百宋斋，出版一大批内容丰富、质量精良、价廉物美的传统文化典籍，在经历咸丰、同治朝战乱，江南地区文献损毁严重的大背景下，其对中华传统文化的保护和传播的积极意义，尤显突出。诚如学者谢兴尧所说："上海老同文之《廿四史》《资治通鉴》《十三经注疏》《皇清经解》等，昔每一书之购置，动辄需一二百两纹银，至是数十元即可全得，嘉惠士林，洵非浅鲜。"[123] 徐润在多年经营出版业务过程中，引领、助推更多新式民族石印和铅印出版企业的诞生和进一步成长，其实施的"股印制"开创了后来民国时期图书预约出版的先河，堪称"我国近代私营出版业诞生的承先启后者之一"[124]。文化的进步有赖于细碎跬步的积累，正是有一批像徐润一样的中国近代新式出版探路人的筚路蓝缕、艰辛摸索，播下民族出版业兴盛发展的种子，才成就了后来像商务印书馆、中华书局等民族出版巨擘百花竞艳的景象。

（原文载于澳门科技大学唐廷枢研究中心主办、林广志主编《唐廷枢研究》第 2 辑，北京：社会科学文献出版社，2022 年）

123　谢兴尧：《书林逸话》之"古书之翻印与旧书业的进步"，张静庐：《中国出版史料补编》，北京：中华书局，1957 年，429 页。

124　汪家熔：《二十四史 250 年版本史》，汪家熔：《商务印书馆史及其他——汪家熔出版史研究文集》，北京：中国书籍出版社，1998 年，第 248 页。

| 附录一、《上海同文书局历年知见石印书目》|

本书目据《同文书局石印书目》（清光绪十一年同文书局石印本）、《上海同文书局石印书画图帖》（周振鹤编《晚清营业书目》，上海书店出版社，2005 年），广东省立中山图书馆馆藏目录、全国古籍普查登记基本数据库、中华古籍书目数据库、GALIS 中国高等教育数字图书馆·学苑汲古（高校古文献资源库）、上海图书馆中文古籍联合目录及循证平台，以及《申报》的相关报道等汇编而成，合共图书 315 种、书画 47 种。其中因《二十四史》所含的各史均逐部印刷，单独定价和销售，故以各史的数量统计；同一书多个版本者，也按多种统计。书目先按年份，年份不详的排最后，再按四部分类排列。

清光绪八年（1882 年）（2 种）
【经部正经类】　　尔雅音图三卷 [晋] 郭璞注
【史部杂史类】　　碧血录五卷 [清] 庄仲方撰

清光绪九年（1883 年）（12 种）
【经部正经类】　　钦定篆文六经四书六十三卷 [清] 李光地等编
　　　　　　　　　毛诗稽古编三十卷附考一卷 [清] 陈启源撰
【经部小学类】　　许氏说文解字双声叠韵谱不分卷 [清] 邓廷桢撰
　　　　　　　　　切韵指掌图二卷 [宋] 司马光撰
　　　　　　　　　康熙字典十二集三十六卷 [清] 张玉书等纂
【史部正史编年类】御批历代通鉴辑览一百二十卷 [清] 傅恒等纂
【史部目录类】　　同文书局石印古今图书集成及二十四史样本 [清] 同文书局编
【子部释家类】　　金刚般若波罗蜜经二卷太上感应篇续义二卷 [清] 俞樾注
【子部艺术类】　　佩文斋书画谱一百卷 [清] 孙岳颁撰
【集部别集类】　　唐四家诗集四种孟浩然集，岑嘉州集，高常侍集，王摩诘集二十八卷 [清]
　　　　　　　　　同文书局辑
　　　　　　　　　愚荃敝帚二卷 [清] 李文安撰
【集部制艺类】　　小试金丹 佚名辑

清光绪十年（1884 年）（63 种）

【经部正经类】　尔雅音图三卷 ［晋］郭璞注

【经部四书类】　四书题镜不分卷 ［清］汪鲤翔纂述

　　　　　　　　四书味根录三十七卷 ［清］金澄撰

【经部礼类】　　三礼图二十卷 ［宋］聂崇义集注

【经部小学类】　康熙字典十二集三十六卷 ［清］张玉书等纂

　　　　　　　　韵史二卷补一卷 ［清］许令瑜撰 ［清］朱玉岑补

　　　　　　　　百体千字文一卷 ［清］孙枝秀辑

【史部正史编年类】同文石印本二十四史附考证二十四种三千二百九十二卷 ［汉］司马迁等撰

　　　　　　　　（钦定）四史 ［汉］司马迁等撰

　　　　　　　　史记一百三十卷 ［汉］司马迁撰

　　　　　　　　汉书一百三十卷 ［汉］班固撰

　　　　　　　　后汉书一百二十卷 ［南朝宋］范晔撰

　　　　　　　　三国志六十五卷 ［晋］陈寿撰

　　　　　　　　晋书一百三十卷 ［唐］房乔等撰

　　　　　　　　宋书一百卷 ［南朝梁］沈约撰

　　　　　　　　南齐书五十九卷 ［南朝梁］萧子显撰

　　　　　　　　梁书五十六卷 ［唐］姚思廉撰

　　　　　　　　陈书三十六卷 ［唐］姚思廉撰

　　　　　　　　魏书一百一十四卷 ［北齐］魏收撰

　　　　　　　　北齐书五十卷 ［唐］李百药撰

　　　　　　　　周书五十卷 ［唐］令狐德棻撰

　　　　　　　　隋书八十五卷 ［唐］魏征撰

　　　　　　　　南史八十卷 ［唐］李延寿撰

　　　　　　　　北史一百卷 ［唐］李延寿撰

　　　　　　　　旧唐书二百卷 ［后晋］刘昫修

　　　　　　　　新唐书二百二十五卷附唐书释音二十五卷 ［宋］欧阳修撰 ［宋］董衡释音

　　　　　　　　旧五代史一百五十卷 ［宋］薛居正等撰

新五代史七十四卷 ［宋］欧阳修撰

宋史四百九十六卷 ［元］脱脱等撰

辽史一百一十六卷 ［元］脱脱等撰

金史一百三十五卷 ［元］脱脱撰

元史二百一十卷 ［明］宋濂修

明史三百三十二卷 ［清］张廷玉撰

【史部传记类】 凌烟阁功臣图 ［清］刘源绘

史姓韵编六十四卷 ［清］汪辉祖撰

【史部史钞类】 汉书蒙拾三卷 ［清］杭世骏撰

后汉书蒙拾二卷 ［清］杭世骏撰

韵史二卷补一卷 ［清］许邃翁撰

【史部地理类】 地经图说二卷 ［清］余九皋撰

【史部目录类】 钦定四库全书简明目录二十卷 ［清］永瑢等纂

古今图书集成目录四十卷 ［清］蒋廷锡、陈梦雷编

同文书局石印书目一卷 ［清］同文书局编

【子部儒家类】 孔子家语十卷 ［魏］王肃撰

【子部艺术类】 幽阱雪鸿一卷 ［清］冯玉衡绘

【子部杂家类】 谈瀛录六种七卷 ［清］袁祖志撰（瀛海采问纪实一卷、涉洋管见一卷、西

俗杂志一卷、出洋须知一卷、海外吟二卷、海上吟一卷）

【子部兵家类】 陆操新义四卷 ［清］李凤苞译

【子部类书类】 子史精华一百六十卷 ［清］吴襄等纂修

佩文韵府一百零六卷 ［清］张玉书编

四书典林三十卷 ［清］江永辑

五经类典囊括六十四卷 ［清］吟香主人辑

增广诗句题解汇编四卷姓氏考一卷 ［清］同文书局编

典林琅嬛二十四卷续三十卷 ［清］湛兰室主人编

【子部小说家类】 陈章侯水浒画像一卷 ［明］陈洪绶绘

增评补像全图金玉缘一百二十回 ［清］曹沾撰

增评补图石头记一百二十回 ［清］曹沾撰

花甲闲谈十六卷 ［清］张维屏撰

四大奇书第一种（第一才子书、三国演义）六十卷一百二十回 ［元］罗贯中撰 ［清］毛宗岗评定

【集部楚辞类】 九歌图一卷 ［宋］米芾书

【集部别集类】 唐四家诗集四种孟浩然集，岑嘉州集，高常侍集，王摩诘集二十八卷 ［清］同文书局辑

【集部总集类】 萧选韵系二卷 ［清］李麟阁编

文选课虚四卷 ［清］杭世骏撰

【集部试帖赋钞类】 试帖玉芙蓉集四卷 ［清］同文书局主人选辑

【集部诗评尺牍类】 八贤手札不分卷（亦题名贤手札）八种 ［清］郭庆藩辑

清光绪十一年（1885 年）（32 种）

【经部正经类】 五经合纂大成五种四十四卷 ［清］同文书局编（诗经合纂大成八卷、书经合纂大成六卷、礼记合纂大成十卷、周易合纂大成四卷、春秋合纂大成十六卷）

篆文孝经一卷 ［清］吴大澂撰

陆批四书不分卷 ［清］陆思诚批点

篆文论语二卷 ［清］吴大澂书

十三经策案二十二卷 ［清］王谟辑

【经部四书类】 加批四书味根录三十七卷 ［清］金澄撰

学庸理镜二卷 ［清］梁有成辑

【经部小学类】 说文解字十五卷 ［汉］许慎撰

许氏说文引论语三十六卷 ［清］吴大澂辑

康熙字典十二集三十六卷附补遗备考 ［清］张玉书等纂

【史部正史编年类】 三国志六十五卷附考证 ［南朝宋］裴松之注 ［晋］陈寿撰

御批历代通鉴辑览一百二十卷 ［清］傅恒等奉敕撰

【史部杂史类】 胡曾二公要略三卷 ［清］张瑛辑

【史部政书类】　国朝柔远记二十卷　[清] 王之春撰

【史部史钞类】　铸史骈言十二卷　[清] 孙玉田编

【史部史评类】　二十四史策案十二卷　[清] 王鎏辑

【史部目录类】　同文书局石印书目一卷　[清] 同文书局编

【子部艺术类】　海上名人画稿　[清] 张熊等绘

【子部类书类】　文料大成四卷　[清] 冷香子编

　　　　　　　　诗韵合璧五卷　[清] 汤文潞编

　　　　　　　　策学渊萃四十六卷　[清] 佚名编

　　　　　　　　增广群策汇源五十卷　[清] 张苏卿辑

　　　　　　　　增广诗句题解汇编四卷姓氏考一卷　[清] 同文书局编

【子部小说家类】　(绣像) 三国志演义六十卷一百二十回　[明] 罗贯中撰

　　　　　　　　花甲闲谈十六卷　[清] 张维屏撰

【集部别集类】　醇亲王航海吟草一卷　[清] 奕譞撰

【集部总集类】　文选六十卷　[南朝梁] 萧统辑 [唐] 李善注

【集部制艺类】　大题文府不分卷　[清] 同文书局主人辑

　　　　　　　　各省课艺汇海七卷　[清] 撷云腴山馆主人辑

　　　　　　　　制艺精华三十二卷二编十二卷　[清] 李镜山辑

　　　　　　　　经艺宏括不分卷　[清] 同文书局编译所编

【集部诗评尺牍类】　八贤手札不分卷 (亦题名贤手札) 八种　[清] 郭庆藩辑

清光绪十二年（1886 年）（42 种）

【经部正经类】　篆文论语二卷　[清] 吴大澂书

【经部四书类】　四书味根录三十七卷　[清] 金澄撰

【经部小学类】　字学举隅一卷　[清] 龙启瑞、黄本骥编

　　　　　　　　临文便览十种　[清] 张仰山编

【史部传记类】　高士传一卷　[清] 任熊绘

　　　　　　　　仇十洲绣像列女传二卷　[汉] 刘向撰 [明] 仇英绘图汪宪辑

【史部地理类】　鸿雪因缘图记六卷　[清] 麟庆撰

万国舆图一卷新增万国总说一卷 ［清］陈兆桐原作 ［清］李节齐重绘

【史部政书类】 求治管见一卷 ［清］戴肇辰撰

大清律例汇辑便览四十卷督捕则例二卷 ［清］刑部律例馆纂修

【史部金石考古类】 从古堂款识学十六卷 ［清］徐同柏撰

【子部艺术类】 列仙酒牌一卷 ［清］任熊绘

南陵无双谱一卷 ［清］金史绘

无双谱 ［清］金史绘

赏奇轩五种合编 ［清］同文书局辑

任渭长先生书传四种 ［清］任熊绘

于越先贤像传赞二卷 ［清］王龄撰 ［清］任熊绘

自怡轩对联缀语二卷 ［清］王□□撰

草字汇十二集十二卷附补 ［清］石梁编

东坡遗意二卷 ［明］邹德基书 ［清］顾杲书

【子部类书类】 佩文韵府一百零六卷韵府拾遗一百零六卷 ［清］张玉书等编

子史精华一百六十卷 ［清］吴襄等纂修

增补事类统编九十三卷首一卷 ［清］黄葆真增辑

角山楼增补类腋六十七卷 ［清］姚培谦撰

诗经集句类联四卷 ［清］罗萝村辑

类腋五十五卷补遗三卷 ［清］姚培谦等辑

【子部小说家类】 （评注图像）水浒传七十五卷七十回首一卷 ［元］施耐庵撰 ［清］金圣叹评注

《详注聊斋志异图咏》十六卷首一卷 ［清］蒲松龄撰 ［清］吕湛恩注 ［清］

徐润编

剑侠传不分卷 ［唐］段成式撰 ［清］任熊绘

续剑侠传图说 ［清］任渭长绘

京尘杂录四卷 ［清］杨懋建撰

牡丹亭还魂记二卷 ［明］汤显祖撰

埋忧集（珠邨谈怪）十卷 ［清］朱翊清撰

【集部别集类】 梅花小隐庐诗词二卷 ［清］李希邺撰

【集部制艺类】	大题文府不分卷 ［清］同文书局主人辑
	小题文府不分卷 ［清］同文书局辑
	荫桂轩墨选一卷 ［清］陈粟圃辑
【集部试帖赋钞类】	增广试律大观汇编四卷 ［清］补蠹书屋主人编
	分类赋鹄十二卷 ［清］广百宋斋主人编
	鸡跖赋续集二卷 ［清］冯一梅编
	诗韵集成十卷 ［清］余照辑
【集部曲类】	牡丹亭还魂记二卷 ［明］汤显祖撰

清光绪十三年（1887 年）（47 种）

【经部易类】	易汉学八卷 ［清］惠栋撰
【经部礼类】	夏小正一卷 ［清］毕沅撰
	禘说二卷 ［清］惠栋撰
	明堂大道录八卷 ［清］惠栋撰
【经部群经总义类】	五经备旨四十五卷 ［清］邹圣脉纂辑
【经部小学类】	说文解字旧音一卷 ［清］毕沅辑
	康熙字典十二集三十六卷 ［清］张玉书等纂
	经典文字辨证书五卷 ［清］毕沅撰
	释名疏证（正字本）八卷补遗一卷续释名一卷 ［汉］刘熙撰
	释名疏证（篆字本）八卷补遗一卷续释名一卷 ［汉］刘熙撰
	音同义异辨一卷 ［清］毕沅撰
【史部纪传类】	王隐晋书地道记一卷 ［晋］王隐撰
【史部正史编年类】	御批资治通鉴纲目前编十八卷正编五十九卷续编二十七卷首一卷 ［宋］朱熹撰
	重订王凤洲先生纲鉴会纂四十六卷附宋元二十三卷纲目三编四卷 ［明］王世贞撰
	御批历代通鉴辑览一百二十卷 ［清］傅恒等辑
	纲鉴易知录九十二卷 ［清］吴乘权撰

明鉴易知录十五卷 ［清］吴乘权等辑

【史部传记类】　　晏子春秋七卷附音义二卷 ［周］晏婴撰

【史部诏令奏议类】　两汉策要十二卷 ［宋］陈叔献等编

【史部地理类】　　晋太康三年地记一卷 ［晋］无名氏撰

晋书地理志新补正五卷 ［清］毕沅撰

长安志二十卷附图三卷 ［宋］宋敏求撰

三辅黄图六卷补遗一卷 ［汉］佚名撰

【史部金石类】　　毛公鼎释文一卷 ［清］吴大澂撰

关中金石记八卷 ［清］毕沅撰

中州金石记五卷 ［清］毕沅撰

周诰遗文一卷 ［清］吴大澂辑

【子部道家类】　　老子道德经考异二卷 ［清］毕沅撰

【子部艺术类】　　芥子园画传六卷 ［清］王安节摹辑

书苑菁华二十卷 ［宋］陈思辑

【子部杂家类】　　吕氏春秋二十六卷 ［秦］吕不韦撰

墨子十六卷附篇目铐一卷 ［周］墨翟撰

困学纪闻注二十卷首一卷 ［清］翁元圻辑注

日知录集释三十二卷首一卷 ［清］顾炎武撰

翁注困学纪闻二十卷 ［宋］王应麟撰

【子部类书类】　　佩文韵府一百零六卷韵府拾遗一百零六卷 ［清］张玉书等编

（御定）骈字类编二百四十卷 ［清］张廷玉等编

（御定）渊鉴类函五十卷目录四卷 ［清］张英编

策学纂要十六卷 ［清］戴朋 ［清］黄卷辑

【子部小说家类】　山海经十八卷 ［晋］郭璞撰

【集部别集类】　　醇亲王航海吟草一卷 ［清］奕譞撰

【集部总集类】　　（钦定）全唐诗三十二卷 ［清］曹寅等编

【集部制艺类】　　大题文府不分卷 ［清］同文书局主人辑

小题文府不分卷 ［清］同文书局辑

【集部试帖赋钞类】　增广试帖玉芙蓉五卷续集二卷三集四卷　[清]同文书局主人选辑

六朝唐赋读本不分卷　[清]马傅庚选注

【丛部汇编类】　经训堂丛书二十一种　[清]毕沅辑

清光绪十四年（1888年）（22种）

【经部正经类】　五经味根录四十六卷　[清]关掞生辑

【经部四书类】　四书子史集证六卷　[清]陈子骥撰

四书经史摘证七卷　[清]宋廷英校注　[清]宋继種辑

【经部群经总义类】　四书五经类典集成三十四卷　[清]戴兆春辑

【经部小学类】　说文外编十六卷　[清]雷浚撰

字典考证十二卷　[清]王引之撰

【史部政书类】　德国什好厂鱼雷船图记一卷附陈澜溪鱼说略一卷　[清]陈大概撰

【史部地理类】　平山堂图志十卷首一卷　[清]赵之璧编

名胜全图　[清]赵之璧编

【史部目录类】　四库全书总目二百卷未收书目提要五卷　[清]纪昀纂

【子部杂家类】　潜邱札记六卷左汾近稿一卷　[清]阎若璩撰

十驾斋养新录二十卷余录三卷　[清]钱大昕撰

【子部类书类】　新编诗韵合璧五卷　[清]汤文潞辑　虚字韵薮一卷　[清]潘维城辑

新编诗韵大全五卷附检韵　[清]汤祥瑟辑

策府统宗六十五卷首一卷　[清]刘昌龄撰

新编诗句题解续集五卷　[清]同文书局编

增广诗句题解汇编四卷续集五卷姓氏考一卷　[清]同文书局编

初学检韵袖珍一卷　[清]姚文登辑

【集部总集类】　文选五卷附考异一卷　[南朝梁]萧统辑　[唐]李善注　[清]胡克家考异

【集部制艺类】　小题文府不分卷　[清]同文书局辑

五经文府不分卷　[清]伊立勋辑

大题三万选不分卷　[清]同文书局辑

清光绪十五年（1889 年）（4 种）

【史部政书类】　　星軺考辙四卷 ［清］刘启彤译述

【子部天文历算类】　中西算学大成一百卷 ［清］陈维祺撰

【子部小说家类】　增评补像全图金玉缘十六卷首一卷一百二十回 ［清］曹沾撰

【子部谱录类】　　古玉图考不分卷 ［清］吴大澂撰

清光绪十六年（1890 年）（5 种）

【经部小学类】　　康熙字典十二集三十六卷 ［清］张玉书等纂

　　　　　　　　　说文韵谱校五卷 ［清］王筠撰

【史部地理类】　　中俄交界全图一卷 ［清］洪钧译绘

【子部艺术类】　　芥子园画传六卷 ［清］王安节摹辑

【集部楚辞类】　　屈原赋二十五篇 ［战国］屈原撰

清光绪十七年（1891 年）（6 种）

【史部传记类】　　茂林吴氏四代钦旌五世同堂全图一卷 ［清］吴慎旃撰

【史部地理类】　　日下尊闻录五卷 ［清］曹鸿勋等录

【子部杂家类】　　谈瀛录六种七卷 ［清］袁祖志撰（瀛海采问纪实一卷、涉洋管见一卷、西
　　　　　　　　　俗杂志一卷、出洋须知一卷、海外吟二卷、海上吟一卷）

【子部类书类】　　佩文韵府一百零六卷韵府拾遗一百零六卷 ［清］张玉书等编

【子部类书类】　　策府统宗六十五卷首一卷 ［清］刘昌龄撰

【集部制艺类】　　大题文府不分卷 ［清］同文书局主人辑

清光绪十八年（1892 年）（8 种）

【经部正经类】　　五经合纂大成五种四十四卷 ［清］同文书局编（诗经合纂大成八卷、书经
　　　　　　　　　合纂大成六卷、礼记合纂大成十卷、周易合纂大成四卷、春秋合纂大成
　　　　　　　　　十六卷）

【经部小学类】　　康熙字典十二集三十六卷 ［清］张玉书等纂

【子部道家类】　　太上感应篇图说八卷 ［清］许缵曾撰

【子部杂家类】	航中帆四卷 ［清］赵殿撰
【子部类书类】	佩文韵府一百零六卷韵府拾遗一百零六卷 ［清］张玉书等编
	渊鉴类函四百五十卷目录四卷 ［清］张英编
	四书类联四卷 ［清］阎其渊编
【集部总集类】	文选课虚四卷 ［清］杭世骏撰

清光绪十九年（1893 年）（12 种）

【经部正经类】	五经合纂大成五种四十四卷 ［清］同文书局编（诗经合纂大成八卷、书经合纂大成六卷、礼记合纂大成十卷、周易合纂大成四卷、春秋合纂大成十六卷）
【经部四书类】	四书古注群义汇解九种九十四卷 ［清］上海同文书局辑
【经部群经总义】	皇朝五经汇解二百七十卷 ［清］抉经心室主人编
【经部小学类】	说文解字三十二卷附六书音韵表汲古阁说文订 ［清］段玉裁撰
	说文通检一卷 ［汉］黎永椿编
	说文撰要一卷 ［汉］马寿龄撰
	康熙字典十二集三十六卷 ［清］张玉书等纂
	六书音均表五卷 ［清］段玉裁撰
【史部纪事本末类】	辽金纪事本末九十二卷（辽史四十卷金史五十二卷）［清］李有棠编纂
【子部道家类】	太上宝筏图说八卷首一卷 ［清］黄正元纂 ［清］毛金兰补
【子部医家类】	验方新编（校正增广验方新编）二十四卷 ［清］鲍相璈辑
【子部类书类】	五经文料大成四卷 ［清］朱乃绂编

清光绪二十年（1894 年）（30 种）

【经部易类】	周易合纂大成四卷 ［清］同文书局主人辑
【经部小学类】	康熙字典十二集三十六卷 ［清］张玉书等纂
【经部群经总义类】	经策通纂二种七十二卷 ［清］吴颖炎辑
【史部正史编年类】	（钦定）四史 ［汉］司马迁等撰
	史记一百三十卷 ［汉］司马迁撰

汉书一百卷 ［汉］班固撰

后汉书一百二十卷 ［南朝宋］范晔撰

三国志六十五卷 ［晋］陈寿撰

晋书一百三十卷 ［唐］房乔等撰

宋书一百卷 ［南朝梁］沈约撰

南齐书五十九卷 ［南朝梁］萧子显撰

梁书五十六卷 ［唐］姚思廉撰

陈书三十六卷 ［唐］姚思廉撰

魏书一百一十四卷 ［北齐］魏收撰

北齐书五十卷 ［唐］李百药撰

周书五十卷 ［唐］令狐德棻撰

隋书八十五卷 ［唐］魏征撰

南史八十卷 ［唐］李延寿撰

北史一百卷 ［唐］李延寿撰

旧唐书二百卷 ［后晋］刘昫修

新唐书二百二十五卷附唐书释音二十五卷 ［宋］欧阳修撰 ［宋］董衡释音

旧五代史一百五十卷 ［宋］薛居正等撰

新五代史七十四卷 ［宋］欧阳修撰

宋史四百九十六卷 ［元］脱脱等撰

辽史一百一十六卷 ［元］脱脱等撰

金史一百三十五卷 ［元］脱脱撰

元史二百一十卷 ［明］宋濂修

明史三百三十二卷 ［清］张廷玉撰

【子部类书类】　　　古今图书集成一万卷目录四十卷 ［清］陈梦雷蒋廷锡等编

策学备纂三十二卷目录三十二卷首一卷 ［清］吴颍炎辑

清光绪二十一年（1895 年）未见

清光绪二十二年（1896 年）（1 种）

【子部类书类】　　　佩文韵府一百零六卷韵府拾遗一百零六卷［清］张玉书等编

清光绪二十三年（1897 年）未见

清光绪二十四年（1898 年）未见

出版年代不详（29 种）

【经部正经类】　　　五经白文三十七卷［明］朱廷立校

　　　　　　　　　性理孝经论

【经部四书类】　　　四书本义汇参四十三卷首四卷［清］王步芳撰

　　　　　　　　　四书汇讲

　　　　　　　　　四书备旨十卷［宋］邓林撰

　　　　　　　　　四书改错二十二卷［清］毛奇龄撰

　　　　　　　　　四书全注不分卷　佚名撰

　　　　　　　　　四书疑题解

【史部编年类】　　　纪元编三卷末一卷［清］李兆洛撰［清］六承如录

【史部史钞类】　　　二十一史约编十卷［清］郑元庆编

【史部政书类】　　　圣庙祀典图考三卷［清］顾沅撰

　　　　　　　　　洗冤宝鉴

　　　　　　　　　开平煤矿帐略一卷［清］唐廷枢撰

　　　　　　　　　山东宁海州金矿图说一卷［清］宁海矿务公司辑

【子部儒家类】　　　圣谕广训一卷［清］胤禛撰

【子部释家类】　　　俞注金刚经一卷［清］俞樾撰

【子部兵家类】　　　　枪谱一卷棍谱一卷拳谱一卷［清］释悟洲撰

【子部医家类】　　　易筋经外经图说附八段锦图［清］佚名撰

【子部艺术类】　　　兰闺清玩一卷　佚名编

　　　　　　　　　集古名公画式五卷［日］草坪山人辑［日］邨田谷香增补［日］邨山荷订

【子部类书类】　　　缩本人物类典串珠

缩本类类联珠初编三十二卷二编十二卷 ［清］李堃编 ［清］李春林增补

【子部小说家类】　水浒图赞一卷 ［清］杜堇绘

【集部别集类】　　李文禄愚荃诗集 ［清］李文安撰

【集部制艺类】　　小题文府续集不分卷 ［清］同文书局辑

精选小题味新

【集部试帖赋钞类】类赋玉盆珠五卷 ［清］梁树辑

【集部诗评尺牍类】新编岘庸说诗 ［清］施补华撰

尺牍合璧

附书画法帖楹联（47 种）

快雪堂法书、旧拓皇甫君碑、管夫人小楷金刚经墨迹、赵文敏墨迹、董文敏墨迹、官静夫墨迹、成亲王墨迹、刘文清墨迹、张文敏临九成宫墨迹、王梦楼墨迹、何子贞墨迹、周稚圭墨迹、铁将军墨迹、冯文蔚缩临皇甫君碑、彭孔嘉墨迹、冯太史乐毅论、冯展云中丞折楷千字文、玉堂楷则、董文恪画册、茜窗小品、画谱、桂未谷隶书楹联、钱十兰篆书楹联、郭兰石楹联、汪退谷楹联、成亲王楹联、张文敏楹联、何子贞楹联、梁同书楹联、戴文节临颜鲁公墨迹、姚伯昂隶书楹联、郑板桥兰竹条屏、王献之玉版十三行（内附钟繇荐季直表）、宋尚书李纲法帖、汪巢林墨迹、勒中丞墨迹、冯中丞墨迹、孙氏篆书百体千字文、馆阁折楷、回文图、独坐图、云溪画稿、集古名人画式、萃新画稿、唐伯虎墨菊立轴、任伯年绘朱笔钟馗像、任伯年绘老子骑牛图。

| 附录二、《上海广百宋斋知见出版书目》|

本书目据广东省立中山图书馆馆藏目录、全国古籍普查登记基本数据库、中华古籍书目数据库、GALIS 中国高等教育数字图书馆·学苑汲古（高校古文献资源库）、上海图书馆中文古籍联合目录及循证平台，以及《申报》的相关报道，并参考《广百宋斋书目》（广百宋斋编，清光绪年间铅印本）汇编而成，共收录相关书目 89 种，同一书多个版本者，也按多种统计。书目先按年份，年份不详的排最后，再按四部分类排列。

清光绪十年（1884 年）（3 种）

【史部】　东华录 ［清］王先谦编

　　　　　东华续录 ［清］王先谦编

　　　　　皇清开国方略三十二卷 ［清］阿桂撰

清光绪十一年（1885 年）（2 种）

【经部】　五经合纂大成 ［清］同文书局主人纂辑 石印本

【子部】　增评补图石头记一百二十回 ［清］曹沾撰

清光绪十二年（1886 年）（2 种）

【史部】　通商章程成案汇编三十卷 ［清］李鸿章辑

　　　　　增补事类统编九十三卷首一卷 ［清］黄葆真辑 石印本

清光绪十三年（1887 年）（13 种）

【经部】　诗韵合璧五卷 ［清］余照编辑

　　　　　校补诗韵合璧五卷 ［清］汤祥瑟辑 附虚字韵薮一卷 ［清］潘维城辑

【史部】　九朝东华录四百七十一卷 ［清］王先谦编

　　　　　东华录 ［清］王先谦编

　　　　　皇清开国方略三十二卷 ［清］阿桂撰

　　　　　经略洪承畴奏对笔记二卷 ［清］洪承畴撰

国朝先正事略六十卷首一卷 [清] 李元度编

皇朝经世文编一百二十卷 [清] 贺长龄辑

开平矿务创办章程案据汇编不分卷 [清] 唐廷枢编

宪庙朱批谕旨 [清] 鄂尔泰编

【子部】 廿四史纲鉴通俗演义二十六卷四十四回 [清] 吕抚辑

绘图增像第五才子书水浒传七十回 [元] 施耐庵撰 [清] 金人瑞评

绘图增像西游记一百回 [明] 吴承恩撰 [清] 陈士斌诠解

清光绪十四年（1888 年）（3 种）

【史部】 尺木堂纲鉴易知录八十六卷 [清] 吴乘权等撰

【子部】 坐花志果八卷 [清] 汪道鼎撰 [清] 鹫峰樵者音释

（精订纲鉴）廿四史通俗衍义二十二卷四十四回 [清] 吕抚辑

清光绪十五年（1889 年）（17 种）

【经部】 四书朱子本义汇参四十三卷首四卷 [清] 王步青辑

【史部】 尺木堂纲鉴易知录九十二卷 [清] 吴乘权辑

历代名臣言行录二十四卷 [清] 朱桓辑

国朝先正事略六十卷首一卷 [清] 李元度撰

学治要言一卷 [清] 长顺辑

皇朝经世文编一百二十卷 [清] 贺长龄辑

圣祖仁皇帝庭训格言一卷 [清] 世宗胤禛述

【子部】 谐铎十二卷 [清] 沈起凤撰

聊斋志异新评十六卷 [清] 蒲松龄撰

精订纲鉴廿四史通俗衍义二十六卷四十四回 [清] 吕抚撰

七侠五义传二十四卷一百二十回 [清] 石玉昆撰

（绘图增像）西游记一百回 [明] 吴承恩撰

绣像封神演义一百回 [明] 许仲琳撰

曾文正公家书十卷附大事记家训荣哀录 [清] 曾国藩撰

增广小题味新六卷 ［清］李蕘云编 石印本

【集部】 二家宫词二卷 ［明］毛晋辑

三家宫词三卷 ［明］毛晋辑

清光绪十六年（1890 年）（20 种）

【经部】 雪樵经解三十三卷 ［清］冯世瀛撰

增注字数标韵六卷 ［清］华纲撰 ［清］范多珏重订

【史部】 洪经略奏对笔记二卷 ［清］洪承畴撰

尚友录二十二卷 ［明］廖用贤编

国朝先正事略六十卷首一卷 ［清］李元度撰

曾文正公荣哀录一卷

曾文正公大事记四卷 ［清］王定安撰

广治平略正集三十六卷续集八卷 ［清］蔡方炳撰

皇朝经世文编一百二十卷姓名总目二卷 ［清］贺长龄辑

韵史二卷 ［清］许遯翁撰 韵史补一卷 ［清］朱玉岑撰

【子部】 曾文正公家训二卷 ［清］曾国藩撰

慈航集二卷 ［清］王勋撰

喉科秘钥二卷 ［清］郑麈撰 ［清］许佐廷增订

新订纲鉴廿四史通俗衍义二十六卷四十四回 ［清］吕抚撰

三国志演义六十卷一百二十回 ［明］罗贯中撰

七侠五义二十四卷一百二十回 ［清］石玉昆撰 ［清］俞樾重编

绘图增像西游记二十卷一百回 ［明］吴承恩撰 ［清］陈士斌诠解

绘图镜花缘二十卷一百回 ［清］李汝珍撰

英法政概六卷 ［清］刘启彤译编

【集部】 求知斋经解试艺 ［清］金莲溪撰

清光绪十七年（1891 年）（14 种）

【经部】 论语集注旁证二十卷 ［清］梁章巨撰

四书疑题解　[清]王诚纂

四书章句集注本义汇参四十七卷　[清]王步青编

【史部】　纲鉴易知录一百零七卷　[清]吴乘权等辑

东华录　[清]王先谦编

东华续录（道光朝）六十卷　[清]王先谦编

东华续录（嘉庆朝）五十卷　[清]王先谦编

皇朝经世文续编一百二十卷　[清]葛士浚编

历代名臣言行录二十四卷　[清]朱桓辑

【子部】　三字经详解备要一卷　[宋]王应麟撰　[清]贺兴思注解

阅微草堂笔记二十四卷　[清]纪昀撰

绣像封神演义一百回　[明]许仲林撰　[明]钟惺评

图像镜花缘二十卷一百回　[清]李汝珍撰　石印本

【集部】　曾文正公家书十卷大事记四卷家训二卷荣哀录　[清]曾国藩撰

清光绪十八年（1892 年）（5 种）

【子部】　通问便集二卷　[清]题子虚氏辑

绣像东西汉通俗演义十八卷二百二十六回　[明]钟惺评

【集部】　文选注六十卷　[梁]萧统编

明文才调集二卷　[清]许振祎编

详注七家诗七卷　[清]张熙宇评

清光绪十九年（1893 年）（2 种）

【史部】　盐法议略二卷　[清]王守基纂

【子部】　绣像三国演义续编十二卷　[明]陈氏尺蠖斋评释

清光绪二十年（1894 年）未见

清光绪二十一年（1895 年）（1 种）

【子部】 谐铎十二卷 ［清］沈起凤撰

清光绪二十二年（1896 年）（3 种）

【子部】 验方新编十八卷 ［清］李保常编

增像小五义传二十五卷一百二十四回 ［清］石玉昆撰

续小五义六卷一百二十四回

清光绪二十三年（1897 年）（1 种）

【子部】 增辑验方新编十八卷 ［清］鲍相璈等辑

清光绪二十四年（1898 年）（1 种）

【史部】 十一朝东华录 ［清］王先谦编

时间不详（2 种）

【史部】 奏定山东赈捐章程一卷 ［清］山东筹办赈捐总局辑

广百宋斋书目一卷 ［清］上海广百宋斋编

　　《广东省博物馆藏品大系 古籍卷》是广东省博物馆古籍藏品的精品汇集，从 2021 年开始着手准备，结合历史价值、文献价值、版本价值、艺术价值的综合考量，经过反复斟酌，最终选出 130 部具有代表性的古籍编录此书。可以说是广东省博物馆古籍藏品的首部集结成果，也是本馆贯彻落实"让文物活起来，让书写在古籍里的文字活起来"的举措之一。

　　本书内容在编撰过程中，力求在框架结构、藏品说明、图像拍摄三个方面，把本馆古籍藏品的特色展现出来。首先，本书的古籍分类先按传统四部分类法，又增设类丛部、新学、和刻本，共七类进行划分；每类下再设子类，一改以年代为序的惯例，而是参考最新的全国古籍普查分类体系进行排列。其次，本书既遵循古籍书志的书写体例，将书名、著者、年代版本、牌记、开本尺寸、版框尺寸、行款、边栏、鱼尾、扉页、批校题跋、钤印等基本信息客观著录，也从文物藏品鉴赏角度，概述古籍内容、版本特色、著者生平等，为公众全面展示馆藏古籍的面貌与价值。最后，在藏品图片甄选方面，本书挑选了古籍最有代表性的首卷卷端、扉页、牌记信息、重要序跋页面，以及正文、插图、画像、地图等反映该书特色的重要页面；同时也突出了古籍装帧上的特色，如线装、包背装、册页装、封面的瓷青纸与撒金纸、函套、夹板等；此外还配以书籍雕版、文房用具等相关物品，丰富公众对古籍从诞生到使用的认识，让古籍从平面走向立体，呈现更饱满、多层次的古籍魅力。

　　本书的出版有赖于广东省博物馆全体同人的大力支持，在馆领导的指导、调度、协调和帮助下，在全体参编人员的努力下，本书出版工作得以顺利完成。同时也要感谢本馆前辈们的辛勤付出，正是他们多年来勤恳细心的工作，为本书的出版积累了扎实丰厚的基础成果。

　　感谢广东省方志馆林子雄、广东省立中山图书馆倪俊明、广东省古籍保护中心林锐三位专家老师对本书的悉心指导或惠赐佳作，他们在书目挑选、撰写体例、内容编排等方面提出了宝贵意见，使本书的内容质量与学术价值得到有力保障。

　　感谢文物出版社的李飏、谷雨、张冰等诸位老师，在文字编辑、照片拍摄方面的认真与细致，使得本书如期付梓。

　　借此机会，再次对所有参与和关心本书出版工作的人员表示衷心的感谢。

　　本书只是为公众了解古籍藏品提供了一扇窗口，而更丰富、更厚重的中华文化正在这些古籍中静待发现、品读。随着全国古籍类文物工作的推进，对于博物馆和图书馆等古籍收藏单位来说，古籍的整理、保护与利用正迎来新的发展机遇。让我们共同期待新时代古籍工作和事业的繁荣发展。

囿于时间紧张和编者的学识有限，本卷内容难免存在不足与疏漏之处，敬请方家指正。

编者

2023 年 6 月